央财精算科技智库丛书

U0993650

保险科技

框架与实践

INSURTECH：FRAMEWORK AND PRACTICE

陈辉 鲁阳／著

中国经济出版社
CHINA ECONOMIC PUBLISHING HOUSE
·北京·

图书在版编目（CIP）数据

保险科技：框架与实践 / 陈辉，鲁阳著 .-- 北京：中国经济出版社，2022.1

ISBN 978-7-5136-6772-2

Ⅰ.①保… Ⅱ.①陈… ②鲁… Ⅲ.①保险 - 科学技术 - 研究 - 中国 Ⅳ.① F842.6

中国版本图书馆 CIP 数据核字（2021）第 271733 号

责任编辑 张梦初 陈宇慧
责任印制 巢新强
封面设计 任燕飞

出版发行 中国经济出版社
印 刷 者 北京力信诚印刷有限公司
经 销 者 各地新华书店
开　　本 710mm × 1000mm 1/16
印　　张 19
字　　数 300 千字
版　　次 2022 年 1 月第 1 版
印　　次 2022 年 1 月第 1 次
定　　价 78.00 元
广告经营许可证 京西工商广字第 8179 号

中国经济出版社 **网址** www.economyph.com **社址** 北京市东城区安定门外大街 58 号 **邮编** 100011

“央财精算科技书系”序言

精算：从更数理走向更技术

自2003年建院以来，中央财经大学中国精算研究院无论是在学术研究还是在学生培养上都取得了卓越的成绩，被教育部列入“人文社会科学重点研究基地”，被教育部、外专局列入“高等学校学科创新引智计划——保险风险分析与决策学科创新引智基地”，被北美精算师协会（SOA）授予“Centers of Actuarial Excellence”（CAE）认证，取得英国精算师协会和北美精算师协会精算职业考试免考认证等。学校颁布的《中央财经大学一流学科建设高校建设方案》中，更是对精算学科未来的发展寄予了厚望。

回忆过去，精算学科取得了优异的成绩；面向未来，面向业界，精算学科将走向何方？这是精算学科必须思考和解决的问题。只有发展面向未来和业界的精算技术，方能打造具有一流影响力、支持多学科发展的中国精算智库。

2019年，根据中央财经大学建设世界一流大学（学科）方案要求以及“打造具有一流影响力的中国财经高端智库”的宏伟蓝图，中国精算研究院规划了“面向未来和业界应用的精算科技研究与精算智库建设”一流学科建设项目，致力于把精算基础研究和应用研究、学术研究与智库服务紧密结合起来，构建面向未来和业界应用的精算技术体系，打造具有一流影响力、支持多学科发展的中国精算科技智库——央财精算科技智库。

为推动“面向未来和业界应用的精算科技研究与精算智库建设”项目

的落地，中国精算研究院在原中国精算研究院大数据中心、金融科技中心的基础上成立了中国精算科技实验室（CIAS Lab）①，为“央财精算科技智库”搭建了研究平台和服务平台。

为推动“央财精算科技智库”建设，中国精算科技实验室面向业界，坚持问题导向和需求导向，聚焦保险业未来之变局，科学谋划精算学科与科研的布局和发展，把精算基础研究和应用研究、学术研究与智库服务紧密地结合起来，构建了面向未来和业界应用的“央财精算科技书系”②。

“央财精算科技书系”将全面展示中央财经大学精算学科的特色，充分发挥中央财经大学精算学科的优势，努力走出一条具有鲜明学科特色的精算、保险智库建设之路，以期成为国内国际具有一流影响力的精算、保险思想库和智囊库。

中国精算科技实验室

2020年3月

① 中国精算科技实验室，是中央财经大学中国精算研究院下设的研究机构，在原中国精算研究院大数据中心、金融科技中心的基础上成立，是基于中央财经大学一流学科建设项目“面向未来和业界应用的精算科技研究与精算智库建设”搭建的研究平台和服务平台。

② “央财精算科技书系”编审委员会秘书处设在中央财经大学中国精算研究院（地点：中央财经大学沙河校区，邮箱：fintech@yangcai.org），由中国精算研究院联合央财国际研究院（www.yangcai.org）等团队策划统筹编辑，由中央财经大学“双一流”建设项目、高等学校学科创新引智计划（111计划B17050）等资助。

前言

今天的保险业来到了一个300年难得一遇的岔路口——可以选择保险路径的岔路口。走新保险之路，是时代赋予我们的选择。走上新保险之路，一个重要的变革动力就是科技，这也正是推动保险科技发展的力量。

随着社会发展和经济变迁，保险也在发生变化。从传统保险到新保险，二者交替出现，时而迁移，时而回归。特别是浮现中的未来星球（黑科技）、生活中的不确定性（引爆点）、思想中的未来旅程（大智慧）进一步推动了保险的变革，这种变革的力量就是保险科技。变革中我们突然发现保险的需求与供给变得模糊，相应保险的监管也变得模糊，所有的一切都笼罩在迷雾中，迷雾中的保险科技正在慢慢吹散云雾，将见明月。本书在《金融科技：框架与实践》《监管科技：框架与实践》《互联网保险：框架与实践》基础上，梳理了保险科技的理论属性、科学假说、科学理论，总结了保险科技的实践格局、商业格局、新发展格局，探讨了保险科技的理论建构和学科体系等，保险科技的主轴性诠释脉络基本形成。基于此，本书进一步思考了保险科技的变革猜想、进化猜想和未来猜想。至此，本书关于保险科技的框架与实践基本形成。

目前关于保险科技的研究很少，让人感觉完全抓不住逻辑脉络和层次。正如我在著作《金融科技：框架与实践》《监管科技：框架与实践》中所说的那样，我们要根据有限的信息去描述和猜想可能性，以便帮助我们更好地认识保险科技的全面性及其影响；更全面地构建保险科技的思维框架，列出核心规则与可能的未来；更明确地提供一个方向靶，刺激更多的研究者、实践者加入这项研究，不断完善保险科技的框架。

我们或许缺少一个不需要完全正确，但是形成主轴性诠释脉络的思路。而在保险科技的演进以及市场的自由选择中，我们可能会逐渐看出一些端倪。

在不断的探索中，我们也找到了一种方式，就是在“科学理论框架、社会实践格局、学科体系建构、未来发展猜想”角度下研究保险科技。基于此，本书内容划分为四个层次：科学理论、社会实践、学科体系、未来发展。重新审视我们的研究，保险科技虽然仍笼罩在迷雾中，但其已经开始浮现出整体的轮廓，这就是我们选择编撰《保险科技：框架与实践》的初衷及本意。

《保险科技：框架与实践》虽已完结，但是保险科技的研究还未结束，正如阿尔伯特·爱因斯坦所说的那样：“科学绝不是也永远不会是一本写完了的书。每一项重大成就都会带来新的问题。任何一个发展随着时间的推移都会出现新的严重的困难。”

千百年来，人类一路跌跌撞撞，但心智社会时代是第一个需要人类先做好理论准备和能力准备，才有机会安全面对的未来时代。而元界（Metaverse）是对未来的一种定义，这个概念将孕育出许多伟大的公司。同样，保险科技，最核心的功能就是实现保险风险流量化而不是存量化，让“蓄水池”式的现代保险向“流量蓄水池”，乃至“流量池”式的未来保险发展。保险科技的伟大公司即将出现在信息、数学、数字和未来的四岔路口，等待蓬勃发展。

本书由陈辉著，央财国际研究院特约研究员王秀瑜（阳光农业相互保险公司总精算师）等参与了本书主要章节的资料整理。

在撰写过程中，我们参考了国际国内的相关著作、论文、报告和案例，以及我的《金融科技：框架与实践》《监管科技：框架与实践》《互联网保险：框架与实践》等著作。本书写作过程中，多位中央财经大学中国精算研究院的专家学者提出了许多有益的修改意见，在此一并表示感谢。由于时间紧迫和水平有限，书中疏漏、错误之处在所难免，敬请读者批评指正。

中央财经大学中国精算研究院

陈　辉

2021年6月于北京

目 录

第一篇 科学理论框架

第二篇　社会实践格局

第三篇　学科体系建构

第一篇

科学理论框架

第一章
保险科技的理论属性

第一节 金融的理论学说

一、金融理论概述

金融作为现代经济的血脉，是连接各经济部门的重要纽带，是现代国家治理体系的重要组成部分。一部新中国的金融史，也是一部新中国的社会与经济发展史。在70多年的历史中，新中国前进的每一步，背后都有金融力量的强大支撑。

（一）金融的理论学说

随着数学、信息科学、心理学、物理学、系统科学等相关科学的不断发展，金融理论的研究范式也在不断革新，其动力来自人们对效用最大化（收益最大化、市场效率最大化等）、风险最小化的追求以及对金融体系的运行和演化规律探索的渴望。

回顾金融学说历史，自20世纪中叶以来，新古典金融学一直居于金融学的主流地位。《从2013年诺贝尔经济学奖看金融学的发展》一文指出，关于金融学的提法至少有经典金融学、传统金融学、标准金融学、现代金融学、金融经济学、新古典金融学等六种。前面的四种提法有欠妥当，经典金融学或传统金融学至少还应包括以会计为基础的金融学；金融经济学是研究实证而非研究规范的，而且以金融经济学为基础的现代金融学现在正处于困境之中，故不宜称其为标准金融学；而现代金融学至少还应当包括行为金融学。因此，新古典金融学的提法更准确。由于其具备严密的逻辑框架、完整的理论体系，并得到早期大多数实证检验的支持，新古典金融学曾经为人们所普遍接受。

20世纪后期，随着金融异象（金融经济学无法解释的现象）的不断出现，新古典金融学已越来越难以被接受；另外，新古典金融学也暴露出理论缺陷。在异象和理论缺陷的双重挑战下，新古典金融学陷入困境。一些金融学家对新古典金融学开始从认同转向怀疑，甚至否定，纷纷尝试从不同的角度重新审视金融学，以不同的研究方法开辟新理论。新兴金融学说（是指与金融经济学相对的当代新兴金融学说思想，如行为金融学、分形市场假说、金融物理学、协同市场假说等。之所以称其为“学说”，是因为其中的一些流派仅提出了假说，尚未形成理论体系。新兴金融学说解释了许多异象，提供了很有价值的新思路，代表了金融学的新生力）由此诞生，该学派与新古典金融学派之间展开了激烈的争论，争论的焦点集中于金融市场的效率。新兴金融学说认为，新古典金融学虽然逻辑严密，但是出现的异象却证明有效市场假说是不合理的。新古典金融学家罗伯特·法兰克（Robert H. Frank）则反驳新兴金融学说，“异象本身就是不真实的，它们的存在只是因为研究方法不当所产生的幻想”。

2013年，诺贝尔经济学奖同时颁给了尤金·法玛（Eugene Francis Fama）和罗伯特·席勒（Robert James Shiller），这表明以行为金融学为首的新兴金融学说已经在学术界占有一席之地，但新古典金融学的地位依然不可替代，它仍然具有强大的生命力。在这样的背景下，“新古典金融学和新兴金融学说之争谁是谁非？金融学的未来又将何去何从？”这两个问题仍有待解答。如果相对于新古典金融学而言，新兴金融学说不但与经验事实相符，而且其内部逻辑也是自洽的，那么毫无疑问，新兴金融学说将具有更强的解释力。可是这第二个假设条件，我们似乎无从判断。因为从现状来看，新兴金融学说不但存在许多不同流派，没有建立起一个统一的理论体系，而且相关理论也不成熟，尚未建立清晰的逻辑框架。在这种情况下，显然无法判断新兴金融学说的内部逻辑推理是否自相融洽。

“新古典金融学和新兴金融学说之争谁是谁非？金融学的未来又将何去何从？”我们也许无法给出这两个问题的答案，或者根本不需要给出答案。因为我们要沿着“新古典金融学和新兴金融学说”来探索金融科技（Finance Technology，FinTech）以及保险科技（Insurance Technology，InsurTech）的理论属性（金融科技比保险科技的概念更广，除特别说明之外，本书中金融科技更多的是指保险科技），而不是去定义保险科技的理论属性。这个时代，不需要我们去定义保险科技，我们也无法定义保险科技，我们所能做的是厘清保险科技的发展脉络，提升我们对保险科技的认知，改变我们的思维方式，升华我们的智慧。

（二）金融的风险学说

金融经历了从融通资金到信用创造，再到转移风险的过程。现代金融的核心功能是配置风险。金融不能消灭风险，它只能转移风险、分散风险。金融的发展趋势是提升金融体系配置风险的功能，使风险流量化。因此，金融是一种分散风险、转移风险的机制，它的核心功能是为整个经济体系创造一种动态化的风险传递机能。正如吴晓求在《金融的过去、今天和未来》一文中所言：“现代金融最本质的内涵是转移风险。”

任何经济活动都是有风险的。无论是在以传统商业银行为主体的金融体系下，还是在以资本市场为核心的金融架构下，抑或是以经营风险为主业的保险框架下，经济体系中的风险都会通过各种渠道转变为金融风险，这些风险最终都有可能蔓延到金融体系中，所以，金融机构都把防范风险当成头等大事。在商业银行占主体地位的金融体系中，人们特别是一些商业银行家乃至中央银行等都试图把风险堵在金融体系之外。然而堵截的结果，有时候会出现一种极端的形态——经济的严重衰退或所谓的经济危机。

所谓金融是一种转移风险的机制，是指现代金融必须创造出一种功能，使得整个经济体系的风险可以通过金融体系来转移，从而使得风险处于流动的状态。换句话说，如果一种金融体系能够使经济体系的风险呈现流量化而不是存量化，那么，这种金融体系就是安全的、健康的、有效率的。存量化的风险会带来极其不利的后果，有可能侵蚀金融体系的机体，从而严重损害金融体系的功能。

现代金融最核心的功能就是要创造出一种能够使风险流量化的机制。如今，作为指导原则，我们不能再按照"蓄水池"理论来构建我们的金融体系，因为"蓄水池"式的金融体系无法转移风险，而只能使风险沉淀。任何经济活动都要通过转移风险来分散风险，而不是把风险集中在一个特定的重要部位。

保险作为风险管理者、风险承担者和投资者的统一，更多的是按照"蓄水池"理论来经营风险。众所周知，保险并不能消灭风险，它只能分散风险、转移风险。如今我们也要思考如何创造出一种能够使风险流量化的机制，这也许是保险科技的价值所在——借助保险科技创造出一种转移风险、分散风险的机制，使保险风险流量化，要像浩浩荡荡的长江之水奔流一样。至于流到哪里去了，我们不要去追究，我们唯一可以做的是让它流得通畅，中途不要被堵截。

（三）保险的理论学说

保险思想是人们在长期实践中形成的应对风险的方式、对制度等的认识及保险心理和主张。中国古代的荒政思想与仓储制度是中国传统的保险思想的起源。在几千年的长期实践中，"养恤说"推动了民间保险的实施。在国际上，保险思想最早产生于古巴比伦和古希腊。

保险意识是人们关于保险的思想、观点及心理反应，它体现人们对保险概念、性质、职能作用的认识及由此产生的理论观点，以及对保险的需求、感觉和评价。保险意识分为两大部分：保险思想，即人们关于保险的系统化、理论化的认识；保险心理，即人们关于保险的不系统的、自发形成的感性认识。

相对于保险思想，保险心理对保险现象的认识比较表面和直观，但保险心理是保险思想的萌芽状态，后者是在前者基础上产生的。因此，二者互相依赖，互相作用，共同构成了保险意识。由于物质生产关系决定着人们对待保险的态度，所以，保险意识受社会环境、经济模式的影响和上层建筑诸因素的制约。随着保险意识的变革，逐步形成了保险损失说、保险二元说、保险非损失说等理论。

（1）保险损失说，又称保险损害说，是以损失补偿观点作为保险理论的核心来剖析保险补偿机制的学说，主要包括保险损失赔偿说、保险损失分担说和保险风险转嫁说等。

（2）保险二元说，亦称“择一说”或“不能统一说”，强调财产保险和人身保险不能作统一的解释，而应分别给予不同的定义，主要包括保险人格说、保险非人格说、保险择一说等。

（3）保险非损失说。该学说认为损失说不能全面概括保险的属性，应从损失概念以外的角度解释保险，主要包括保险技术说、保险欲望满足说、保险经济确保说、保险金融说等。

有人认为，保险是现代社会市场化的风险管理与融资机制。这样说虽然没错，但这只是对保险的表面认识而已。也有人说，保险是创造风险交易的一种机制。这种说法也是对的，但这是从另外一个层面上来理解保险，比如从现代保险制度来概括保险的特征。此外，还有很多其他定义。我们认为，对保险的定义涉及对保险内核的理解。不同发展阶段的保险，其内核是有差别的，或者说，其核心功能是不同的。总而言之，保险是一种分散风险、转移风险的机制，它的核心功能是为整个经济体系创造一种动态化的风险传递机能。保险是金融的重要组成部分，其最本质的内涵也是转移风险。

保险科技的英文由Insurance和Technology两个单词组成，融合了人类知识系统里两个重要领域，其本质是跨界整合。第一个领域是Insurance（保险），涉及风险的转移、流向及效率；第二个领域是Technology（科技），涉及科技、经济、社会和思想的变革问题。保险科技将保险和科技结合在一起，旨在将科技导入保险发展的重要领域，如保险思想、保险理论、保险制度、保险实践等。可见，与很多重要概念一样，从保险的理论学说出发，我们还无法厘清保险科技的理论属性。

（四）保险的金融风险学说

从保险的理论学说来看，保险金融说又称保险相互金融说，因为所有的经济活动都是通过货币收支来体现的，保险作为保障社会经济稳定的措施，也需要以调整货币收支为目的。所以，保险是金融的重要组成部分，是以发生偶然性事件为条件的相互金融机构。这一学说认为，保险与金融一样，是一种互助合作基础上的金融机构，它起着资金融通的作用。客观上讲，现代保险也可以被认为是货币的供求关系。

从金融的风险学说来看，显然保险不是一种简单的"货币供求关系"，而是一种"风险转移机制"。所以，保险金融说，本质上应该是保险金融风险说。所谓保险，是一种转移风险的金融机制，是指未来保险（或新保险，本书特指基于保险科技的保险）必须创造出一种功能，使得整个经济社会的风险可以通过保险体系来转移，从而使风险处于流动的状态。换句话说，未来保险最本质的变革是实现风险流量化而不是存量化。

那么，如何实现保险经营的风险流量化而不是存量化，正是保险科技需要思考和解决的问题。所以，保险科技的理论属性可以从保险的金融风险学说——保险科技进行梳理，最核心的功能就是实现保险风险流量化而不是存量化，让"蓄水池"式的现代保险向"流量蓄水池"，乃至"流量池"式的未来保险发展。

如果我们沿着这个思路，就会得出一些重要的结论，这些结论完全有别于原来约定俗成的观念。之所以说保险的“蓄水池”模式正在慢慢地走向衰落，是有其必然性的，这种趋势是不可阻挡的。我们必须改革保险现有的内部结构，才能使其迸发出新的生机。如果完全承袭原来的“蓄水池”结构，那么保险作为金融中介是缺乏竞争力的，因为这种保险活动没有实现保险机构自身风险的真正转移。从这个意义上说，中国保险业需要借助保险科技进行彻底的变革，从“蓄水池”走向“流量蓄水池”乃至“流量池”，否则就没有出路。

二、金融理论简析

对于保险科技的理论属性，我们可以基于“保险的金融风险学说”来进行梳理，但无论是新古典金融学，还是新兴金融学说，我们都绕不开金融理论。我们可以从以下这些金融理论中找到保险科技的理论渊源。

（一）现代金融理论

现代金融理论是指在金融经济学中大量应用金融数学研究金融风险的防范与控制、资本市场的运营、资本资产的结构和定价等理论取得的成果。现代金融理论是建立在数理基础上的学科，其最主要的基础是资产组合理论、资本资产定价模型、M-M定理、套利定价理论（APT）和期权定价公式等。金融业已经普遍使用了这些理论或模型。

（1）资产组合理论。1952年，哈里·马科维茨（Harry M. Markowitz）创立了现代资产组合理论（Modern Portfolio Theory，MPT），他认为最佳投资组合应当是具有风险厌恶特征的投资者的无差异曲线和资产的有效边界线的切点。马科维茨在投资者效用最大化的基础上，将复杂的投资决策问题简化为一个风险（方差）和收益（均值）的二维选择问题——“均值—方差模型”（Mean-Variance Model，MVM），即在相同的期望收益条件下，投资者选择风险最小的证券组合，或者在相同的投资风险条件下，选择预期收益率最大的证券组合。

（2）M–M定理。1958年，默顿·米勒（Merton Miller）和弗兰克·莫迪格莱尼（Franco Modigliani）提出了著名的M–M定理，即企业的市场价值与资本结构无关。他们的证明极为简洁，即如果在完全市场中的两家公司拥有相同的现金流入，但却拥有不同的资本结构，那么这两家公司的价值应该相同；否则，投资者可以卖出价值较高公司的证券，同时买入价值较低公司的证券，通过套利（Arbitrage）轻松获取收益，直到两个公司的价值相等为止。M–M定理被誉为金融学发展史上的一座里程碑，但其重要性并不在于理论本身，而在于其首次将无套利作为金融学的分析范式，即在一个无摩擦的金融市场上不存在零投资、零风险但却能获取正收益的机会，换言之，金融市场不存在“免费的午餐”。

（3）资本资产定价模型。1964年，威廉·夏普（William Sharpe）、约翰·林特尔（John Lintner）、杰克·特雷诺（Jack Treynor）和简·莫辛（Jan Mossin）各自在“均值—方差模型”的基础上，提出了资本资产定价模型（Capital Asset Pricing Model，CAPM），主要研究证券市场中资产的预期收益率与风险资产之间的关系，以及均衡价格是如何形成的。资本资产定价模型是现代金融市场价格理论的支柱，被广泛应用于投资决策和公司理财领域。

（4）期权定价公式。1973年，费雪·布莱克（Fisher Black）和麦隆·舒尔斯（Myron Scholes）通过动态的套利策略证明了Black–Scholes期权定价公式（B–S公式），建立了Black–Scholes期权定价模型（Black–Scholes Option Pricing Model，OPM），从而对标的资产的价格服从正态分布的期权进行定价。期权定价理论的提出早于期权市场的建立，这是经济学产生以来唯一一次理论领先于经济事实的发现。B–S公式是人类有史以来应用最频繁的一个数学公式，是“华尔街的第二次革命”。

（5）套利定价理论。1976年，斯蒂芬·罗斯（Stephen Ross）在资本资产定价模型的基础上提出了套利定价理论（Arbitrage Pricing Theory，APT），其是CAPM的拓展。CAPM模型预测所有证券的收益率都与唯一的公共因子（市场证券组合）的收益率存在线性关系，APT给出的定价模型与CAPM一样，都是均衡状态下的模型，不同的是APT的基础是多因素模型。套利定价理论认为，套利行为是现代有效率市场（即市场均衡价格）形成的一个决定因素。如果市场未达到均衡状态，市场上就会存在无风险套利机会。用多个因素来解释风险资产收益，并根据无套利原则，得到风险资产均衡收益与多个因素之间存在（近似的）线性关系。

现代金融理论的核心思想是有效市场假说（Efficient Markets Hypothesis，EMH），是由尤金·法玛于1965年提出的。有效市场假说认为，在法律健全、功能良好、透明度高、竞争充分的股票市场，一切有价值的信息已经及时、准确、充分地反映在股价走势当中，其中包括企业当前和未来的价值，除非存在市场操纵，否则投资者不可能通过分析以往价格获得高于市场平均水平的超额利润。保罗·萨缪尔森（Paul A. Samuelson）曾指出，如果金融经济学是社会科学王冠上的宝石，那么有效市场假说必定构成这颗宝石一半的刻面。

（二）行为金融理论

随着金融产品的多元化和金融系统的复杂化，现代金融理论在解释现实问题上的局限性日益显现。从20世纪80年代开始，金融学家对金融理论进行了广泛的新探索，这一探索分为两条线展开：一方面，在过去的金融理论模型中嵌入制度等因素，着重研究金融契约的性质和边界、金融契约选择与产品设计、金融契约的治理与金融系统演化、法律和习俗等制度因素对金融活动的影响等。另一方面，一些金融学家基于丹尼尔·卡尼曼（Daniel Kahneman）、阿莫斯·特沃斯基（Amos Tversky）等发展的非线性效用理论，开始引入心理学关于人的行为的一些观点来解释金融产品交易的异常现象，比如有限套利（Limits to Arbitrage）、噪声交易（Noise Deal）、从众心理（Conformity）等，这些理论形成了现代金融理论中的行为学派，又被称为行为金融学（Behavioral Finance）。

行为金融学是金融学、心理学、行为学、社会学等学科相交叉的边缘学科，力图揭示金融市场的非理性行为和决策规律。行为金融学认为，证券的市场价格并不只由证券的内在价值决定，还在很大程度上受到投资者主体行为的影响，即投资者心理与行为对证券市场的价格决定及其变动具有重大影响。

（三）系统科学金融理论

系统科学（System Theory）是1937年由路德维希·冯·贝塔朗菲（Ludwig Von Bertalanffy）创立的一门新兴学科，是一门主要研究自然界和人类社会各类系统的共同特性，探索其生成、演化和涌现等规律的科学，并在工业、计算机、航空航天以及经济领域得到广泛应用。

系统科学主要由三部分构成，分别是非线性科学、复杂性科学、系统动力学。其中非线性科学又包括耗散结构论（Dissipative Structure Theory）、分形理论（Fractal Theory）、混沌学（Chaos Theory）、突变论（Catastrophe Theory）、协同学（Synergetics）等。与经典科学相比，系统科学具有以下特点：与经典科学注重还原分析不同，系统科学将研究对象作为一个有机的相互联系的动态整体看待，因而更强调整体把握的思维方式；与经典科学追求简单性、必然性、决定论目标不同，系统科学着重探索复杂性、偶然性、非决定性的问题；与经典科学以个体描述为主不同，系统科学在对相关系统进行描述时以突出群体为主，采用的是动态性、模型化的研究方法。

与现代金融理论和行为金融理论的研究范式相比，系统科学能够全面有效解决非线性、复杂性、动态性问题，而经济系统恰恰具有非线性、复杂性、动态性等特性，因此应该将系统科学逐步应用到经济领域研究中。现代经济的发展离不开金融市场的发展。金融市场是一个开放的、多层次的非线性复杂动力学系统，因而我们也可以采用有限理性（Bounded

Rationality)、分形、混沌、协同、突变、反馈、仿真以及定性与定量相结合的方法来加以研究。该范式相对于前两种理论所采用的范式更加接近实际情况，因而更能准确地揭示金融市场的演化规律，是金融理论研究范式未来的发展方向。

（四）复杂性金融理论

复杂适应系统（Complex Adaptive Systems，CAS）兴起于20世纪80年代的复杂性科学（Complexity Science），是系统科学发展的新阶段，也是当代科学发展的前沿领域之一。复杂性科学的发展，不仅引发了自然科学界的变革，而且也日益渗透到哲学、人文社会科学领域。英国著名物理学家斯蒂芬·威廉·霍金（Stephen William Hawking）曾称“21世纪将是复杂性科学的世纪”。

复杂性科学为什么会赢得如此盛誉，并给科学研究带来如此巨大的变革呢？这主要是因为复杂性科学在研究方法论上的突破和创新。在某种意义上，甚至可以说复杂性科学带来的首先是一场方法论或者思维方式的变革。复杂性科学是以复杂性系统为研究对象，以超越还原论为方法论特征，以揭示和解释复杂系统运行规律为主要任务，以提高人们认识世界、探究世界和改造世界的能力为主要目标的一种“学科互涉”的新兴科学研究形态。

20世纪80年代开始，复杂性科学理论逐步被应用于金融系统的非线性、复杂性、动态性等研究中，它能够帮助人们实现对金融系统的认知、优化和控制，是未来金融理论研究创新的方向。金融系统具有典型的复杂系统的基本特征，具体表现为以下几个方面：

（1）非线性（Non-linear）。复杂金融系统的构成部分具有非线性的特征。金融系统的复杂性特征正是由金融系统中的个体与主体之间的非线性作用造成的。个体间的非线性关系表明金融市场上的某些现象不是单个金融个体（Agent）行为表现的简单加总，仅通过观察和研究金融个体的表现，不能从总体上认识造成这些现象的原因，必须基于整个金融系统进行研究，寻找整体性的规律。

（2）多样性（Variety）。复杂金融系统的整体行为具有多样性的特征。首先，这种特征是由构成复杂金融系统的各组成因素之间的相互作用造成的；其次，各因素与经济环境之间的相互作用也导致了复杂金融系统的多样性；最后，复杂金融系统性能的多样性决定了金融系统功能的多样性。

（3）多层性（Multilayered）。复杂金融系统的结构是多层次、多功能的层级结构。通常情况下，复杂金融系统的不同层次之间不存在叠加原理，因而每形成一个新的经济层次，就会涌现出新的性质。越是复杂的金融系统，层次就越多，因此，多层次性或多尺度性是刻画复杂金融系统复杂程度的一个基本特性。

（4）涌现性（Emergence）。金融系统整体具有涌现性，但是金融系统整体的特性不一定都是涌现出来的。系统科学将涌现性定义为部分不具有而整体具有的特性。复杂金融系统具有非线性特征，而非线性是产生涌现性的根源。涌现性是复杂金融系统演化、进化过程中所具有的一种整体特性。

（5）自适应性（Self-adaptive）。复杂金融系统的进化过程是指金融系统内部的结构、组分、功能或者规模逐渐自我调整、自主适应的过程，其在这一过程中随着时间的推移向着有利于自身的方向变化。金融系统就在这种自适应过程中变得复杂起来。

（6）自组织临界性（Self-organized Criticality）。复杂金融系统的演化并不是平缓渐进的，而是在原理平衡的临界态上，以阵发、混沌、类似雪崩式的方式演化。金融系统中的金融工具、金融人才、金融机构以及金融交易活动具有的不同属性，使得它们之间的相互作用关系变得更加复杂。另外，这些个体能够聚集成更大的聚集体（金融子系统），这样就使金融系统的结构更加多样化。这种个体和（或）聚集体之间相互作用的“增值”，就导致金融系统的演化过程越发复杂多变，系统的微小动荡就可能会以几何级数放大，引发金融危机。

（7）开放性（Openness）。系统自身会不停地同周边经济环境进行物质、信息交换。金融系统的开放性使其自身子系统间以及同经济环境间进行相互作用，通过不断完善自己，逐渐向着适应经济环境的方向发展。

（8）动态性（Dynamism）。复杂金融系统具有的自组织、自调整的某种动力导致其具有动态性特征。这种动态性使复杂金融系统能够将秩序和混沌融入平衡。

金融理论的发展是一个不断更迭的、耗散的、非线性的过程，研究金融理论的变化发展可以使我们更好地把握未来金融理论发展的方向。综观金融理论的更迭可以发现：金融环境的变化、原有金融理论的缺陷以及相关学科的产生与完善三者的共同作用促进了金融理论的不断革新，与此同时，金融理论的发展也带来了金融工具的不断创新，推动了金融市场的发展。金融市场不断地由简单走向复杂，原有的金融理论已经无法很好地指导复杂的金融环境，于是一些学者就开始了对新的金融理论的探索，从而推动了新的金融理论的产生。

2017年全国金融工作会议上，习近平总书记强调，“金融是国家重要的核心竞争力，金融安全是国家安全的重要组成部分，金融制度是经济社会发展中重要的基础性制度”。这是从战略高度对金融的新定位。中国金融学的创新发展，应以习近平新时代中国特色社会主义经济思想为指导，坚持系统观念，充分把握金融在构建新发展格局中的关键作用，统筹金融发展与金融安全。

我们应破除西方主流金融学教条，彰显中国金融学（含保险学）发展的自信。中国金融学必然要讲中国故事。如果说过去我们对于中国金融发展经验的总结还缺少“底气”，并怀有唯恐其与主流不一致的担心，那么如今，这种“不一致”或“特色”恰恰是中国经验的价值所在。中国金融不仅成为创造“两大奇迹”（经济快速发展奇迹和社会长期稳定奇迹）的功臣，而且在保险科技、互联网保险（Internet Insurance）、普惠保险（Inclusive Insurance）、绿色保险（Green Insurance）、可持续保险（Sustainable Insurance）等方面的“国际领先”，也进一步彰显了中国保险发展的自信。

习近平总书记在评论托马斯·皮凯蒂（Thomas Piketty）的《21世纪资本论》时说：“作者的分析主要是从分配领域进行的，没有过多涉及更根本的所有制问题。”这可以看作习近平总书记提出的要求。同时为贯彻落实习近平总书记在哲学社会科学工作座谈会上的讲话精神，加快推进中国特色哲学社会科学的发展，我们需要更全面而深刻地研究金融学说和保险学说下的保险科技学说。因此，本书重要的任务就是探索保险科技的保险学说、金融学说、科技学说，这要求我们按照立足中国、借鉴国外，挖掘历史、把握当代，关怀人类、面向未来的思路，着力构建保险科技的科学理论，并在指导思想、学科体系、学术体系、话语体系等方面充分体现中国特色、中国风格、中国气派。

第二节　科技与保险的关系

一、科技与风险的关系

美国物理学家刘易斯（H.W. Lewis）在《技术与风险》一书中形象地写道：“技术的风险是真实的，而技术的好处也是真实的。我们在现代化学奇迹的包围中度过我们的一生，但又念念不忘化学污染。我们使用来自核电站的清洁电力，却又害怕核事故的发生。我们因接种疫苗战胜了许多过去的病害，使生命大大延长，但少数几种疫苗弊大于利的例子又被广泛宣传，使忧心忡忡的父母常常拒绝给他们的子女注射疫苗预防已知的疾病。……技术真的像我们许多人所想的那么危险吗？”显然，认识和研究科技与风险的关系不仅具有经济学意义，而且对于厘清保险科技的理论属性具有重要的意义。

社会上习惯于把科学和技术结合在一起，统称为科学技术，简称科技。实际上二者既有密切联系，又有重要区别。科学解决理论问题，技术解决实际问题。科学要解决的问题，是发现自然界中确凿的事实与现象之间的关系，并建立理论把事实与现象联系起来；技术的任务则是把科学的成果应用到实际问题中去。科学主要是和未知的领域打交道，其发展程度，尤其是未知领域中重大的突破，是难以预料的；技术是在相对成熟的领域内工作，可以做出比较准确的预测。

高风险是现代社会的典型特征之一，以至于社会学家建议将现代社会称为风险社会（Risk Society）。在分析导致现代社会风险增长的原因时，科学技术作为重要的风险源已被学术界日益关注。

（1）风险是种自反现象（Reflexivity）。风险固然也是危险，但不同于一般的“客观”危险，因为危险古来有之，毋庸赘述，风险则是由于主体自身的选择而带来或引发的危险，所以是“自反性”的问题。这表明，风险问题是“二阶”的，不是本身就有的。但是，因为人总得活动，而活动必然要选择，选择就有对错，所以对于具有主体选择能力的人而言，风险是永存的，也就是行动的一种本体论现象。问题在于，为什么古代社会没有“风险”一说？那是因为古代社会发展缓慢，其发展状况可以用牛顿力学的惯性系（惯性参照系）来解释，其变数和影响可以在运动的计算中忽略不计。而现代社会发展“越来越快”，人对自然的参与越来越多，干预越来越大，风险也就随之成正比增长。所以，风险是个典型的现代性问题，是发展引发的二次“浪潮”，本质上是发展问题。

（2）风险是发展的内爆现象（Implosion）。一般来说，风险也是有“级别”的。小的具体的风险正是风险学、保险学所关注的对象。只有事关人类命运的全局性的巨灾风险，才会触及深层的哲学问题。问题在于，究竟什么样的自反性能够引发大风险呢？这就涉及进入工业社会以来由社会发展以及现代化引起的大问题。现代社会鼓动人们拼命发展，美其名曰发展可以解决各种问题。可是还没等妄言者回过神来，风险却已不期而至。所以，风险作为发展中随时可能发生的重大危险和灾难，是发展本身的内爆现象，是“现代性”问题的集中体现。于是，当你把时间微缩，比如把一万年微缩成一年来看，就可以发现这不过是人类文明进程中的一场闹剧，而其中科技首当其冲。德国社会学家乌尔里希·贝克（Ulrich Beck）曾经很真诚地将此现象称为“自反性现代化”（Reflexive Modernization），由此开辟了人类文明的自反性哲学研究视域。

史蒂芬·霍金曾不无忧虑地断言，人类在地球上还能存活200年，而他在去世前又十分感慨地说，可能连200年也到不了。请问，谁有能力反驳“霍金魔咒”？特别是，如果我们采取对称性思维，仔细反观此前200年地球环境的变迁史，再回味一下霍金的忧思，是否还会觉得霍金的论断是空穴来风或杞人忧天？

二、风险与保险的关系

在风险管理和保险界，风险（risk）被定义为有关积极或消极结果的不确定性。也就是说，风险是指结果的不确定性，无论是消极的还是积极的，其中不确定性包括发生与否的不确定、发生时间的不确定、导致结果的不确定等。

风险可以有很多种定义方式，相应的风险也有多种分类。依据风险产生的原因分类，风险分为自然风险、社会风险、政治风险、经济风险和技术风险；依据风险的性质分类，风险分为纯粹风险和投机风险，纯粹风险是指只有损失机会而无获利可能的风险；依据风险产生的环境分类，风险分为静态风险和动态风险；依据损失的范围分类，风险分为基本风险和特定风险；依据风险的对象分类，风险分为财产风险、人身风险、责任风险和信用风险；依据风险造成的损失的多寡分类，风险分为巨灾风险和巨额风险。除了上述六种分类方式以外，还有其他风险分类方式。无论是哪种分类方式，各类风险并不是相互隔离的，而是相互交叉的（见图1–1）。

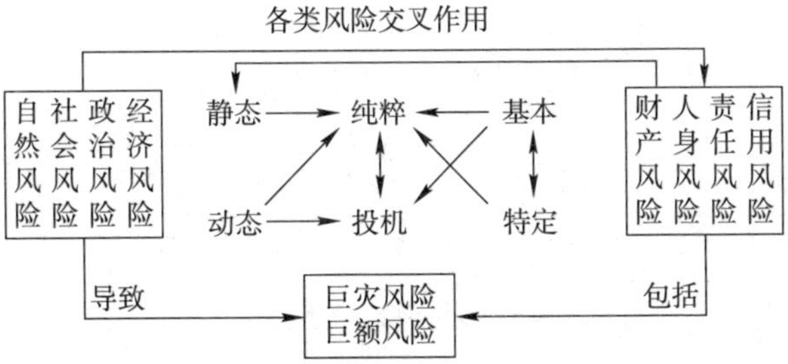

图 1–1　风险的交叉关系

一旦确定了潜在的或已发生风险的原因，就应进行风险管理，选择并实施风险管理技术（见图1–2），以预防未来的事故和减轻事故后果。风险管理是制定和实施决策将意外损失以及对组织的不利影响降到最低的过程。风险管理作为决策过程，包括下列六个步骤：识别损失风险；分析损失风险；审核风险管理技术的可行性；选择适当的风险管理技术；实施选定的风险管理技术；监控结果并修正风险管理方案。

从图1–2中可以看出，保险是风险管理技术的一种形式，风险与保险的关系如图1–3所示。从风险管理角度而言，保险是一种风险管理手段；从法律角度而言，保险是一种合同行为；从经济角度而言，保险是分摊损失的一种非常有效的财务安排；从《保险法》角度而言，《保险法》第二条规定，“本法所称保险，是指投保人据合同约定，向保险人支付保费，保险人对于合同约定的可能发生的事故因其发生所造成的财产损失承担赔偿保险金的责任，或者当被保险人死亡、伤残、疾病或者达到合同约定的年龄期限时承担给付保险金责任的商业保险行为”。

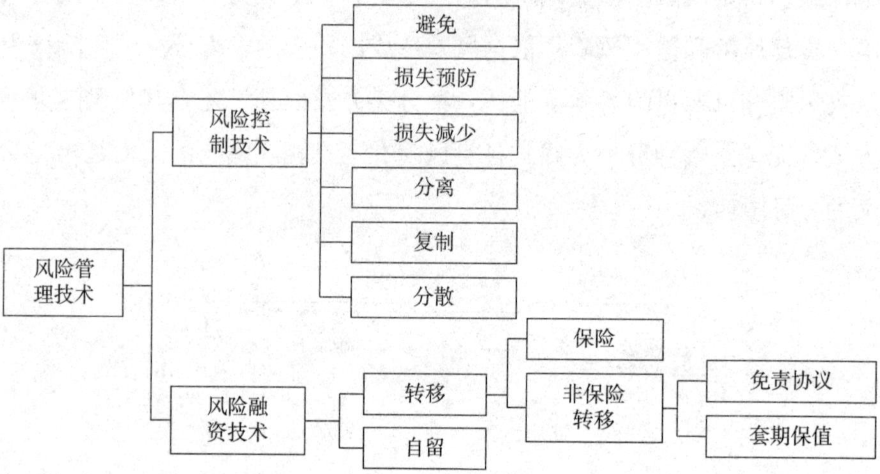

图 1-2　风险管理技术

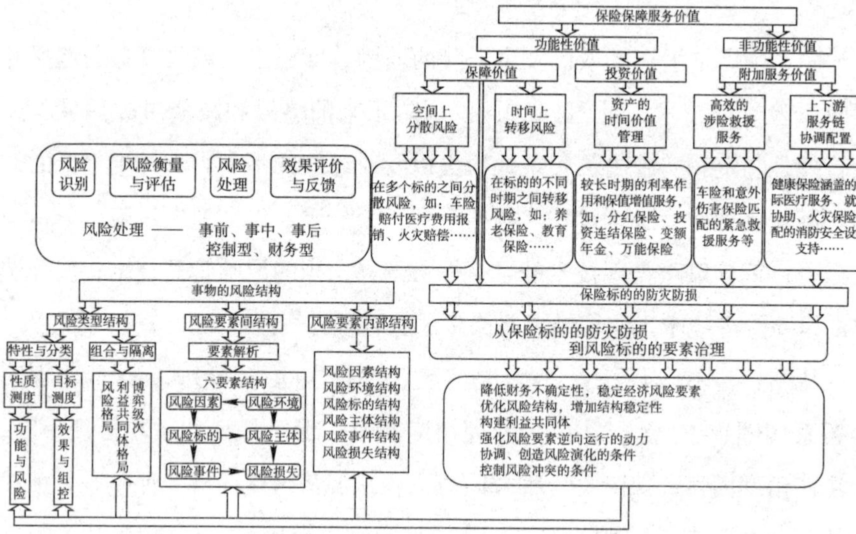

图 1-3　风险与保险的关系

三、保险与科技的关系

金融是现代经济的血脉，是资源配置和宏观调控的重要工具。金融科技大大提升了金融服务的效率和质量，更加有力地助推了实体经济的发展。保险业是金融行业的重要组成部分。保险市场既是金融科技创新应用的前沿阵地，也是金融科技发展壮大的重要支撑。因此，保险与科技的关系，也是金融与科技的关系（见图1–4）。

从最早的ATM、计算机的发明，到互联网、移动互联网的应用，再到目前大数据、区块链、人工智能的发展，每过5~10年都会有新的科技热点出现。在这个过程中，我们发现科技改变了金融的方方面面，比如科技改变了金融模式，直接与间接金融、中间金融；科技拓展了金融的广度与深度；科技提升了金融效率，搜寻成本、匹配效率、风险程度；科技改善了金融体验，场景化、生态链条、客户体验的改善；科技促进了金融创新，交易、信用、组合等。在这个过程中，我们发现金融与科技的关系也在发生变化，从围绕交易的资金收付清算，走向围绕信息数据寻找盈利机会，再到围绕认知前置盈利或套利模型。

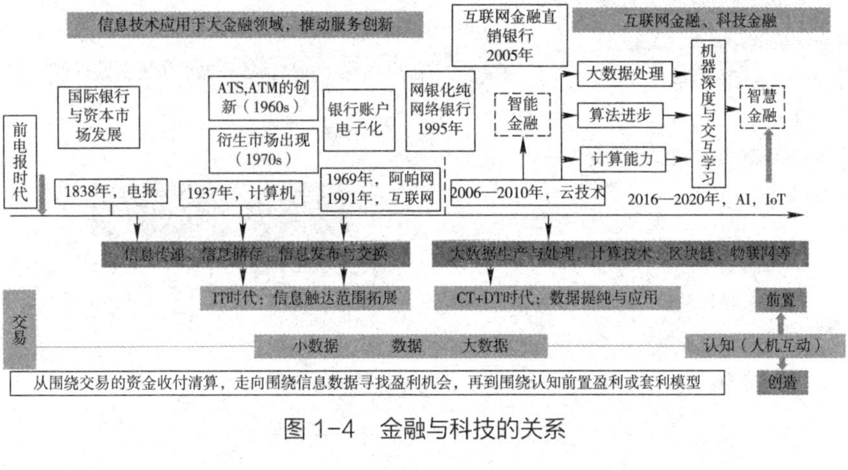

图 1–4　金融与科技的关系

保险公司的核心职能是设计和运作保险机制，为消费者提供完整、系统的风险转移服务。根据服务流程可将保险服务分解为四个环节——产品设计、承保定价、分销渠道、理赔服务，其中的每一环节和步骤都在为消费者创造和传递相应的价值，因此，四个环节形成了一条完整的保险价值链。价值因时而异，保险价值链也随时而变，尤其在科技赋能保险后，保险价值链并非简单意义上的销售渠道变迁或理赔流程的简化，而是利用科技模式重塑保险业整条价值链的运作逻辑，从而改变整个行业所遵从的价值体系，提升其所在价值链的生产效率。从科技赋能保险的发展历程看（见图1–5），从最开始的电子化、信息化，到开始依托互联网场景和移动场景进行保险销售，再到运用大数据、云计算、人工智能等技术赋能保险全链条，科技赋能提高了保险运营效率，改变了产品形态、服务方式、商业模式，打造出了全新的保险生态。

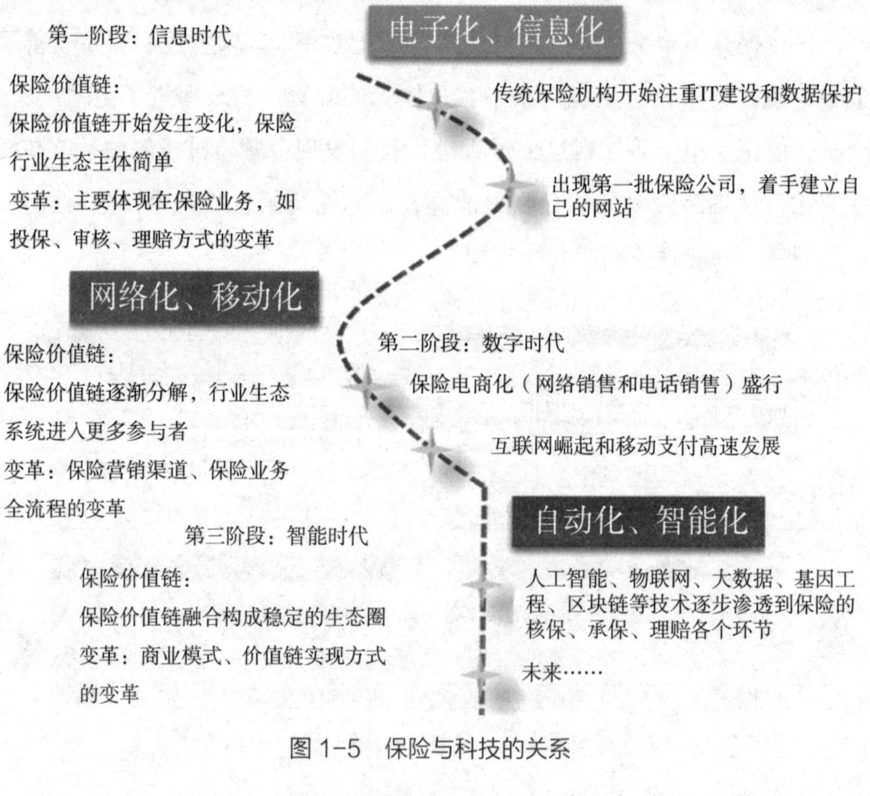

图 1–5　保险与科技的关系

从时间维度上看，保险价值链的演变大致经历了以下三个阶段：

第一阶段：信息时代（IT时代）。信息时代的主要特点是电子化、信息化。该阶段保险价值链开始发生变化，行业生态系统较为简单，保险机构仍掌握大部分的客户资源。变革方式主要是投保、审核、理赔，方式由线下逐渐转为线上。具体体现在传统保险机构开始注重IT建设和数据保护，国内第一批保险机构着手建立自己的网站。

第二阶段：数字时代（DT时代）。数字时代的主要特点是网络化、移动化。该阶段保险价值链逐渐分解，行业生态系统进入了更多参与者，资源竞争逐渐加剧。变革方式已逐渐转为营销渠道变革、保险业务全流程变革。具体体现在保险电商化（网络销售和电话销售）开始盛行，互联网逐渐崛起，移动支付高速发展。

第三阶段：智能时代（AI时代）。智能时代的主要特点是自动化、智能化。该阶段保险价值链边界逐渐模糊，价值链环节联系更为紧密，行业将逐渐形成稳定的生态圈。变革方式表现为商业模式、价值链实现方式等颠覆性的改变。具体将体现为人工智能、物联网、大数据、基因工程、区块链等尖端技术逐步渗透至价值链的各个环节，智能时代未来的每一时刻都有可能发生超乎想象的变化。

保险价值链变革的原动力是保险科技。具体而言，保险科技将从两个角度改造保险价值链：一是从行业角度来看，保险科技将重塑保险服务，适应消费者不断升级的需求；重塑行业数据，打造契合消费者自身的产品和服务；重塑行业发展平台，适应业务发展和数字化转型的需要。二是从技术角度来看，保险科技将形成三大类保险技术，第一类是数字化保险技术，主要包括电子保单，自动核保大数据处理等；第二类是连接型保险技术，包括远程定损、SaaS保险分销、物联网等；第三类是智能化保险技术，包括无人驾驶、虚拟现实、保险机器人等。无论从哪个角度看，基于生态系统内部主体、市场供需双方、技术与场景融合的“连接”功能都是保险科技重塑保险价值链的核心内容之一。

四、科技、风险与保险的关系

（一）社会生产关系与生产力的关系

金融实践的发展总是快于理论创新的节奏，金融学科的调整基本上是实践追随型模式。在人类历史长河中，经济发展中的科技与金融两大元素相辅相成，科技是第一生产力，通过创新，改进生产效率，推动物质创造与社会进步；金融是经济的核心，通过配置资源、润滑生产，成为实体经济发展的保障。曾被喻为“经济社会发展两大车轮”的金融与科技也在不断相互作用、相互融合。两者的关系可以概括为：金融更多体现为社会生产关系，科技更多体现为社会生产力。

金融为什么离不开科技？可以从金融内涵与功能角度来分析。对金融内涵的界定可以说仁者见仁、智者见智，其观点也是林林总总。归结起来，黄达在《金融学（精编版）》一书中指出，“凡是既涉及货币又涉及信用的所有经济关系和交易行为的集合”都属于金融的范畴。抽象一点描述的话，金融是指围绕资源跨期配置所形成的信用关系和由此进行的资产交易、定价、风险管理等经济活动的总称。资源包括货币、资本、商品和服务等。如果资源进行了跨期配置，必然产生信用关系，由于跨期配置内部的不确定性形成了风险，相关交易要围绕风险因素进行合理定价以促成交易。无论是债权、股权，还是收益权、选择权，存续期内的风险管理已成为金融活动的重要内容。

金融在经济发展中的贡献主要体现在协调生产关系方面。在经济货币化的进程中，金融促进了经济增长。其促进机制是，在实体经济发展过程中，各类经济主体之间的经济活动，如生产、流通、交换、分配、消费、投资等，彼此形成了各种各样的关系，基于这些关系实现价值转移或转换，而实现这种转换，需要信用的维系，而信用关系的本质是债权债务关系，无论是直接形成的信用，还是间接达成的信用以及在信用基础上衍生出来的财富管理、投资定价、风险管理等内容，本质上就是金融关系。而科技推动金融发展的作用体现为技术进步改变了金融模式，创新了金融形态。

（二）社会发展原动力与风险源的关系

生态学关于生态系统的关系有“生态链”一说，其实自近代以来人类进入了进步和发展时代之后，也形成了“发展链”，而科技则逐步成为发展链的顶端，当人们不断地呼吁创新驱动发展时，其实说的就是科技创新推动增长和发展的问题。而马丁·海德格尔（Martin Heidegger）从存在学的视角反思科技文明时，早就把技术看成文明的座架。这意味着当代科技才是重大风险的根源，这种风险的灾难性影响将不再是局部的而是全局性的，不再是偶然的而是必然的和本质性的。

根据前述，显而易见，由于风险与发展有关，而科技是发展的原动力，所以科技当然也就是当代重大风险的总根源。问题还不止于此，有一类风险与科技直接相关，那就是由科技活动直接潜蕴和引发的重大风险，我们称之为科技重大风险，包括核能问题、全球环境污染问题、全球变暖问题、生态链断裂问题等。除了科技重大风险之外，对于保险业来说，保险科技产生的风险已经开始显现，除了技术稳定、信息安全等技术风险之外，还包括大数据隐私、大数据杀熟、机器干预人类决策等伦理风险。

人类进化与文明演进发展出许多大智慧和重要的体制机制，扬长避短就是其中之一。在保险科技发展问题上的扬长避短，就是要解决“在保险科技发展与应用的过程中，如何发扬保险科技的正面效应而避免其负面效应？能否防范化解风险？”这一问题。笔者研究表明，保险科技发展可以扬长（保险科技继续发展、应用以增加正面效应）但是难以避短（难以防范化解伴随发展而来的保险科技负面效应与风险）。基于保险的逻辑体系，保险作为风险管理者、风险承担者和投资者的统一，其三大职能是风险治理、价值创造和资源配置。因此，科技、风险、保险三者的联系主要体现在纵向和横向两个维度上：

（1）从纵向来看，风险学所讨论的风险防范是一种文化，它关注的是个别性；而科技则是一种文明，关注总体性。保险学所讨论的风险防范既是一种文化，也是一种文明。正是在这个意义上，科技改变了保险的逻辑，正在全球范围内把大量的风险问题、保险问题转变为文明问题。

（2）从横向来看，科技是一把“双刃剑”，在增强保险适应性、竞争力和普惠性的同时，也会使保险业务边界变得模糊、保险风险传导更加迅速、保险风险结构更趋复杂，从而给保险安全和保险治理带来新的挑战。

大自然和社会万物在广度和深度上都是无限的。我们已知的事物正像一个圆，其周边之外是未知之物，所知越多就越会遇到更多的未知和风险。随着保险科技的发展，我们必须厘清科技、风险与保险三者的关系，并找到某种有效且合理的控制途径。而在此之前，我们需要对保险科技的风险产生过程和保险增长机制有更深入的认识，需要对保险科技所包含的潜在风险及其对保险机制影响的极大可变性有更充分的了解。因为，“不成熟的保险科技”可能会把保险推向深渊，就比如“不成熟的疗法”甚至比“疾病”本身风险更大；再者，“所有现代金融理论都将风险作为核心”（1997年诺贝尔经济学奖得主罗伯特·莫顿所言），风险管理自然成为保险科技的基本功能之一。

第三节　保险科技的理论属性

一、保险科技理论初探

（一）科学理论概述

科学理论是对某一科学领域所做的系统解释的知识体系，由系列性的概念、判断和推理所组成。科学理论是人类认识长期发展的总结，是在实践经验的基础上经过思维加工而形成的、具有严密逻辑结构的学说体系，因此实践是检验科学理论真理性的标准，也是科学理论产生发展的源泉和动力。

科学理论的建立要经历从假说到科学理论的转化过程，它的形成和发展与辩证思维是密切联系的，因此只有辩证思考才能真实、准确地认识自然界和人类社会各种事物的内在联系，解决理论的选择、思想评价的科学性并建立严整的理论体系。科学理论来源于实际，是为了解决实际问题而提出的理论要求，因此，一切真正的科学理论都必须和实际相结合。凡是脱离实际的理论，不能解决实际问题的理论，都不是科学理论。唯物论、辩证法为科学理论的形成提供了正确的世界观和方法论，而科学理论本身又是唯物论和辩证法的具体体现，甚至是直接应用二者得到的科学结晶。

"保险科技"一词出现的时间并不长，它是一个复合词语，是保险与科技的融合术语。保险科技是偏重科技，还是侧重保险，这是需要厘清的问题。因此，在何种意义上理解保险科技，很大程度上决定着如何对待保险科技。科学阐明保险科技的理论属性，仍然是当前的重要任务。从不同视角出发，我们当然可以揭示出保险科技的不同理论属性，例如，其创新性、实践性、风险性、发展性等，但从当前人们易于产生错误认识的角度看，亟待解决的一个重要问题是如何厘清保险科技的内涵，并正确理解保险科技的理论渊源。

（二）保险科技的内涵

国际保险监督官协会（IAIS）于2017年3月发布了《保险科技创新报告》，对保险科技做出界定：保险科技是金融科技在保险领域的分支，即有潜力改变保险业务的各类新兴科技和创新性商业模式的总和。

金融稳定委员会（FSB）于2016年3月发布了金融科技专题报告，将金融科技界定为：金融科技是由技术驱动的金融创新，并且这些金融创新可能会产生新的商业模式、技术应用、业务流程或创新产品，从而对金融服务的供给产生重要影响。借助于信息科学与计算机科学等学科的理论知识和方法，金融科技通过辅助金融产品和金融解决方案的设计，扩展了金融活动及金融体系的内涵，提升了金融服务效率，推动了金融创新，促进了金融业的产业升级和技术升级，提高了金融行业的技术水平，提升了服务实体经济的能力。

中国人民银行发布的《金融科技（FinTech）发展规划（2019—2021年）》（银发〔2019〕209号）定义金融科技是技术驱动的金融创新，旨在运用现代科技成果改造或创新金融产品、经营模式、业务流程等，推动金融发展提质增效。

关于保险科技的内涵，无论是国际保险监督官协会，还是金融稳定委员会和中国人民银行，都认为保险科技本质上是一种保险创新，虽由技术驱动，却不等于技术。结合中国实践来看，保险科技从概念上讲可以理解为科学技术在保险业中的具体运用。保险科技以保险产品或服务为外在表现形式，以诸如大数据、云计算、物联网、人工智能、区块链等新兴科技为内在核心基础，在保险机构产品创新、产品营销、公司运营与管理方面得到广泛应用，为消费者提供个性、全面、高效的风险管理与保障服务。从这个维度上讲，保险产品或保险服务是保险科技的载体。

与制造业不同的是，保险业作为现代服务业，为消费者带来的“满足感”才是实现经济利益的本质所在。从这个维度上看，在“保险科技”概念所涵盖的内容中，保险作为一种风险管理技术，其优先级要高于“科技”。保险作为一种特殊的风险补偿机制，对其依赖的内在要素与外部环境有特殊的要求，一旦偏离保险的本质，那么保险科技本身也就失去了价值。因此，在理解保险内涵的基础上，研发或寻找适合保险业发展的科学技术，似乎更加合理。

当然，科技同样不是一个死板而固化的概念。当今时代，科技的发展使得保险能够更细微地渗透进普通人的某个行为之中，即便有时只是一闪而过的念头，如果被技术捕捉到了，也能转化为各类服务。这也使得保险机构和保险市场能够逃离无序竞争、同质竞争的环境，在碎片化、场景化、生活化的镜头切换中凭借技术“自发”地产生保险需求，实现保险生态的整体跃迁。

（三）保险科技的发展

综观全球保险科技的发展，可将其分为保险信息化、互联网保险、保险与科技深度融合三大阶段。

保险科技1.0：保险信息化。20世纪80年代，经济全球化、保险自由化催生出大量复杂的保险服务需求，保险机构设立IT部门，保险交易无纸化等快速普及，保险服务与电子信息技术初步融合，起到了提高业务效率、降低运营成本的作用。在中国，1993年国务院发布的《有关金融体制改革的决定》提出“加快金融电子化建设”，中国金融信息化提上日程。

保险科技2.0：互联网保险。2000—2010年全球信息爆炸、互联网红利快速上升，保险机构围绕互联网积极拓客营销，保险服务从线下转移到线上，极大地丰富了触及范围和应用场景，减少了信息不对称，销售渠道和业务模式实现了大变革。在中国，2013—2016年是互联网保险达到高峰，从互联网保险转向保险互联网的时期。

保险科技3.0：保险与科技深度融合。2011年以来，随着人工智能、大数据、云计算、区块链技术渗透于风险定价、风险管理和保险配置等环节，保险科技深刻改变了保险服务方式和逻辑，对传统保险机构和监管发起挑战。中国由于人口基数庞大，移动通信和物流基建发达，在全球保险科技竞争格局中处于第一梯队。

保险业务的核心链条包括产品设计、销售、投保核保、理赔四个环节。正如微信公众号“泽平宏观”发布的《中国金融科技报告2020》所言，以人工智能、云计算、大数据、区块链等新一代信息技术应用为代表的保险科技，正在深刻改变保险业务模式，重塑保险业务的核心价值链。

（1）产品设计端：提供全面深入的数据支持，提升风险定价能力。保险的产品设计是保险业务的核心能力，区块链、人工智能、大数据等技术，可以为保险产品设计提供更加全面深入的数据支持。如利用区块链结合物联网以及人工智能技术，可以将通过场景获得的数据上链储存，保证数据的安全性、真实性。在此基础上，通过大数据建立客户数据库，辅助精算师进行产品开发，从而提升风险定价能力。

（2）产品营销端：通过精准定位、定向投放提高转化率。通过保险科技运用，保险公司将保险服务融入客户所处的网络应用场景中，通过适时风险提示来激发客户投保意愿，推动保险销售从“干扰型的介入式推销”向“场景型的融入式营销”转变，实现客户保险消费从“要我买”向“我要买”转变，将保险消费主导权归还给消费者，同时客户的保险消费体验也得到显著提升。一是精准营销，将大数据、人工智能作为主要技术，对客户进行360度精准画像，实现客户群精准定位，同时加强保险营销渠道的精细化管理，在匹配客群及渠道的基础上进行定向投放，提高转化率。二是辅助代理人业务，通过强大的数据化平台，将各类保险产品主要数据导入系统，为代理人业务提供手机端可移动、实时、可修改各类参保参数的线上保单生成系统，便于代理人实时制定个性化方案、跟进参保进度等。三是智能客服，通过人工智能技术与潜在客户深度交流，获取客户需求以及客户信息，并提供定制化保险方案。

（3）投保与核保端：流程智能化，降本增效。在投保与核保环节，保险科技的价值在于帮助企业提升风控能力，实现流程智能化，电子保单与自动核保的应用有助于降本增效。在投保环节，通过区块链技术，将过去分散的保单管理转为统一链上管理，实现全流程数据化，便于数据分享。在核保环节，通过区块链及渠道溯源，以链上数据简化投保评估流程，依据参保人全方位的数据信息，对参保人员进行智能综合分析，实现智能核保以及流程自动化，降低成本；依据风险程度决定是否承保及确认承保条件，量化风险。

（4）理赔与售后：提高理赔效率，识别骗保风险。通过人工智能及大数据技术，保险公司可以显著提高理赔效率，实现骗保识别，提升客户体验。在智能客服方面，利用人工智能可以实现理赔决策自动化，提高理赔效率，减少人工成本。在理赔反欺诈方面，利用大数据，可以建设智能风控系统识别欺诈风险，改善传统理赔环节存在的数据割裂问题。保险欺诈行为严重损害保险公司的利益，为识别可疑保险欺诈行为，需要开展多方面专项调查，耗时耗力。而借助大数据手段，通过建立保险欺诈识别模型，完善智能风控系统，通过系统筛选可从数万条赔付信息中识别出疑似诈骗索赔案件，再针对疑似诈骗索赔案件展开调查，提高工作效率。此外，保险企业还可以利用大数据，结合内部、第三方和社交媒体数据进行早期异常值检测，包括了解客户的健康状况、财产状况、理赔记录等，便于及时采取干预措施，减少先期赔付。

二、保险科技的理论孕育金融交易

金融的核心是跨时间、跨空间的价值交换，所有涉及价值或者收入在不同时间、不同空间之间进行配置的交易都是金融交易。保险作为一种金融行为，其理论的职责就在于找出决定金融信用、金融制度、金融技术、金融结构、金融权利的“交”和“易”的主要经济因素，并阐明这些因素是如何通过相互作用促进金融发展的。随着金融的发展，以制度易物（交易制度）的交易关系逐步形成；随着社会发展和科技进步，交易关系逐步通过技术（交易技术）、结构（交易结构）、权利（交易权利）进行固化。保险科技的理论渊源，也体现在五个不同的层次：

第一，交易信用（Credit Exchange）。保险业由于其特殊的性质，从产生伊始，就和信用相伴相生，信用就是风险，风险就是信用，交易风险就是交易信用。

第二，交易制度（Regime Exchange）。这是一个国家用法律形式所确立的交易体系结构，以及组成这一体系的各类机构的职责分工和相互联系。

第三，交易技术（Technology Exchange）。科技的发展将推动保险从一个更制度化的平台走向一个更技术化的平台。

第四，交易结构（Structure Exchange）。这是在一定历史阶段的经济社会中，作为经济活动主体的个人与其他经济主体之间展开交易过程的相互关联和相互作用的方式，包含着交易要素的数量比例、排列次序、结合方式和发展引起的变化。

第五，交易权利（Right Exchange）。新时代、新思想、新科技的有力挑战和相关社会、经济、科技的发展带来了构建新型保险契约的尝试与探索。

（一）从交易实物到交易信用

19世纪德国经济史专家布鲁诺·希尔德布兰德以交易方式为标准，将社会经济发展分为三个时期：以物物交换为主的自然经济、以货币为媒介交换的货币经济和以信用为媒介的信用经济，而信用经济是社会经济的高级形式。当今世界，信用交易量几十上百倍地大于商品交易量，信用资金供求决定着资金的价格，进而影响到生产、分配、消费、储蓄、投资等各个环节。

私有制出现以后，社会分工不断发展，大量剩余产品不断出现。私有制和社会分工使得劳动者各自占有不同的劳动产品，剩余产品的出现则使交换行为成为可能。随着商品生产和交换的发展，商品流通出现了矛盾——“一手交钱、一手交货”的方式由于受到客观条件的限制经常遇到困难。例如，一些商品生产者出售商品时，购买者却可能因自己的商品尚未卖出而无钱购买。于是，赊销即延期支付的方式应运而生。赊销意味着卖方对买方未来付款承诺的信任，意味着商品的让渡和价值实现发生了时间上的分离。由此，买卖双方除了商品交换关系之外，又形成了一种债权债务关系，即信用关系。当赊销到期、支付货款时，货币不再发挥其流通手段的职能而只充当了支付手段。这种支付是价值的单方面转移。正是货币作为支付手段的职能，使得商品能够在早已让渡之后独立地完成价值的实现，从而确保了信用的兑现。整个过程实质上就是一种区别于实物交易和现金交易的交易形式，即信用交易。

后来，信用交易超出了商品买卖的范围。作为支付手段的货币本身也加入了交易过程，出现了借贷活动。从此，货币的运动和信用关系联结在一起，并由此形成了新的范畴——金融。现代金融业正是信用关系发展的产物。在市场经济发展初期，市场行为的主体大多以延期付款的形式相互提供信用，即商业信用；在市场经济较发达时期，随着现代银行的出现和发展，银行信用逐步取代了商业信用，成为现代经济活动中最重要的信用形式。总之，信用交易和信用制度是随着商品货币经济的不断发展而产生和建立起来的；进而，信用交易的产生和信用制度的建立促进了商品交换和金融工具的发展；最终，现代市场经济发展成为建立在错综复杂的信用关系之上的信用经济。

（二）从交易信用到交易制度

如果说信用是金融的底层逻辑，那么信用的底层逻辑是寻找这个时代所有正信用的资本化、价值化、收益化的场景，并且让其在金融环节当中爆发出来，然后一直穿透到实体经济当中去。更关键的是，要把负信用的场景全部彻底消灭，让其永无生存之地。最后，在信用逻辑的基础上，让金融为实体经济服务，让金融与实体经济形成共生的态势。

社会上任何一个实体场景都要做的一件事情就是让所有的正信用都能资本化，都能带来回报，都能带来价值。由此，正信用就会被金融化，然后自然而然地形成一种交易制度。在这种交易制度下，金融服务会融入实体经济，使信用使用更具有逻辑性和有效性。

（三）从交易制度到交易技术

金融是现代社会的制度安排，制度是金融的当然属性。但社会的发展，特别是科技的进步，将赋予金融越来越多的科技内涵，并改变金融的属性。目前，科技在金融行业的作用和地位越来越重要和突出，金融将从一个更制度化的平台走向一个更技术化的平台。这是一种必然的趋势，也是一个不争的事实。这种变化带来的不仅是效率的提高，也不仅是为向技术转变提供可能，它的背后还有一些更深层次的内容，是金融存在的基础和方式。

科技，给人类社会带来的变化，包括金融的变化，无疑是巨大的和根本性的，其最重要的特征是代际。它将从根本上挑战人们的思维定式，因为人比较习惯于在一个预设的场景或坐标系里思考问题、探索规律，并借此预测和判断未来。同时还有一种概念叫作迭代，接受“坐标系转换”的思维方式，因为坐标系转换的背后是：没有公约数！科技还带来了一个非常重要的概念——指数。社会所有的变化，或多或少都被指数这个概念影响着。而这种从交易制度到交易技术的变化，让人始料未及，措手不及。

（四）从交易技术到交易结构

技术与工具的变化推动了社会变化，同时交易圈和交易半径也在不断扩大，由此一定会引致交易结构发生变化。随着大数据、区块链等技术的发展，整个社会已经从“陌生人社会”“半熟人社会”向“熟人社会”快速转变，这种人与人之间的快速熟悉，又反过来促使交易结构从原本“熟人社会交易”逐步向“陌生人社会交易”延伸，两个陌生人之间的交易不再遥不可及。特别是快捷信息技术和对复杂产品质量做出快捷准确判断的技术的出现，迫使原来依赖于熟人社会的交易，开始借助于互联网、物联网的扩展，逐步触及陌生人社会领域，从而促使原来交易结构的交易半径和交易圈不断扩展。

正是因为交易结构的变化，人类社会生活发生巨大改变，因而交易半径和交易圈也被无限地放大。所以无论是在“熟人社会”市场交易中还是在“陌生人社会”市场交易中，整个市场的交易结构将更加趋于简单化。

（五）从交易结构到交易权利

科斯定理（Coase Theorem）是由罗纳德·科斯（Ronald Coase）提出的一种观点，他认为在某些条件下，经济的外部性或者说非效率可以通过当事人的谈判而得到纠正，从而达到社会效益最大化。关于科斯定理，比较流行的说法是：只要财产权是明确的，并且交易成本为零或者很小，那么，无论在开始时将财产权赋予谁，市场均衡的最终结果都是有效率的，能够实现资源配置的帕累托最优。

当然，在现实世界中，科斯定理所要求的前提往往是不存在的，财产权的明确是很困难的，交易成本也不可能为零，有时甚至是比较大的。因此，依靠市场机制矫正外部性（指某个人或某个企业的经济活动对其他人或者其他企业造成了影响，但却没有为此付出代价或得到收益）是有一定困难的。但是，科斯定理毕竟提供了一种通过市场机制解决外部性问题的新思路和方法。在这种理论的影响下，美国和一些国家先后实现了污染物排放权或排放指标的交易，这种交易已经从“交易结构”上升到了“交易权利”的层次。

三、保险科技的理论寓于保险职能

金融的本质就是对风险的跨期资源配置，保险活动也是一种金融行为。保险科技作为保险业变革的重中之重，可能会从根本上改变和颠覆商业保险模式（保险机构利用保险科技改变经营方式、创新保险产品、优化业务流程，催生出一些新型发展模式），更为保险业的创新发展提供源源不断的动力。

随着保险科技的发展，保险业要重新认识保险，顺应保险学科发展趋势，推动保险理论与实践的创新，促进“保险保障、资金融通和社会管理”传统功能向保险“风险治理、价值创造和资源配置”的现代功能转变（见图1-6），推进保险业的变革与发展，使保险成为经济增长的“助推器”与社会发展的“稳定器”，成为国家经济社会高质量、强韧性、可持续发展的重要金融工具。

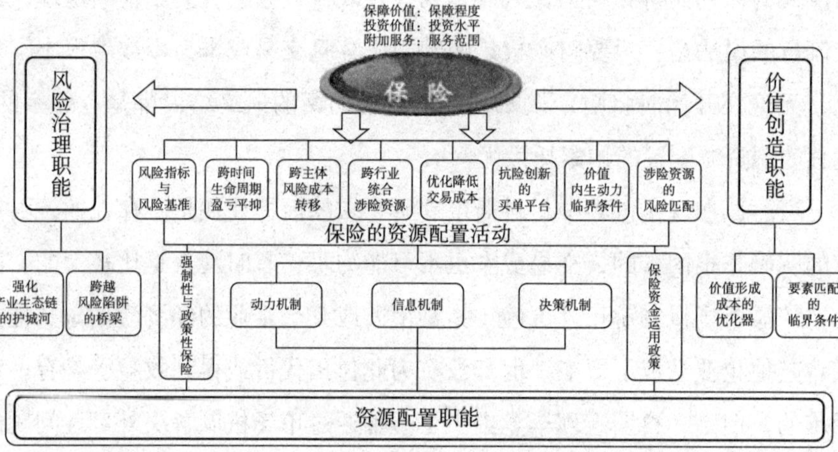

图 1-6 保险的主要职能

（一）保险科技赋能：风险治理

保险作为风险治理的重要工具，具有保障程度高、费率低、社会效益好等突出特点，一直是欧美发达国家居民保障家人健康和财富安全的主要途径之一，特别是健康保险、养老保险、房屋保险等，有助于分散金融风险，有助于缓解金融风险过于集中于银行业的突出问题，有助于国家金融安全，有助于构筑国家安全网，有助于提升人民的获得感、幸福感、安全感。

利用科技创新和赋能将成为保险发展的核心趋势，保险科技赋能主要体现在风险治理上。科技将成为改变风险认知与管理的核心能力，并从根本上改变传统风险管理与保险。科技赋能，通过参与相关传统行业的风险管理，利用“科技+保险”的模式，实现风险的减量管理，重构相关行业的风险管理总效率，能够提升社会、企业和家庭的风险管理能力，并改变传统保险的发展空间和商业模式。

（二）保险科技增能：价值创造

随着科技进步和经济社会的发展，基于科技和商业模式的创新，保险在三大基本功能的基础上，逐渐凸显出其价值创造的衍生功能，且该功能在不同领域体现得越来越明显。近年来，保险已经不再是单纯的“缴费+理赔”模式，它逐渐通过引入科技、管理、服务、监督和治理功能，将保险机制融入国家治理体系，改变了简单的“承保+理赔”的传统保险机制，“保险+服务”“保险+科技”“保险+管理”等新的商业保险模式逐步成为保险业的主流，最终实现了保险的价值创造功能。

保险科技增能环节，集中体现在价值创造方面，主要是助力保险业创业变革，服务国家经济社会发展大局，实现经济社会的可持续发展。通过新冠肺炎疫情，人们逐渐意识到可持续发展的重要性，同时认识到风险管理的价值。因此，韧性管理、业务连续性管理和后果损失保险等理念、模式和技术将被全面普及，保险将在这个过程中起到重要的推动和落实作用。保险业要通过“科技+管理”的方式，将价值创造、减量管理和服务型保险的理念融入社会经济发展，实现发展模式的转型。

（三）保险科技产能：资源配置

保险的资源配置职能是很丰富的，一方面，保险的诸多特性使其具备社会资源配置的性能和多种功能。在保险业提供全面服务的现代成熟社会，保费是衡量风险的天然基准。另一方面，保险本身就是资源配置的重要平台。在由企业创造价值、社会公众买单的价值链上，消费者通过缴纳保费来为涉及风险的相关服务及相关创新买单的交易已被大众所认可。

保险科技产能环节，主要体现在资源配置方面，主要是利用人工智能和机器学主动识别和预测风险，强调的是保险科技的预测分析和配置优化应用，服务新发展理念和新发展格局。新发展理念包括创新、协调、绿色、开放、共享五个方面，《“十四五”规划纲要》在每一个方面都对保险业有明确的部署和安排，这些部署和安排也是“十四五”时期保险业深化改革的重点努力方向。具体来看，一是在创新发展方面，要求拓展优化首台（套）重大技术装备保险补偿和激励政策，鼓励发展科技保险等科技金融产品，提升企业技术创新能力。二是在协调发展方面，要求发展农业保险，健全农村金融服务体系。三是在绿色发展方面，要求在高风险领域推行环境污染强制责任保险，严密防控环境风险。四是在开放发展方面，要求稳妥推进保险等金融领域开放，加快推进制度型开放；要求完善“一带一路”风险防控和安全保障体系，有效防范化解各类风险。五是在共享发展方面，要求健全多层次社会保障体系，规范发展第三支柱养老保险；要求健全全民医保制度，积极发展商业医疗保险；要求完善养老服务体系，实施积极应对人口老龄化国家战略。此外，在安全发展方面，要求在重点领域推进安全生产责任保险全覆盖，发展巨灾保险，全面提高公共安全保障能力。

综上所述，我们从金融学和保险学两个维度探讨了保险科技的理论属性，可以初步做出一个判断——保险科技是科学，具有科学性。众所周知，科学之所以是科学，不仅因为其具有系统的思想观点和理论形式，更重要的是其能够以科学的方法和理念客观地反映事实，勇于直面矛盾，不断追求真理，从而获得经受得住历史和实践检验的规律性认识。

“保险科技是科学”，这是我们关于保险科技的科学假说。根据自然辩证法，我们知道任何科学研究都要经历“由问题而发现，从假说到理论”的过程。同样，对于保险科技而言，也必将经历争论（问题）、假说和理论的过程。

第二章 保险科技的科学假说

第一节 保险科技的科学假说

一、保险科技的科学假说

（一）科学假说概述

科学假说（Scientific Hypothesis），是人们将认识从已知推向未知，进而变未知为已知的必不可少的思维方法，是科学发展的一种重要形式。科学理论发展的历史就是假说的形成、发展和假说之间的竞争、更迭的历史。科学假说对科学问题的研究常常起纲领性的作用。在探求现象之间的因果关系、事物的内部结构及其起源和演化的规律时，一旦有了假说，科学工作者就能根据其要求有计划地设计和进行一系列的观察、实验；而假说得到观察、实验的支持，就会发展成为建立有关科学理论的基础。科学假说也就是根据科学基础对未来的世界或者其余科学领域的发展做出某一种科学的定义。

弗里德里希·恩格斯（Friedrich Engels）指出："只要自然科学在思维着，它的发展形式就是假说。"可以说，假说是人类通向客观真理的必由之路。托马斯·塞缪尔·库恩（Thomas Samuel Kuhn）在《科学革命的结构》一书中提出了以范式理论为中心的动态科学发展模式：前科学时期—常规科学—反常与危机—科学革命—新的常规科学。科学假说存在的意义也就是它能够用统一的理论范式来统一前范式科学阶段的混乱，利用这个建构性的假说获得科学家群体的认可，由此它将指导未来科学领域的发展。待到新的科学现象和科学问题出现之后，该学说便无法利用这一套范式来进行解释。针对这些新问题和新现象，科学家们势必会提出新的解决办法即提出新的科学假说，而这个解决之道就是新科学假说对旧科学假说的革命，新范式对旧范式的扬弃，也就是库恩所讲的科学革命。

库恩认为，科学发展模型的中心概念是范式，范式的更迭标志着科学的革命。范式是一种概念，它包含着科学、哲学、社会、心理等多方面的因素。具体地说，包括三个方面的内容：一是概括（符号概括、文字概括）；二是模型（提供类比和启发的模型）；三是范例（具体的题解）。概括地讲，范式就是某个科学家集团的共同信念以及在这一共同信念支配下形成的基本理论、基本观点和基本方法，也包括对科学发展方向的共识。例如，哥白尼学说是自哥白尼以来天文学派的范式，牛顿力学是经典物理学的范式。

（二）保险科技的科学假说

保险科技的科学假说具备一般科学假说的特点：一是具有一定的推测性，即建立在不充分的事实和不完全的理论基础上，在未经实践检验之前，只是一种思维中的想象；二是具有一定的科学性，即有一定的事实根据和理论基础。保险科技的科学假说大致可以分为三类：

（1）保险科技存在性假说。保险科技作为一种业态或实体存在，例如开放性保险服务平台、集合型保险数据平台等。

（2）保险科技描述性假说。对保险科技属性、状态、关系的推测，例如保险科技是开放系统、复杂系统、开放的复杂巨系统等理论演化。

（3）保险科技解释性假说。对保险与科技因果关系的描述，例如保险科技的法律与规制、伦理与道德、技术的边界问题等。

众说纷纭，各执一词，反映出人们对保险科技本质认识的多维思考。过去，在相当长一段时间里，保险科技更多地被认为是科技与保险等方面的组合，而不是科技、风险、保险等方面的组合，因而对隐藏在其背后的利益机理及规律探究不够，认识不足。国际经验表明，保险监管体制转型和保险变革与发展带来的监控洼地为保险科技创造了有机可乘、风险很小、规避监管的利益机制、机会结构和正向激励约束机制，这些必然导致保险科技的快速发展。

（三）存在性假说：保险科技是开放系统

前文“系统科学金融理论”介绍了系统科学，根据系统与环境间的相互影响关系，系统可以分为以下三类：开放系统（Open System），与环境间既有能量交换又有物质交换的系统；封闭系统（Closed System），与环境间只有能量交换而无物质交换的系统；隔离系统（Isolated System），与环境间既无能量交换又无物质交换的系统。

与开放系统相对立的有封闭系统和孤立系统。在客观世界中封闭系统与孤立系统的存在是相对的（即绝对的阻止能量交换或者物质交换是不可能的，只能在限定程度上尽可能地降低通量，降低交换的物质能量与系统自身的物质能量的比），而开放系统的存在是绝对的。人体就是一个典型的开放系统，可以和外界进行能量交换和物质交换。

事实上，自然界中一切事物总是相互关联和相互影响的，严格而言，隔离系统只是一种假想的系统，它只能在有限的时间和空间内存在，通常把某些与环境联系相当微弱的系统近似作为隔离系统处理。在实际研究中，有时会把封闭系统和系统影响所及的环境一起作为隔离系统研究。

保险科技是开放的系统，打破了传统的封闭结构。在开放系统中没有城墙保护，大家不得不时时面对自由竞争，甚至跨界融合。就像草原上的兔子，没有可以保护自己的天然屏障，在一个弱肉强食的开放世界里，兔子只有比狼跑得更快才可以，要不然就会被吃掉。同时这种生态还在不断地进化，跑得慢的兔子被淘汰了，跑得快的兔子越来越强壮。结果是草原兔子比山地兔子平均大一倍，非常强壮，跑得很快，其根源在于草原是一个开放的系统。同理，保险科技创新发展得多且快，背后的根本原因是它是一个开放系统。

（四）描述性假说：保险科技是复杂系统

前文“复杂性金融理论”介绍了复杂性科学，复杂系统理论是系统科学中的一个前沿方向，也是复杂性科学的主要研究任务。复杂系统（Complex System）是具有中等数目基于局部信息做出行动的智能性、自适应性主体的系统。复杂系统是一个很难定义的系统，它存在于世界的各个角落。因此，我们可以这样描述它：①不是简单系统，也不是随机系统；②是一个复合的系统，而不是纷繁的系统；③是一个非线性系统；④内部有很多子系统（Subsystem），这些子系统之间又是相互依赖的（Interdependence），子系统之间相互协同，可以共同进化（Coevolving）。在复杂系统中，子系统分为很多层次，大小也各不相同（Multi-level & Multi-scale）。

复杂系统的主要特征如下：①智能性和自适应性。这意味着系统内的元素或主体的行为遵循一定的规则，根据环境和接收的信息来调整自身的状态和行为，并且主体通常有能力根据各种信息调整规则，产生前所未有的新规则。通过系统主体的相对低等的智能行为，系统在整体上显现出更高层次、更加复杂、职能更加协调的有序性。②没有中央控制的局部信息。在复杂系统中，没有哪个主体能够知道其他所有主体的状态和行为，每个主体只可以从个体集合的一个相对较小的集合中获取信息，处理“局部信息”，做出相应的决策。系统的整体行为是通过个体之间的相互竞争、协作等局部相互作用而呈现出来的。另外，复杂系统还具有突现性、不稳性、非线性、不确定性、不可预测性等特征。

由于技术元素、创新要素、风险因素数目太多，保险科技已成为一个复杂系统。比如可保利益问题，是保险经营理论的重要基石之一。首先，风险关系的日益多元化和复杂化，特别是在科技层出不穷的背景下，个体和局部损失的传染效应不断扩大，使得可保利益的主体不再“清晰”和“简单”。其次，对“合法”“经济”和“确定”的界定也需要重新认识和思考，随之而来的是道德风险、逆向选择与制度公平问题。此外，“可测定”“可度量”和“可确定”也面临挑战。可与不可，更多的是基于能力的判断。在科技赋能的背景下，将重新定义“可能”。因此，在传统的可保风险与不可保风险中，会出现一个灰色（模糊）地带。利用科技手段，可以不断改变这个地带的灰度。保险就可以在这个地带开疆拓土，创新发展。

（五）解释性假说：保险科技是开放的复杂巨系统

人类社会将迎来认识革命的新时代。随着这个时代的到来，保险科技首先要面对一个概念——心流（Mental Flow），在心理学中它是指一种人们在专注进行某种行为时所表现的心理状态。心智网（Mindnet）是连接用户心流、心智的网络，也称为心流网络。新技术带来更高效、更直接、更沉浸的心流内容，形成不可阻挡的代差势能，迫使心流网络产生迭代。更自然的心流连接，意味着更符合人的认知特点，意味着更自然的内容、更自然的交互，以及更低的心智成本。更高的感受与心智满足度，则意味着更多的感受维度、更高的感受强度、更深的心智激活。

任何壁垒都阻挡不了用户一跃而起，纵身投入更符合人类生理特点和心智模式的感官沉浸与心灵沉浸体验中，不断逼近那个终极未来。心智网的终极是一张能让人人都拥有独特且充分的沉浸体验感的网络。所以，保险科技的未来之争，一定是心流内容之争，是让消费者对于保险真正进入一种神驰与沉浸的状态。

谁掌握了心流网络，谁就掌握了未来互联网。微信、Facebook等是当代的心流网络，下一代心流网络正在孕育中，它将从那些能提供更高感官沉浸或更深心灵沉浸的产品中产生。新旧心流网络的迭代，是心流内容代差势能作用的结果。它表现为“谁抢走了谁的用户”，但实际上更多的只是遵循自然规律的用户流动；它表现为某个新平台打败了旧平台，但其实只是新平台的自然生长与旧平台的自然凋亡。归根结底，新旧心流网络之争，是心流内容之争，而不是网络本身之争。因此在前往未来的路上，得内容者得心流，失内容者失天下。伴随着内容硬件与内容技术的高速迭代，将有越来越多的产品尝试提供比视频更全面的感受沉浸，乃至比生活更深长的心灵沉浸。因此，保险科技不仅是开放系统，还是复杂系统，更是开放的复杂巨系统。

复杂巨系统（Complex Giant System），是指组成系统的元素不仅数量庞大，而且种类繁多，它们之间的关系纷繁复杂，并有多种层次结构，即规模巨大且结构复杂的系统。开放的复杂巨系统（Open Complex Giant System），是由钱学森提出的，是系统分类中的一类，其特点是系统不仅规模巨大，属巨系统范畴，而且元素或子系统种类繁多，本质各异，相互关系复杂多变，存在多重宏观、微观层次，不同层次之间关联复杂，作用机制不清，因而不可能通过简单的统计综合方法从微观描述推断其宏观行为。人脑、人体、生物、生态、地理环境以及许多宇宙现象等都属于复杂巨系统，其中社会系统是特殊的复杂巨系统。

开放的复杂巨系统的一般基本原则与一般系统论的原则相一致：一是整体论原则；二是相互联系的原则；三是有序性原则；四是动态原则。开放的复杂巨系统的主要性质可以概括为：①开放性，系统对象及其子系统与环境之间有物质、能量、信息的交换。②复杂性，系统中子系统的种类繁多，子系统之间存在多种形式、多种层次的交互作用；复杂性还体现为它的进化与涌现性，系统中子系统或基本单元之间的交互作用，从整体上演化、进化出一些独特的、新的性质，如通过自组织方式形成某种模式。③层次性，系统部件与功能上具有层次关系。④巨量性，数目极其巨大。

二、保险科技的“十大”科学假说

不可否认的是，当前关于保险科技的认知依然处于困局和争论之中，或者说还没有形成关于保险科技的终极认知。塞思·卡拉曼（Seth Klarman）在《安全边际》一书中指出，成功的关键是理解规则背后的基本原理，但是许多人却往往无法真正理解市场，理解市场规则背后的原理，尤其在市场非理性占主导地位的时候。

（一）复杂性假说

保险科技具有“赢者通吃”的特征，大型科技公司往往利用数据垄断优势，阻碍公平竞争，获取超额收益，而传统反垄断立法仅聚焦垄断协议、滥用市场、经营者集中等问题。对于保险科技行业产生的许多新现象和问题，立法部门和监管方可能需要更多关注大公司是否妨碍新机构进入、以非正常的方式收集数据、拒绝开放应当公开的信息、是否存在误导用户和消费者行为等。面对保险科技的持续快速发展，必须关注保险科技风险的复杂性和外溢性，既要坚持鼓励创新，又要秉持守住底线的积极审慎态度，切实解决好面临的新问题、新挑战。

（二）多样性假说

保险科技生态体系呈现出层次化、多样化的特征。龙头企业已脱颖而出，它们依托于自身的技术优势或客群优势等，成为全领域的保险服务提供者，且具备很强的继续投资和并购新的保险科技企业的能力；许多早期的保险科技企业挖掘保险服务空白和痛点领域，专注细分市场，持续向纵深发展；传统科技公司依托自己的技术加速保险科技布局；传统的保险机构依托自己传统的客群优势、对保险的深度理解以及健全的技术基础设施加速追赶。因此，保险领域中呈现出龙头与初创、保险机构与科技企业、多元与聚焦、应用与技术并存的，具有高度创新活力的保险科技生态特征。

（三）不确定性假说

保险科技的快速发展，对保险市场风险、现有的保险法律制度等带来了一些挑战，增加了风险的不确定性。第一，保险科技带来的风险和不确定性不断增加。由于保险科技创新具有跨市场、跨行业、跨维度的特性，行业边界越来越模糊，风险产生、发展、扩散和爆发的规律和特征趋于复杂，风险的隐蔽性、外部性，以及传染性日益显著，为保险业风险管理带来了新的挑战。第二，保险科技发展对现有的保险法律制度带来一定的冲击。例如，随着保险科技的发展，保险机构对个人信息的收集、大数据的应用将更加高效和充分，数据资产和数据权利如何界定，数据保护和数据利用、数据独占和数据开发之间如何平衡，如何从法律层面构建更加有效的个人信息保护机制等，已成为立法关注的重点。第三，保险科技的不当使用，可能会为欺诈、洗钱等违法犯罪活动提供便利。

（四）模糊性假说

目前从概念层还没有对保险科技有一个统一的定义，只有概念层保持统一，逻辑层和操作层才能统一。但是现在很多时候，由于人们的知识背景不同，讨论到保险科技，基本是鸡同鸭讲。虽然保险科技有其门槛，但是更多情况下，有些人故意模糊概念，把概念搞得很高深，造成许多人对其概念的误解。另外创造概念的情况也是比较多的。

（五）耗散性假说

耗散结构理论是由伊里亚·普里戈金（Ilya Prigogine）提出的，其可概括为：一个远离平衡态的非线性的开放系统（不管是物理的、化学的、生物的乃至社会的、经济的系统）通过不断地与外界交换物质和能量，在系统内部某个参量的变化达到一定的阈值时，通过涨落，可能发生突变即非平衡相变，由原来的混沌无序状态转变为一种在时间上、空间上或功能上的有序状态。这种在远离平衡的非线性区形成的新的稳定的宏观有序结构，由于需要不断与外界交换物质或能量才能维持，因此被称为“耗散结构”。

"熵"原本是一个物理学概念，用来衡量一个系统的无序性。熵增即随着系统的运转和发展，无序性也在不断增加。这个概念同样适用于保险业，一方面，随着技术的不断发展，更多享受不到保险服务的人得到了应有的服务；另一方面，行业的急速扩张与数据的不当应用所带来的风险也越来越大。保险业的成长应该是一个熵减而不是熵增的过程，因此保险业创新发展要做的只有一件事情——对抗熵增，而保险机构对抗熵增的最好方法就是发展保险科技。

（六）协同性假说

保险科技是技术驱动的保险创新，旨在运用现代科技成果改造和创新保险产品、经营模式、业务流程，推动保险发展提质增效。保险科技既是保险转型升级的新引擎，又是服务实体经济的新途径，也是普惠保险发展的新机遇，同时也成为化解保险风险的新利器。

保险科技可以在普惠保险领域发挥重要作用，使用通过物联网采集的健康数据进行风险监测，利用大数据技术进行风险营销，运用区块链进行数据存证、构建溯源机制，通过人工智能开展智能保顾。同时，科技也在资本市场发展中扮演重要角色，推动我国资本市场经历了三次科技浪潮，从电子化到网络化再到数字化，逐步加快了科技与保险的融合，营造了保险科技创新环境。保险科技正在走向产业协同、联合创新的模式，人工智能作为未来数十年科技世界的底层基础技术，在面对具体应用场景时，只有开放共赢、开源合作，才能得到更为长远的发展。

（七）突变性假说

保险科技对保险业最直接的影响表现在客户服务、产品设计、运营模式等方面，具体来看：保险科技变革开辟触达客户的新路径；保险科技实现保险服务的新体验，秉承"开放、平等、协作、分享"的理念，一切以用户为中心；保险科技革新传统业务的服务模式；保险科技驱动保险业实现渠道融合；保险科技推动风险控制的新探索。随着大数据、云计算、移动支付、区块链技术和AI技术等技术的快速发展，保险科技正全面影响着保险机构的业务模式以及业务流程，逐步影响着传统保险的组织变革、文化变革和战略转型，从而使保险“基因”悄悄地发生变化，甚至发生突变。

（八）颠覆性假说

传统保险业的四大支柱——合作伙伴、组合产品、专业的风险管理、物理的网络机构正在被保险科技所颠覆，传统保险业赖以生存的基础发生了根本的变化。战略合作伙伴变成产业链上众多的合作者；有无数的供应商在这个产业链上，产品也由整个产业链供应，而不单是由保险供应；专业的风险管理几乎可以被机器所取代；分支机构已经变成了消费者手中的手机。这些变化对传统保险业而言是一种根本性的颠覆，这种颠覆不仅表现在产品理念上，更多表现在经营、管理、组织架构的理念上，并从根本上改变了传统保险业的经营模式。

（九）分形性假说

分形几何学（Fractal Geometry）是一门以不规则几何形态为研究对象的几何学。传统几何学的研究对象为整数维数，如零维的点、一维的线、二维的面、三维的立体乃至四维的时空，相对于传统几何学而言，分形几何学的研究对象为非负实数维数，如0.63、1.58、2.72等（曼德勃罗集）。因为分形几何学的研究对象普遍存在于自然界中，因此它又被称为“大自然的几何学”。

当我们将分形几何学引入保险市场时，可以说是对传统理论的一种颠覆。分形几何学为我们描绘了一幅与我们熟悉的保险市场完全不同的图像：开始时是平静的，随后这个系统被混乱的事件和保险科技的突然爆发所打乱。在曼德勃罗的世界里，保险市场是一个混沌、无序、不确定和大量的统计“怪物”的中心，是纯粹的混沌世界。混沌是指发生在确定性系统中的貌似随机的不规则运动，一个确定性理论描述的系统，其行为却表现为不确定性、不可重复、不可预测。

传统理论认为，保险市场是一个受正态分布法则制约的世界。在保险市场中，尽管理论上存在极端的巨灾风险，但很少发生，有些统计上的奇怪现象，与其说是现实的威胁，不如说是理论上的怪人秀。大多数保险科技在他们看来都好像处于正常的范围内，保险市场也会出现一个类似的、统计学的正态分布，因此，在传统理论看来，保险市场的波动情况十分正常，貌似可以预测，并且可以掌控。

但是曼德勃罗分形几何学认为，保险市场并非如此，恰恰相反，它们充满了涡流，其运动不是正态分布的，而是混乱和不可预测的。如果这种假设是正确的话，那么保险市场就比常规理论承认的要更具风险，而对这种狂暴的、没有约束的波动进行预测几乎是不可能的。事实上，保险科技的数据正在证实这种看法。

（十）混沌性假说

“混沌”一词含有随机性的思想，但不能等同于随机。混沌通常指的是表现出非周期行为的确定性系统，而这种非周期行为对初始条件非常敏感，因此表现出长期行为的不可预测性。

保险科技可以被看作一个中间角色，它不是一个最终形态。所谓的保险科技，是保险科技化道路上必然要经历的一个流程和环节，当保险业经过保险科技时代的洗礼之后，它才能从传统保险时代步入新保险时代。所以，那些仅把保险科技看成是一个终极形态的做法，非但无法正确地厘清保险与科技之间的关系，甚至还将保险的进化带入新的死胡同。

当新技术时代来临时，新技术对于传统行业的影响是在逐步深化的，同互联网技术仅是通过去中间化的方式来提升保险业的效率不同，新技术对于保险业效率的提升是建立在内部元素和流程再造的基础之上的。保险科技正是在这样一个大背景下诞生的。需要明确的是，保险科技是一种中间状态：一方面，保险与新技术的融合开始向技术的属性转变；另一方面，新技术同样不断从保险端获得能量，强化自己。保险科技恰恰诞生于“保险借力科技，科技借力保险”这样一个中间阶段，因此，从某种程度上来看，保险科技其实是一种混沌状态。

在这样一种混沌状态下，一味地将保险科技定义为保险，抑或是将其定义为科技都是不恰当的，都会将保险科技带入发展的“死胡同”。

正确看待保险科技的方式，在于要找到回归法律法规的科学路径，在于要找到回归保险与科技融合本质的正确方式。当我们真正找到了保险与科技的本质，并且让保险与科技两者的作用可以得到最大限度的发挥，我们才算是真正把握住了保险科技的精髓。

第二节　保险与科技的融合与颠覆

一、融合与颠覆

（一）保险与科技交互的基础

保险与科技的融合与颠覆，是保险与科技的交互。鉴于增长源于创新的结论性共识，近十年来，尤其是2008年国际金融危机之后，宏观经济学的研究者开始全面评价并愈加重视金融创新与经济增长的关系。如何把握并塑造良好的金融创新与科技创新的耦合机制，以促进经济长期增长，抑制创新负面效应，已经成为发达国家和新兴市场国家共同面对的热点问题。

在约瑟夫·熊彼特（Joseph Alois Schumpeter）的“双轮驱动”模型中，金融与科技呈现出交互的双向因果关系。而后来的金融发展理论只是重点解释了金融与增长的相关性，没有深入研究两者的因果联系，并且忽视了两者的互动关系。卡罗塔·佩蕾丝（Carlota Perez）则系统地发展了约瑟夫·熊彼特关于技术创新与金融创新的互动理论，对技术扩散过程中的金融创新进行了体系化的深入研究。

这种“技术—经济范式”强调金融与技术、社会制度的多重交互关系，在宏观层面，技术革命与金融危机之间存在因果机制，这些机制源于：第一，成批出现的技术变革催生技术革命，使得全社会生产结构得以现代化；第二，金融资本和产业资本在职能上是分离的，两者通过不同手段谋求利润；第三，相对于在竞争压力下比较有活力的技术经济领域，社会制度框架更具惰性，可能成为变革的阻力。这些动因及其导致的机制性效应，意味着金融与科技的耦合具有无限复杂性且是不可预期的，创新的结果并不绝对是正面的。为此，卡罗塔·佩蕾丝建立了一个动态非均衡模型，用以表述和揭示从技术创新扩散的微观基础到科技与金融互动的宏观现象。通过近200年的四次工业革命中重复出现的技术扩散和金融危机，以及大量技术变迁与金融创新协同的事例，我们可以发现每一次技术革命的发展和传播均倾向于刺激金融领域的创新，同时也得益于金融创新产生的动力，技术革命中要求最苛刻的先行领域恰恰也正是金融行业。

（二）保险与科技交互的核心

科技进步影响了产业结构与消费者的生活方式，也影响了金融服务的对象与效率。从结绳记账、易贝买卖，到金本位制、纸币制度，货币形态与支付手段的革新，直接映射的是金融业的演变。除此以外，纵观金融业的发展，几乎全程都伴随着对新技术的吸纳，新技术也成为科技发展和技术应用的重要推动力。从这个角度讲，金融科技早已存在。金融业面临的最基本问题是信息不完全与信息不对称，随着计算机、互联网，乃至云计算、大数据的发展，金融科技发生了比以往更具革命性的变化。建立在云计算、大数据基础上的创新成为当今蓬勃发展的金融科技的技术基础。依据金融稳定理事会（FSB）于2016年3月发布的金融科技专题报告，金融科技是指技术带来的金融创新，它能够创造新的模式、业务、流程与产品，既包括前端产业，也包含后台技术，对金融市场、金融机构或金融服务的提供方式均可能产生重大影响。金融科技以数据和技术为核心驱动力，基于大数据、云计算、人工智能、区块链等一系列技术创新，全面应用于支付清算、借贷融资、财富管理、零售银行、保险、交易结算等六大金融领域，是金融业未来的主流趋势。

关注保险与科技的交互关系，其核心不应停留在技术和产品层面，而是要深入探查这种与创新共生的交互对经济增长的作用机理及规律性经验。这种最接近事实的规律性经验，可以用来影响有益于保险与科技交互协同的制度性安排，借以激发保险创新与科技创新在交互中焕发的长期增长动力，实现不断积蓄与良性循环。如同经济学研究在面对“哪些因素决定了一国的保险市场体系的选择”时，在结论无法达成共识的困境中，很多经济学家不得不回到逻辑起点，从有关联的要素构成开始，逐一研究这些要素之间的因果关系和作用机理。显然，这些有益的方法改进和研究视角上的转换，对后来能够应对和回答“为什么在一些国家形成了有利于经济增长和技术创新的保险市场体系，而有的国家则不然”这样的问题起到了同样重要的作用。

（三）保险与科技交互的效应

从长期来看，增长的动力主要来自保险创新与科技创新的耦合效率。相对于一般化的金融工具、组织和制度，我们更强调专注于科技创新的保险服务及应用于科技创新的保险创新，即科技保险与保险科技。

按照演化经济学的结论，创新意味着要素调整及产业结构的变化，要通过产业变迁、效率优化及协同发展来实现经济赶超发展，就应当重点研究宏观经济结构的动态规律及其对制度性供给的条件诉求。分工导致产业形态的异质性，是进行结构性分析及逻辑推演的现实基础。在这种分析和推演的进程中，制度是不可或缺的关键因素，制度创新是科技创新与保险创新交互协同的必备条件和直接结果。因为，科技创新与保险创新的交互并不总是正向发生的，与之并行的制度性供给所发挥的约束、矫正、引导和激励效用是十分必要的。例如，一个效率低下的保险市场体系显然欠缺对实体经济乃至科技创新的支持性服务，甚至可能起到阻碍作用；同样，滞后于交易、支付、风险识别及控制等诸多保险需求的科技发展也无法为保险创新提供及时到位的技术支持；从科技保险到保险科技的产品化阶段，囿于阶段性的市场领先和存货出清考虑，后者的创新优势反倒会在一定时期内形成新一轮创新的反向阻力。只有在趋向协同的演进中，保险在支持科技创新的同时，本身的组织形式、业务模式、风险管理等也因科技创新而改变，最终实现保险创新与科技创新的正向交互。在制度逻辑上，形成了科技保险与保险科技的“推力”与“拉力”共生的螺旋式循环，在这种循环演进中，保险与科技以最大可能趋向动态平衡的协同发展。

二、融合与颠覆的十大假说

保险科技是科技与保险的融合，侧重于通过科技手段推动保险创新，但更加强调科技的主观能动性。同时，我们会依据保险创新程度来判断科技推动效果。科技要素与保险要素的深度融合是保险科技的重要特征。保险为本，科技为器。同时，融合是一个过程，一个量的积累，当突破了临界点就可能实现“颠覆”，所以，无论是科技颠覆了保险，还是新保险颠覆了传统保险，都不是空穴来风。近年来，为了找到彻底终结保险科技“融合与颠覆”争论的依据，社会理性在孜孜不倦地求索保险科技问题种种成因方面，形成了“诸子百家”的论说平台，这种探究大概可以归集为十大假说。

（一）制度说

中国人民银行印发的《金融科技（FinTech）发展规划（2019—2021年）》（以下简称《金融科技发展规划》）明确提出，未来三年金融科技工作的指导思想、基本原则、发展目标、重点任务和保障措施。这是第一次从国家层面对金融科技（保险科技）进行了制度性的界定。

《金融科技发展规划》指出，金融科技是技术驱动的金融创新。金融业要以习近平新时代中国特色社会主义思想为指导，全面贯彻党的十九大精神，按照全国金融工作会议要求，秉持“守正创新、安全可控、普惠民生、开放共赢”的基本原则，充分发挥金融科技赋能作用，推动我国金融业高质量发展。

《金融科技发展规划》提出，到2021年，建立健全我国金融科技发展的“四梁八柱”，进一步增强金融业科技应用能力，实现金融与科技深度融合、协调发展，明显增强人民群众对数字化、网络化、智能化金融产品和服务的满意度，推动我国金融科技发展居于国际领先水平，实现金融科技应用先进可控、金融服务能力稳步增强、金融风控水平明显提高、金融监管效能持续提升、金融科技支撑不断完善、金融科技产业繁荣发展。

（二）监管说

2020年10月31日，国务院金融稳定发展委员会召开专题会议指出，当前金融科技与金融创新快速发展，必须处理好金融发展、金融稳定和金融安全的关系。要落实党的十九届五中全会精神，坚持市场化、法治化、国际化原则，尊重国际共识和规则，正确处理好政府与市场的关系。既要鼓励创新、弘扬企业家精神，也要加强监管，依法将金融活动全面纳入监管，有效防范风险。监管部门要认真做好工作，对同类业务、同类主体一视同仁。要监督市场主体依法合规经营，遵守监管规则，完善公司治理，履行社会责任。要增强业务信息披露全面性和透明度，保护金融消费者合法权益，加强投资者教育。要督促上市公司规范使用募集资金，依法披露资金用途。要健全公平竞争审查机制，加强反垄断和反不正当竞争执法司法，提升市场综合监管能力。要建立数据资源产权、交易流通等基础制度和标准规范，加强个人信息保护。

通过这段话可以看出，不存在所谓的“金融与科技博弈”之说，因为一切金融创新，归根结底还是金融，金融和金融监管都是有时局观的。具体到保险科技，保险的基本内涵、保险的新文明、科技驱动的新保险、保险的全面发展、保险的新监管等构成了“新时代、新经济、新文明、新思想”下保险科技的时局观。

（三）标准说

保险科技标准的制定没有以“科技—风险—保险”为基础，标准的科学性和可操作性亟待提高。绝大多数保险科技标准还属于非常具体的科技指标与安全指标相混合的保险科技标准，这种标准不仅增加了监管的难度，而且保险机构也缺乏判断依据。

2020年10月，中国人民银行正式发布《金融科技创新应用测试规范》（JR/T 0198—2020）、《金融科技创新安全通用规范》（JR/T 0199—2020）、《金融科技创新风险监控规范》（JR/T 0120—2020）、《金融科技发展指标》（JR/T 0201—2020）等四项金融行业标准。

《金融科技发展指标》以《金融科技发展规划》为指导性文件，内容突出，科学完备，且兼顾行业的普适性，由机构指标、行业指标和区域指标三大指标构成，旨在形成一套科学、全面、可量化的金融科技发展评价标准。《金融科技发展指标》适用于不同机构、行业、地区的金融科技发展，对于优化金融科技战略部署、强化金融科技合理应用、赋能金融科技提质增效、增强金融风险技防能力、夯实金融科技基础支撑等工作具有参考意义。

《金融科技创新应用测试规范》《金融科技创新安全通用规范》《金融科技创新风险监控规范》三项标准既适用于从事金融服务创新的持牌金

融机构和从事相关业务系统、算力存储、算法模型等科技产品研发的科技公司，也适用于相关安全评估机构、风险监测机构、自律组织等。在对标准发布之前已投入运营的金融服务或科技产品进行金融科技创新时，三项标准也是适用的。

（四）检测说

2019年12月，中国支付清算协会上线了“金融科技产品认证管理平台”，为金融科技产品检测认证工作提供服务。该管理平台是中国支付清算协会按照国家市场监督管理总局和中国人民银行的有关文件精神，为更好地满足金融行业发展和监管需要，在中国人民银行指导下开发建设的技术管理平台。借助管理平台可以规范检测认证流程，实现检测认证的过程可追溯、结果可核查。基于检测认证的保险科技标准化工作，对于推动保险科技健康发展具有重要意义。保险机构可借助国推认证机制，强化保险科技风险管理，切实防范因技术产品质量缺陷引发的风险。

（五）市场说

保险科技是技术驱动的保险创新，虽以技术为手段，但目标和利源仍在保险范畴。自21世纪初起，保险科技经历了保险信息化、互联网保险、保险与科技深度融合三大阶段。保险科技的市场制度正处于发育阶段，在这种不成熟的市场制度中，市场机制的功能缺失，保险的科技元素、创新要素和风险因素扭曲，供求、竞争、风险、激励等正常的调节手段不能在保险科技资源配置中真正起到基础性作用，必然导致市场失灵。

（六）信息说

保险科技市场健康运行的基本条件之一是信息的有效传递。但是，信息传递没有改变保险风险管理的本质，借助保险科技的底层技术能够更有针对性、更及时、更有效率地监测、识别和处置风险。保险科技通过数据的收集或者各种行为的留痕，使各种行为能够在阳光下运行，提高透明度。为此，保险科技应该做好三个方面的工作：一是要具备良好的信息治理能力，面对爆发式的信息增长，保险科技要练好内功、打好基础；二是要建立开放的信息价值网络，与外部机构共同挖掘信息的作用；三是要加强信息保护，保护消费者的切身利益。

（七）环境说

保险科技的环境说，可以理解为保险科技的时局观。第一，保险的基本内涵是保险科技发展的起点，也是保险科技发展的基石。第二，保险科技下的新保险是保险发展的方向，是光明之灯，指引前路。第三，科技驱动的保险科技是工具。我们必须顺应时代的潮流，充分发挥保险科技的作用。第四，实现保险的全面发展是最终目的，即“方得始终”。

保险科技的时局观，也要求保险监管具有相应的时局观。保险科技改变了传统保险监管的时空局限性，使保险监管在不同时间、不同环境下，都能通过正确运用各种监管手段，实现保险市场的稳定健康发展。但保险科技的发展，也增加了保险监管的难度，延伸和扩展了保险监管的时空距离。保险监管的传导机制将变得更加复杂，不确定因素大大增加。保险市场更易动荡，由此也使保险监管在体制的确立、机制的健全、方式的选择、手段的运用、科技的应用等方面都将面临更高的要求与更大的挑战。

目前，全球对保险科技的监管尚处于探索阶段。我国的保险监管应积极应对保险科技，认识“保险与科技”的时与势、形与型、近与远、破与立以及变与不变，做好我国保险市场的风险防范，引导我国保险业长期稳定健康发展。同样，保险科技企业也要认识保险的逻辑，认识“保险与科技”发展的新常态，既要注意看时，又要注重看势。

（八）伦理说

2020年12月13日，“2020中国（深圳）金融科技全球峰会”上成立了

“深圳市金融科技伦理委员会”，并发布了《深圳市金融科技伦理宣言》。保险科技作为保险与科技深度融合的产物，呈现出极强的创新活力。与此同时，一些披着保险创新的外衣，游走于监管制度边缘的保险产品引发了保险市场的道德风险和逆向选择行为。如何通过保险与科技的有机结合，探索完善保险服务和监管模式，实现创新与合法合规间的平衡，规避市场风险，加强保险科技的“道德伦理”建设，引导保险科技生态建设良性发展，将成为保险科技发展的重要课题。

（九）正义说

保险科技作为普惠保险和民主保险推进的根本动力，有助于保险平权理念的建立，所以，保险科技是保险正义的直接体现。保险科技不仅包含了保险正义的自由核心，还指向了保险正义的公平维度，其中既有个体保险交易的公平，也有保险交易对社会整体公平的提升。鉴于此，进而借鉴相关国际实践中的共识，我国保险科技制度建构应在倡导市场化的大前提下，以去行政化为主要内容，兼顾行为监管和关联配套机制建设，构筑保险科技立体规制框架，从而为保险科技的长远与均衡发展奠定基础。

（十）教育说

保险业的发展趋势决定了市场对保险科技人才需求规模的迅速增长，同时也要求保险学科体系进行相应的调整，未来的保险学科将是风险与保险学、保险精算学和保险科技学三个专业相互支撑又各有侧重的“一体两翼”式学科体系布局。其中，风险与保险学作为“一体”是保险学科体系的主体，主要研究保险活动的一般规律，延续了社会科学到经济学再到应用经济学的学科研究体系和方法体系；保险精算和保险科技是“两翼”，是以保险学科为母体，融合了统计学、信息科学和计算机科学等其他学科理论与方法的应用型交叉学科。

第三节 保险与科技的协作与创新

一、协作与创新

（一）保险与科技协同的基础

保险与科技的协作与创新，是保险与科技的协同。正如前文所言，保险主要体现的是一种生产关系，科技主要体现的是一种生产力。保险与科技彼此赋能、彼此成就，通过相互作用产生出更加强大的效能，成为推进现代社会经济发展的加速器。

保险与科技的紧密结合，能够给大众带来更大的便利，向消费者提供更优质的体验，更好地服务人民生活需要，使社会效率大幅提升，并更加精准地对接保险服务实体、服务人民与国家这个重点，强化保险服务人民与国家发展大局的功能，不断满足经济社会的可持续发展需求。

保险的发展能够持续推动科技进步，科技进步又会促进保险的发展，从而形成保险与科技愈加融合的良性循环，并极大地提升保险服务能力和科技创新能力。保险与科技协作与创新的基础是保险产品、渠道和服务。

（1）产品。通常而言，产品是指经营者向市场提供的能令人留意、获取、使用或消费的，能满足人们的某种欲望和需要的一切商品。可见，产品是能够给最终用户带来有形和无形好处的复合品，它既包含有形的物品，也包含无形的服务，目的在于满足最终用户的需求和愿望。虽然保险服务本身是无形的，但提供的大多数服务不可能不使用有形的商品。在提供服务过程中所使用的商品可能具有支撑或提供方便的作用。作为支撑用的商品是服务者在提供服务时使用的，它们是有形的，而提供方便的商品则是购买者在接受服务过程中所使用的，它们也是有形的。也就是说，保险机构虽然提供的是无形的服务，但往往要通过有形的商品作为中介或媒体。因此，广义上的保险产品，不仅是保险机构提供的各种服务，也包括保险机构提供服务所需的媒介以及保险机构提供服务的渠道，甚至包括为提供服务而开发的各种保险工具等。保险产品的服务属性为无形性、关联性、多变性和易消失性。

（2）渠道。保险市场有其固有的运营规则，保险机构通过提供各种保险产品，为保险产品需求者提供了转移风险或保存财富的渠道。传统保险业中，产品的销售主要依赖于保险代理的线下直接营销，通过固定网点、上门推销等渠道来进行，或者是通过电话、电子邮件等电销渠道来进行。而保险科技的出现，使得传统的保险销售渠道由线下搬到了线上，实现了线上与线下相结合，甚至出现了纯线上的互联网保险公司。可以说，保险科技的出现，拓展了保险销售的渠道，使得消费者与保险产品的接触渠道突破了时间和空间上的限制，变得触手可及。消费者只要有保险需求，就可以随时随地到网上寻找自己所需的保险产品，再也不用被动地等待保险销售员的上门推销。

（3）服务。保险服务是指保险机构运用货币交易手段配置风险，向保险相关利益方提供的共同受益、获得保障的活动。互联网的快速发展，使保险服务的交易形式突破了时间和空间的界限，变得更加简单。物联网的发展则驱动着保险服务实现进一步改革。与此同时，随着新技术的快速开发与迭代，大批保险科技企业应运而生，它们以传统保险的替代者或改革者的身份出现，通过保险科技打造出新一代保险服务架构。这些保险科技企业将目光转向普通客户和小微企业，并从中挖掘出比传统大客户更高的利润和价值。在新的模式下，保险机构以云计算和大数据为支撑，通过中间层API和即时连接，以移动终端和App为媒介为客户提供个性化的保险产品和服务。

（二）保险与科技协同的核心

“天行有常，不为尧存，不为桀亡。”自然界有其本身固有的自然规则，它是客观存在的，是不以人的意志为转移的。自然规则是自然界自身发展的规律，是不能被改变的，只能被认知和利用。与自然规则相对应的是社会规则，社会规则是人制定的，是可以修改的。保险与科技协同的核心是信息、数学、数字和未来。

（1）信息。保险市场中各类信息传播主体的存在，对保险消费者的获知权产生了一定的影响。首先，加大了保险消费者信息识别的难度。互联网信息传播方式带来了信息的过量性与便利性，出现了更多的无效信息，保险机构、保险信息服务机构、消费者之间信息识别难度增大。广大消费者处于一个“网络不稳定”的环境中，保险市场环境从信息短缺时代的信息发布困难转向了信息过剩时代的信息识别困难。其次，影响了保险消费者信息获取的快捷性。市场上信息传递会受多种因素的影响，其中既包含主观因素，也包含客观因素，这些因素使信息的交流传播受到阻碍，从而导致信息难以在权利人需要的第一时间及时传递。发布者与获取者之间的供求关系难以均衡。保险市场更是如此，在存在一般信息传递障碍的同时，保险商品与服务的特殊性、保险市场巨大的获利空间以及保险主体的逐利本性等诸多主观因素进一步加剧了信息的传递障碍。保险市场的机会稍纵即逝，在效率决定成败的保险市场上，及时快捷获取信息至关重要。

（2）数学。在保险市场中，人们运用保险工具进行各种风险的交易，而数学在其中发挥着举足轻重的作用，具体体现在价值体现、风险评估、投资分析、成本费用分析等方面。以上只是数学在保险活动中最基本的应用。可以说，在整个保险活动过程中无处不应用到数学的方法，正是数学与保险的完美结合保证了保险的健康发展。

（3）数字。保险进化原则并没有因数字技术而发生改变。保险从业者和监管者都需考虑本质问题。保险有“道”，这个“道”不在于消灭风险，而在于从支持国家经济社会可持续发展的角度判断保险的价值，根据风险本质经营和监管风险，并且根据实践经验在修正中进化。这或许是保险的智慧。

保险的创新发展具有一定的周期。这种周期性可能伤害到行业甚至整个社会，也增加了行业发展的不稳定性。要消除这一影响，就必须了解其中的规律，探索降低周期性波动的方法。无论保险从业者还是监管者，都必须考虑一些最本质的问题：什么是好的保险创新？什么是好的保险进化之道？为寻找这个道，我们可以从历史中溯源。①正确的保险价值观原则（Value-Based），评价保险好坏的标准不是有无风险，而是在经营和监管风险的基础上保险能不能有效地服务国家经济社会可持续发展。②风险为本原则（Risk-Based），经营和管理风险的核心是风险为本。在微观层面，让适当的人承担风险和收益；在宏观层面，防范风险系统性的传导。③实践经验原则（Evidence-Based），判断风险为本原则是否被有效实施的关键依据是实践经验。

（4）未来。从支持经济社会发展角度理解风险的保险价值观原则、以风险为本的机制安排原则和以实践经验为准绳的判断原则，构成了缩短保险创新周期的三个有效原则。保险进化的这三个原则并没有因为数字技术而发生改变，但这并不意味着现有的保险体系不需要进化。技术正在深刻改变保险的运作方式，保险体系也需要相应的进化。

数字技术带来的第一个大趋势，是移动互联网和物联网的出现，让保险史无前例地实现普及，并且越来越回归保障，融合在从销售、供应链到消费的环节中。技术不但同时驱动经济和保险的改变，而且让它们相伴生长。从新经济需求的角度看待技术驱动的新保险的巨大生命力，是这个时代正确的保险价值观。

保险和国家发展大局的深度融合，带来的不仅仅是普惠，而且是风控能力的提升。保险的本质是一种基于信息的服务。大数据（信息）、人工智能（算法）、云计算（算力）的结合，必然促进风险甄别能力的提升，区块链更有助于建立新的信任机制。保险的本质不变，不代表保险一成不变。依据风险为本的原则，在合适的机制安排下，应当大力鼓励具备风控能力的数字保险的发展。这是数字时代保险的与时俱进。

数字技术带来的第二个大趋势，是让保险从条块分割（B2C）越来越向以保险用户为核心的综合服务（C2B）发展。人类历史上，保险用户第一次有了保险生活（InsurLife）的概念，即可以将怎么花钱、省钱、挣钱，需要什么样的保险服务综合起来考虑；各种企业，无论大小，都可以有适合自己的精算师。

（三）保险与科技协同的效应

《技术革命与金融资本》一书指出，在过去的200年间，一共发生过五次技术革命，每一次技术革命都形成了与其相适应的“技术—经济范式”。一个“技术—经济范式”包括一套通用的技术和组织原则，是一种最优的惯行模式。“技术—经济范式”的存在意味着一套强大的包容排斥机制，就好像生物界的自然选择一样。同样，保险产品随着保险科技的变革，也在选择最优的“技术—经济”范式。

（1）跨界与融合。目前，金融业正在向着混业经营的“大金融”方向发展，银行、证券、保险、信托、基金等逐渐呈现出“你中有我、我中有你”的态势。同样，保险科技也是“保险+”与“科技+”的跨界与融合。

（2）线上与线下。保险业的本质决定了不会有严格的线上线下之分，而应是全渠道、全盘打通融合在一起的。无论在线上还是线下，保险科技所要思考的本质问题，不外乎是在什么样的场景下，给消费者提供什么样的保障服务。

（3）在线与连接。保险科技通过与互联网、大数据、区块链、云计算等技术相结合，实现了保险7×24小时的在线和全天候服务。通过在线连接，保险机构不仅能够对消费者提供实时服务，还可以实现实时的运营监控。保险科技下的保险是具有双向特征的框架体系，其内涵是“互联网+”与“保险+”的融合，其路径是线上与线下的结合，其发展诱因包含消费者和保险机构的双向推动，其应用路径和应用范围涵盖了新保险领域和传统保险领域。因此，保险科技下的保险实现了消费者与保险机构的连接、保险机构与监管机构的连接、新保险与传统保险的连接。

（4）结构化与非结构化。目前整个保险市场鱼龙混杂、良莠不齐，各种信息杂乱无章，不要说普通的保险消费者，就是专业的保险界人才也难以辨别真伪，获取真正有效的信息。这种情况下，整个保险市场呈现出“差生”状态，也即所谓的非结构化。保险业要实现可持续发展，就要对当前市场上杂乱无章的信息进行梳理，使之条理化、系统化、纲领化、层次化，使人一目了然，便于储存和使用。

（5）高频与低频。保险本身是低频产品，保险经营的关键是通过运营实现高频带动低频。保险经营并不一定非要使用高频数据，但在三种情形下可以使用高频数据来进行计量：一是对预测精度要求高的用户可以使用高频数据；二是短期测度时可以使用高频数据；三是对成本、时间需求弹性小的用户可以使用高频数据。

（6）有序与无序。有序和无序是对于微观和宏观来讲的，微观的有序必然导致宏观的无序，微观的无序也必将导致宏观的有序。反过来讲，宏观的有序是微观的无序造成的，宏观的无序也是微观的有序造成的。具体到保险而言，单个保险产品可能是有序的，但整个保险市场却呈现出无序性。未来保险业要运用有序的技术来解决市场的无序竞争和无序行为，纠正整个市场存在的错乱行为，使其回到正确有序的轨道上来。

二、协作与创新的十大假说

保险科技，正在悄无声息地改变着保险业的管理模式、运营模式、盈利模式等，作为一种保险秩序与科技运行的重构体，保险科技的协作与创新也存在十大假说。

（一）共享说

分享，又称共享，是指与他人分着享受、使用、行使。分享经济（Sharing Economy），又称共享经济，是指将社会海量、分散、闲置的资源，平台化、协同化地集聚、复用，达到与供需匹配，从而实现经济与社会价值创新的新形态。分享经济强调的两个核心理念是使用而不占有（Access over Ownership）和不使用即浪费（Value Unused is Waste）。

党的十八届五中全会通过的《中共中央关于制定国民经济和社会发展第十三个五年规划的建议》，首次将共享列为我国五大发展理念之一，共享型发展已经上升至国家战略层面。全民共享、全面共享、共建共享和渐进共享是共享发展理念的四层内涵。

共享理念的提出为共享经济的诞生及发展提供了沃土，优化闲置资源配置是共享经济的本质，满足人的全面发展是共享经济的目标，改善不平衡不充分发展的经济发展现状是共享经济的诉求。而共享金融作为一种新兴的金融发展方向，必将在共享经济的渗透与发展下应运而生。

在共享理念和共享经济的内涵基础上，共享保险是指利用技术、理念等创新方式，实现社会闲置金融资源的优化配置，使人民群众都能公平、高效、便捷地享受保险资源。因此，共享理念和共享经济是共享保险的基石，而共享保险又致力于实现共享型发展、服务于共享经济，共享理念、共享经济和共享保险三者呈现出层层递进、环环相扣的逻辑关系。

在保险产品和服务数字化基础上，保险机构和保险科技企业通过共享各自的能力，实现共赢，即通过“万能连接”的方式，在科技、风控、支付、营销各环节，助力各方机构共享“数字保险红利”，保险机构通过搭建开放式平台，从客户层、账户层、数据层与保险科技企业进行协同合作。共享保险是未来保险的一种发展趋势和方向，它不是保险模式的机械组合，也不是保险业态的简单叠加，其本质在于优化社会保险资源配置，包括保险风控资源、保险数据资源和保险人才资源等。保险科技信息的传递和扩散更加便捷，信息的产生成本更为低廉，信息的利用渠道和方式也越来越多元化，从而更有助于实现信息的共享。

（二）协作说

协作是指在目标实施过程中，部门与部门之间、个人与个人之间的协调与配合。一般包括资源、技术、配合、信息方面的协作。协作应该是多方面的、广泛的，只要是一个部门或一个岗位实现承担的目标必须得到外界支援和配合，都应该成为协作的内容。无论是否存在社会分工，劳动者都必须通过协作把个人的力量联结成集体的力量，以实现生产活动的预期目标。劳动者彼此配合进行同一生产、作业、工程的协作，有简单协作和复杂协作两种基本方式。协作经济中的“国王”并不是内容，而是内容与内容之间的关联性；而协作经济中的“公民”就是生产信息，也就是生产内容的人，而企业就是建立内容之间关联性的组织，它应该组织人们进行内容的创造。

保险协作化，是指保险机构与保险科技企业等，根据市场需求，在保险账户、场景生态、科技输出等领域进行合作，共同探索大数据、人工智能、区块链等技术在保险领域的系统研发与应用落地，通过社会化协同的保险科技互相赋能，打破技术孤岛，提升保险对底层风险的管控力，增强保险对接风险的效能。保险科技促进了人与人之间的合作，降低了人们交流信息和寻找合作对象的成本，使人与人之间的合作变得更为容易。

（三）自由说

自由是一个政治哲学概念，在此条件下人类可以自我支配，凭借自由意志而行动，并为自身的行为负责。学术上存在对自由概念的不同见解，在对个人与社会的关系认识上有所不同。自由的最基本含义是不受限制和阻碍（束缚、控制、强迫或强制），或者说限制或阻碍不存在。自由在中国古文里的意思是“由于自己”，就是“不由于外力”，是自己做主。在欧洲文字里，自由含有“解放”之意，只有从外力制裁之下解放出来，才能自己做主。

保险自由化，亦称人人保险，就是人人社会存在的保险业态。在人人社会中，个人保险需求的满足方式，可能与当前的社会有根本区别。例如，每个人都是自己的保险机构，拥有一系列的保险工具。在某人需要保险时，其只需要在网络中发布需求，网络将自动评估其需求，并自动撮合与之匹配的供给方，保险费率的计算亦不需要人工介入，同样由算法确定。在可预见的范围内，人人保险将主要表现为自保险和支撑自保险的技术保险和数据保险，保险服务回归服务本质。每个自由人甚至不再需要保险自由，他们只需决定自己的保险需求，后续的所有服务便自然发生。

《金融科技发展规划》当中特别强调了金融科技的重要作用，指出在新一轮科技革命和产业变革背景下金融科技蓬勃发展，人工智能、大数据、云计算以及物联网信息技术与金融业深度融合，为金融发展提供源源不断的创新活力，同时也明确指出金融科技发展的总体要求、重点任务和保障措施。保险科技不仅改变了保险业的形态和保险机构获取信息的方式，而且也在潜移默化地改变保险的运行规则，从而以更有效的方式塑造出一种以个人决策为基础的、透明的、开放的保险形态，促使保险在良性的基础上进行边际的改善（即帕累托改善）。

（四）平等说

平等，是指社会主体在社会关系、社会生活中处于同等的地位，具有相同的发展机会，享有同等的权利。包括：①人格平等。人们之间尽管存在性别、民族、职业、经济状况、生活状态等方面的差别，但应当具有相同的价值和尊严，处于相同的社会地位。②机会平等。每个人都有创造物质财富和精神财富的潜在能力，必须清除各种人为的障碍，制止任何人对各种机会的垄断和特权，使人的潜能的实现具有同等的机会和环境。机会平等表现在经济领域要求等价交换和自由竞争，表现在政治领域则要求人人平等地参与政治活动，社会的职位向所有人开放等。③权利平等。人们在法律面前同等地享受权利（当然也包含平等地承担义务），任何人不得具有超越法律之上的特权。社会的平等，应当是人格平等、机会平等和权利平等的统一。平等既是衡量社会进步的尺度，又是一个社会在形式上所要追求的价值、原则和道德理想。平等不是要实现绝对的平均。阶级社会的平等，不是直接的自然平等和利益平等，而主要是指主体的社会地位平等。

保险平等化是一种人人平等的保险服务方式和理念，让每一个个体或组织都能够享受到公平对等的保险服务。保险平等化是让小微企业以及其他个体获得同等的保险服务，让他们有机会参与保险保障，实现互助共济和构建和谐社会。实现保险平等化包括保险体系的创新，以及产品、机构、制度等各方面的创新。保险平等化需要的制度保障，一是国家法律和政策提供的发展空间；二是允许并鼓励服务于长尾用户的保险机构的创立和发展；三是加强社会信用体系建设，创新长尾市场征信系统。

（五）普惠说

普惠是指让最多数人受益、能够有效惠及社会各阶层的政策或体系。普惠金融（Inclusive Finance）这一概念由联合国在2005年提出，是指以可负担的成本为有金融服务需求的社会各阶层和群体提供适当、有效的金融服务，小微企业、农民、城镇低收入人群等弱势群体是其重点服务对象。

保险普惠化是指随着智能科技大范围地运用到保险领域，迅速崛起的普惠保险成为传统保险的有效补充。当保险遇见科技，保险服务环节中的标的评估、风险管理、核保核赔等可变得更加高效精确，起到严防金融风险的作用；同时，平民化的保险服务满足广大消费者的保险需求，让保险“回归保障”，服务国家发展大局。

普惠保险体系框架认同的是将包括低收入群体在内的保险服务有机地融入微观、中观和宏观三个层面的金融体系，过去被排斥于保险服务之外的大规模客户群体才能获益。最终，这种包容性的保险体系能够对发展中国家的绝大多数人，包括过去难以达到的更贫困和更偏远地区的客户开放保险市场。

（1）客户层面。贫困和低收入客户是这一保险体系的中心，他们对保险服务的需求决定着保险体系各个层面的决策和行动。

（2）微观层面。保险体系的支柱仍然是普惠型保险机构（包括保险机构），它直接向低收入者等弱势群体提供服务。

（3）中观层面。这一层面包括基础性的保险设施和一系列的能使保险服务提供者实现降低交易成本、扩大服务规模和深度、提高技能、提升透明度的要求。这涵盖了保险服务相关利益者和活动，例如审计师、评级机构、渠道网络、行业协会、支付系统、信息技术、技术咨询服务、培训等。这些服务实体可以是跨国界的、地区性的或全球性的组织。

（4）宏观层面。为了促进可持续性的小额保险蓬勃繁荣发展，就必须制定适宜的法规和政策框架。中国人民银行、银保监会、财政部和其他相关政府机构是主要的宏观层面的参与者。

保险科技的核心哲学之一是惠普，保险科技的发展对于构建普惠保险体系是非常有益的，保险科技使得普惠保险体系的构建具备了新的可能性和新的途径。

（六）民主说

民主是指多数人的统治，或叫人民的统治，即一个社会的最终政治决定权不依赖于个别人或少数人，而是特定人群或人民全体中的多数。保险民主化，是指让民众参与保险体系改造。在保险改造的过程中，可以采取多种方式，比如共同承担保险风险，并且让民众享受保险活动带来的便利。这里的民主并非指选举，而是指民众可以对自己的活动进行掌控。在社会经济发展中推行保险民主化，可以预防出现资本和权力随机分配的现象，引导社会向好的方向发展。

就目前我国保险情况来看，保险民主化具有多方面的好处：第一，可以降低市场交易成本，促使社会的保险资源配置得以提高；第二，有利于多层次保险市场的建立；第三，增加市场竞争，对目前的保险资源垄断带来一定的挑战。理性推进保险民主化的具体措施如下：

（1）实施有限创新。罗伯特·希勒（Robert J. Shiller）认为，金融民主化可以改善生活且需要通过创新来打破垄断。在理性推进保险民主化时，实施有限创新是因为要注重创新的质量。简单来讲，创新需要综合考虑民众的承受能力、科技的利用效率等。比如移动金融，由于信息科学技术与金融业务融合在一起，移动金融呈现出多种特点，包括货币形态数字化、金融服务移动化等。因此，从原则上来讲，应大力鼓励保险科技创新，但与此同时，还要坚持辩证的观点，考虑多方面的因素，做到以下三点：一是坚持安全第一，不能打着保险民主化的名号，使其成为跨越监管套利的通道；二是坚持继承式创新，在继承中求创新，最大限度避免资源浪费；三是坚持为民服务的观点，尽量服务百姓，让百姓从中得到实惠。

（2）开展适度监管。近年来，社会经济增速放缓，风险正在不断积聚，主要表现在盈利空间在压缩、出现债务断裂现象等。目前，决策层出台了相关的扶持政策，旨在防止经济风险的快速积聚。但是，政策作用的发挥是具有滞后性的。因此，在大力推进金融民主化时，需要保持战略眼光，开展适度监管。一方面，要以开放、包容的理念来看待金融民主化的推进，实施弹性监管；另一方面，还要坚持监管的公平性，充分发挥"一委一行二会"的协调作用，在确保风险可控的前提下，促进保险民主化的有序、稳定发展。目前，需要在推进保险民主化时坚持底线原则，不越红线，注重保险自律。

金融民主化是社会发展的一个必然趋势，保险民主化亦是如此。在我国的市场化改革中，需要结合自身实际情况，建立一个市场化的保险市场体系。在未来的保险改革过程中，需要逐步降低保险的特许权价值；在风险交易市场化背景下，需要不断加速保险业的分化；对于保险科技，需保持鼓励态度；在互联网时代下重视互联网保险（比如区域型、社区型、专业型、长尾风险型等保险机构）的崛起。此外，还要不断借鉴国外的经验，促进我国保险的健康、稳定发展。

（七）数据说

数据是互联网时代最基本的象征符号，也是保险科技的核心哲学，数据已经解构了整个世界的运行秩序和方式，同时也在构建新的运行秩序和方式，成为人类发现世界和构建行为的基础。因此，要明确数据权益归属。国家已明确将数据列为与劳动、资本、技术并列的生产要素，数据确权是数据市场化配置及报酬定价的基础性问题。目前，各国法律似乎还没有准确界定数据财产权益的归属，但大型科技公司实际上拥有数据的控制权。因此，需要尽快明确各方数据权益，推动完善数据流转和价格形成机制，充分并公平合理地利用数据价值，依法保护各交易主体利益。

（八）解构说

保险科技的核心思想之一是通过互联网、大数据、人工智能、区块链等技术对传统保险业的商业模式和运作机制进行重构或者解构。通过保险科技赋能的方式，推动保险服务场景、服务手段、服务流程、保险产品的转型创新，实现保险业的智能化升级；并通过优化保险智能服务质量，提升其所服务产业和客户的保险服务体验。同时，要理解并坚持“专业创造价值”的理念，探索专业经营模式创新，实现内外融合的专业创新。要大力导入科技要素，赋予专业以全新的内涵，并推动风险治理、价值创造和资源配置的“科技+”模式。

（九）整合说

保险科技已经渗透到了所有保险形态，正在以极快的速度推动不同保险业态之间的融合、互补和整合。保险架构要全面强化互联网思维，导入共享经济和平台经济理念，通过体制机制和商业模式创新，全面整合内外部资源，将保险机构打造成为高素质和强能力的“集成商”；通过集成和融合创新，为客户提供最“物美价廉”的产品和服务。同时，打造“轻结构”的组织和运营体系，有效整合和协调内部资源，实现高质量发展。

（十）创新说

金融（保险）与科技是经济社会发展的两大动力。从保险形态的演进来看技术革命与保险创新关系，无论是前电报时代的几次关键技术与保险变革，还是电报与计算机技术带来的保险创新和当代保险科技创新，我们都发现技术一直在推动保险创新，包括改变保险形态、保险模式、保险效率、保险制度、保险管理水平等。保险科技的核心特征是无处不在、无时不有的创新，可以说，在新时代，保险创新是全天候的、全方位的创新。这种创新主要体现在保险科技通过迅速地时空转换，实现保险产品创新、保险业务流程创新和保险机制创新。

未来属于基于新技术创新应用的商业模式创新，保险机构要全面并深刻理解创新是第一生产力，通过科技引领，推动体制机制和商业模式创新。通过创新文化和试错文化的培育，重视创新人力资源的培养，通过体制机制创新，全面整合内外部资源，努力将创新从“口号”变为“行动”，让创新成为保险机构的核心竞争力。

第三章
保险科技的科学理论

第一节　保险科技的科学理论

一、保险科技的科学理论

（一）科学理论的建构

科学理论由三个要素组成：概念；联系这些概念的判断，即基本原理；由这些概念和原理推演出来的逻辑结论，即各种具体的特殊规律和预见。其中，基本概念和基本原理或命题构成了理论的核心元素。尽管理论有大有小、有粗有精，但堪称理论的，一定包含着这两个核心元素，它们通常也是识别某一理论的主要判别标准。

概念表现为名词、术语，包含着对事物内涵与外延的规定。概念具有抽象性特征，是人们在对经验事实获得丰富而充分的感性认识基础上经过反复抽象思维而形成的反映事物本质联系的逻辑形式，是经验事实在人们头脑中的重构。

建立概念是理论建构必要的而且是最重要的环节。概念作为对经验事实的规定，是建立前提假设的一种形式。作为对经验事实的严格界定，概念为科学理论提供了具有特定含义的、通约性的术语或语言，构成了理论构建的话语基础与逻辑基础。可以说，概念是理论的语言。概念的内涵与外延清楚，对于理论构建以及科学交流是极其重要的。

一个科学理论所使用的概念往往不是单一的，而是一个甚至若干个概念群。这些概念按着固有的隶属关系、包含关系、并列关系、联结关系等，形成一个有序的概念网络或概念体系，并构成理论论述体系的关节点。理论论述体系就是在概念由抽象到具体的转化或运动中建立起来的。从这个意义上讲，理论就是概念的展开。

（二）金融科技科学理论的建构

人类在探寻自然规律的过程中，以自身发展需要为出发点，通过技术变革，实现了生产工具的不断创新，提高了生产效率，发展了生产力。同时，技术革命也带来了金融的创新。尤其是第二次工业革命后，电报、电气和电子时代的到来，促使金融创新更加频繁。

贝廷格（Bettinger）于1972年最早提出“金融科技”的概念，这是最早包含Fintech一词的科学文献。《金融科技：文献综述与研究议程》（*Fintechs: A literature review and research agenda*）一文系统梳理了金融科技的研究文献，刻画了学术研究的脉络。应该说，2011年，金融科技一词被赋予新的内涵，之前主要是美国硅谷和英国伦敦的互联网技术创业公司将信息技术用于非银行支付交易的流程改进、安全提升，后来这些科技初创公司将车联网、大数据、人工智能（AI）等各种最前沿的信息与计算机技术应用到证券经纪交易、银行信贷、保险、资产管理等零售金融业务领域，形成了不依附于传统金融机构与体系的金融科技力量并独自发展起来。之后近10年时间里，这一词汇热度不减，实务界、理论界、教育界、政府等都对这一领域的发展给予高度关注，金融科技创新企业、金融科技学术研究、金融科技学科建设、金融科技监管设计等，都在不断向前推进。那么，我们如何认识理解金融科技的学科内涵、功能与本质、动力与决定因素、经济社会影响与未来的发展趋势呢？

《金融科技学》一书对金融科技范畴、理论与相关问题进行了分析，对比了科技金融、互联网金融与金融科技的关系，给出了金融科技的规范定义。金融科技理论从技术与制度支撑下的金融，金融服务的成本、效率与体验，金融科技与资源配置效率等角度进行阐述，并提出了金融科技学中的三个关键问题，包括法律与规制、伦理与道德、技术的边界问题。

（1）技术与制度支撑下的金融，主要内容包括：①金融计算与技术算力问题，金融本质上也是计算，金融、计算、算力、技术之间形成了一个协同模型，相互推动。算力基于技术，算力决定金融发展的质量和模式，也可以说技术决定算力，算力决定金融水平。②技术提升了金融信息传递的时效与触达范围。金融是信息敏感性行业，信息决定了金融的价格、资金的流动、风险的转移与转化。依托信息技术、人工智能技术、大数据技术发展起来的互联网金融跨越了地理和时间限制，金融服务体验得到提升。③金融关系需要制度规范各方行为，金融科技发展需要相应的金融规制加以规范。④金融配置资源需要监管与调控实现均衡。

（2）金融服务的成本、效率与体验，主要内容包括：①技术带来了金融服务成本的节约；②技术带来了金融服务效率的提升；③技术改进了客户的金融服务体验。

（3）金融科技与资源配置效率，主要内容包括：①市场搜寻成本问题，金融市场本身就是一个动态搜寻过程；②金融科技有助于搜寻匹配效率的提升和控制搜寻成本。

从学科视角看，金融科技本质上是技术赋能金融后的新服务形态，属于金融学科的范畴。我们主张采用金融稳定委员会（FSB）和中国人民银行给出的定义，金融科技强调金融和科技的结合，指的是技术带来的金融创新，通过创造新的业务模式、应用、流程或产品，对金融市场、金融机构或金融服务的提供方式产生重大影响。

（三）保险科技科学理论的建构

保险科技科学研究的目的和任务，并不是针对无法解释的新事物或新现象提出初步假定，建立科学假说，而是要把科学假说发展转化为科学理论，形成对保险科技的本质及其规律性的认识，从而揭示保险科技的奥秘，破解保险科技之谜。

要把“保险科技科学假说”转化为“保险科技科学理论”，依赖于人类的社会实践。实践不仅是假说形成和发展的源泉和动力，而且还是检验假说真理性的唯一标准。“保险科技科学假说”转化为“保险科技科学理论”大致有三条路径：

（1）由量变到质变。当“科学假说”运用于科学实践时，如果有越来越多的事实和这个假说的内容相符合，而且没有已知的事实与之相矛盾，那么，这个“科学假说”就可以转化为“科学理论”。

（2）科学预见。由“科学假说”所做出的科学预见得到了实践的证实，那么，这个“科学假说”就可以转化为“科学理论”。

（3）实验判决。可以设计判决性实验来检验“科学假说”的真理性。

保险科技科学理论包括供给与需求下的保险、制度与技术下的保险、体制与机制下的保险、组织与权利下的保险，保险服务的成本、效率与体验，保险科技与资源配置效率等，这些可以概括为保险科技的十大科学理论。

二、保险科技的十大科学理论

（一）机制设计理论

经济机制设计理论（Mechanism Design Theory），是研究在自由选择、自愿交换、信息不完全及决策分散化的条件下，能否设计一套机制（规则或制度）来达到既定目标的理论。概括地说，经济机制理论所讨论的问题是，对于任意给定的一个经济或社会目标，在自由选择、自愿交换的分散化决策条件下，能否并且怎样设计一个经济机制（即制定什么样的法律、法则、政策条令、资源配置等规则），可以使经济活动参与者的个人利益和设计者既定的目标一致。设计者可以大到是整个经济社会的制度设计者，他的目标是社会目标，也可以小到只是两个参与者的经济管理组织的委托人，他的目标是自己的最优利益。

机制设计通常会涉及信息效率和激励相容两个方面的问题。信息效率（Informational Efficiency）是关于经济机制实现既定社会目标所要求的信息量多少的问题，即机制运行的成本问题，它要求所设计的机制只需要较少的关于消费者、生产者以及其他经济活动参与者的信息和较低的信息成本。任何一个经济机制的设计和执行都需要信息传递，而信息传递是需要花费成本的，因此对于制度设计者来说，自然是信息空间的维数越小越好。激励相容（Incentive Compatibility）是列奥尼德·赫尔维茨（Leonid Hurwicz）1972年提出的一个核心概念，他将其定义为，如果在给定的机制下，如实报告自己的私人信息是参与者的占优策略均衡，那么这个机制就是激励相容的。在这种情况下，即便每个参与者按照自利原则制定个人目标，机制实施的客观效果也能达到设计者所要实现的目标。

（二）普惠保险理论

为修正现有金融体制的弊端，许多国家、机构乃至个人已经积极开展新型金融实验，相关学者也从理论上对金融回归“全社会财富托管人”的理念进行了探讨。其中最引人注目的是普惠金融实践和金融民主化尝试。

普惠金融的基本含义是能够有效、全方位地为社会所有阶层和群体提供服务的金融体系。由于富裕群体普遍比较容易获得全面的金融服务，普惠金融实际上侧重于弱势群体或低收入人群，目的是使这些群体中有真实需求的人，能够以合理的价格，方便和有尊严地获取全面、高质量的金融服务。

普惠保险则是指将保险普遍惠及所有群体，特别强调在贫困地区、少数民族地区、偏远地区以及残疾人和其他弱势群体中提供保险服务，让更多群体享受到惠而不贵的优质保险服务，使保险业在促进脱贫、防止返贫、完善中低收入人群健康养老保障方面发挥更大作用。国际上，普惠保险一方面着重强调发展中国家和贫困国家的保险服务，另一方面强调要使各个阶层跟上社会进步和现代化的步伐。

（三）民主保险理论

普惠金融的实质是促进金融资源的均衡分布，扩大金融服务受众，提升消费者的参与深度和效用价值。民主金融或称金融的民主化则致力于通过新型金融产品实现人人共同承担风险、共同获益，为经济生活提供更加稳定的基础。

民主金融的概念由著名经济学教授罗伯特·希勒提出，内涵在于：金融要为每个人而不是部分人服务，人人都能从金融活动中平等获益；金融体系的目的是管理风险、降低不公平、提高所有人的福利；应鼓励人们从事金融业，或参与金融创新为社会谋福利；法律监管应加深人们对金融运作知识的了解，为公众提供更为可靠的信息；最后，达成上述目标的途径在于金融创新。

针对我国保险体系的实际情况，也有学者提出了民主保险的概念，并提出了更加具体的期待，包括：保险需求方不应因非经济因素受到保险供给方或保险中介的歧视，即企业或个人所获得的保险保障应更加平等、市场化；保险供给方应被允许有多种投资渠道，能够被允许追逐更高的回报，在信息披露充分的前提下其投资风险应该自担，但其产生的效益应用于保险保障或保险服务上；放宽对民间资本成立保险组织的严格限制，草根保险组织应该被允许甚至被鼓励发展。

可以看出，民主保险实际上包含了普惠金融和普惠保险的构成要件，是对普惠保险的发展和提升，二者共同构成了当下保险创新的“草根”诉求。这一诉求看似边缘、琐碎，却体现出鲜明的时代特征，并蕴含巨大的爆发力。它能否被满足，不仅仅取决于民众的呼声和监管机构的态度，更需要理念、技术、渠道、法律等一揽子革新。尤为重要的是，它需要从根本上改变保险权力过于集中的局面。

（四）长尾效应理论

长尾（Long Tail），又称长尾效应，2004年由《连线》总编辑克里斯·安德森（Chris Anderson）提出，用来描述诸如亚马逊公司、Netflix等网站的商业和经济模式，主要指那些原来不受到重视的销量小但种类多的产品或服务总量巨大，致使累积起来的总收益超过主流产品的现象。

在互联网领域，长尾效应尤为显著。长尾效应的根本就是强调“个性化”“客户力量”和“小利润大市场”，也就是要赚很少的钱，但是要赚很多人的钱。当市场细分到很细很小的时候，就会发现这些细小市场的累积会带来明显的长尾效应。

长尾效应的提出是互联网发展的一个重要里程碑。通过与互联网技术相结合，该理论可以解决传统经济学意义上的很多约束。这也就为商家们提供了更为广泛的思路。长尾效应是一种理念，一种指导企业自身定位以及战略和战术行为的思维方式。对于如何抓住长尾市场，克里斯·安德森在《长尾理论》一书中提出了三项法则：一是让所有的东西都可以获得；二是将价格减半，让它更低；三是帮我找到它！

（五）交易费用理论

交易费用思想由经济学家罗纳德·科斯于1937年在《企业的性质》一文中首次提出。该理论认为，企业和市场是两种可以相互替代的资源配置机制，如果通过市场进行交易的费用很低，人们直接使用市场来配置资源；反之，如果企业组织劳动分工的交易费用低于市场交易费用，那么人们就会使用企业来配置资源。这里的交易费用指企业用于寻找交易对象、订立合同、执行交易、洽谈交易、监督交易等方面的费用与支出，主要由搜索成本、谈判成本、签约成本与监督成本构成。

交易费用决定了企业的存在，企业采取不同的组织方式最终目的也是为了节约交易费用。

随着我国保险的市场化发展，形成了目前的保险市场格局，即部分大型保险公司（集团）占据了绝大多数市场份额，形成了市场的垄断地位。对于公司内部来说，由于分公司、分支机构的大量铺设，人工成本和销售费用上升，造成了市场交易的不经济。同时，由于保险人和投保人之间信息不对称及广泛存在的道德风险，订立合同、执行交易、洽谈交易的成本和费用进一步上升。受市场配置资源的影响，可以提高交易效率、有效降低交易成本的组织形式便会出现，比如互联网保险机构。

（六）边际成本理论

增加一单位的产量随即而产生的成本增量称为边际成本。互联网具有边际成本递减乃至趋向于零的特征。对于一个互联网产品来说，服务一个用户的硬件成本与服务两个（增加一单位的产量）用户几乎没有任何区别，因此互联网几乎具有无限制的用户服务能力，而其成本主要在于初期投入。早期的互联网行业还存在着较高的初期投入门槛，随着云计算技术的普及，其初期投入也日益下降，同时仍然具有保持边际成本递减的能力。边际成本理论可解释以下几种典型的现象：

（1）用户数量优先。互联网这一特征与保险的经营原理有相似之处。保险经营以大数法则为根基，随着有同质风险需求的用户数量逐渐增多，所预测损失发生的概率也会逐渐接近于实际的损失发生率，所以，用户数量越多，保险机构承担的风险越低。同时，每增加一个用户对于保险机构来说边际成本会逐渐降低，经营也将更加趋于稳定。因此，用户数量是保险经营的前提。

（2）用户交互优先。与互联网用户交互类似，用户是基于保险科技的新保险的独特优势。传统保险业务的服务供给是单向的输出过程，从供给端到需求端，很少关注用户的产品与服务需求，缺乏一个逆向的反馈机制。而基于保险科技的新保险的创新之处就在于用户与组织或用户之间存在畅通的交互机制，当用户产生新的保险需求时，可以通过用户大会向组织反馈，从而保险机构可以开发满足用户需求的保险产品。同时，用户之间通过组织内部的沟通机制，可以将不同地域的用户集中起来，形成不同的集合，便于保险机构提供针对性的风险管理服务。

（3）自助服务优先。保险机构理想的“小而精、小而美、小而专”的特征决定了其需要借助一定的信息技术手段来进行内部管理。保险的经营需要扁平化的组织结构，因为只有扁平化才能降低运营成本，如果仅依赖于人工，将无法实现保险机构的精简。因此，随着人工智能、大数据、云计算等技术的开发与应用，自助、平等的用户关系在保险机构内部逐渐形成。从长期来看，运营效率也会有极大的提高。

（4）用户原创内容优先。用户原创内容（User Generated Content，UGC）指用户产生内容，它是用户之间互相服务的一种形式，贴吧、论坛、社交网站都是典型的UGC网站。UGC为互联网保险保持活力提供了条件。基于这个社交平台，一般用户可以不断地进行自我管理、为保险的运行出谋划策、对保险机构进行监督，可以更好地发挥保险机构治理“民主性”的特征，源源不断地为保险注入新鲜血液。

（七）新型中介理论

专业化分工促进技术进步和生产效率的提高，产生报酬递增，是人类社会长久以来的普遍规律。制度变迁和组织创新对深化分工有着决定性的影响，而能否实现高水平分工则与交易效率有关。互联网作为一种低成本、大范围的交易渠道，已经被证明可极大地提高交易效率。它正在而且必然继续提高分工水平、深化分工程度，致使更细的分工粒度、更高的专业化水平以及新的分工组织出现。

保险机构本身便是专业化分工的产物。从世界保险的发展历程来看，起初经营风险的组织并不是正规的保险机构，仅仅是面临同质化风险的个体组成的互助性组织，随着社会化大生产和专业化分工的出现，逐渐出现了专业保险机构，包括互联网保险机构。

分工细化和去中介化的结果，必然是互联网本身成为金融中介。金融机构的职责可能会转由互联网承担，部分金融服务、金融市场将迁移至互联网。互联网成为金融中介，其实质是金融服务的各个环节被拆分，由不同的专业化机构承担同一流程或链条上的不同服务，这些服务可被互联网连接，形成丰富的、可快速配置的产品和服务体系。当用户需求被发现之后，根据用户需求的特点，各个环节上最适合这一需求的服务被快速组合，产生完整的、个性化的、最佳的产品方案，使金融交易效率的优化达到极致。

因此，作为保险中介的互联网，并不是传统保险机构在网络上的简单复制，而是相关服务与资源依据专业化分工和市场交换原则被解构，广泛分布于网络之上，再借助网络进行连接、调配和组合的动态过程，其目的在于着眼于客户个性化需求，打破固定服务机构和单一服务链条导致的不经济，促进各个服务环节的充分市场竞争，从根本上提高保险交易的效率。互联网保险是依靠技术创新，以互联网为媒介提供“线上+线下”保险服务的一种业态。

（八）去中心化理论

去中心化（Decentralization）是互联网发展过程中形成的社会关系形态和内容产生形态，是相对于“中心化”而言的新型网络内容生产过程。去中心化，不是不要中心，而是由节点来自由选择中心、自由决定中心。简单地说，中心化就是中心决定节点。节点必须依赖中心，节点离开了中心就无法生存。在去中心化系统中，任何人都是一个节点，任何人也都可以成为一个中心。但任何中心都不是永久的，而是阶段性的，任何中心对节点都不具有强制性。

长期以来，保险业都是在以中心化形式发展，并且随着保险业的发展，保险中介也得到了迅速扩张。实际上可以将保险中介看作一个小中心，它是依据保险业这个大中心发展起来的。在保险业中，保险交易中的信息不对等、交易费用、匹配效率、规模经济、风险管控等因素，决定了保险中介存在的必要性。所以从互联网保险去中心化来看，只有让互联网保险中的各个用户成为互联网保险体系下的中心节点，最终所有的决策、工作都由用户这个节点完成，才是互联网保险真正的去中心化。

（九）数据资产理论

数据积累、人工智能等前沿科技的发展，GPU以及NPU等硬件技术的革命是金融科技快速发展的主要推动力。全球数据积累存量已达到引爆新一轮行业变革的规模和水平，2020年全球的数据总量达到47ZB（1个ZB等于10万亿亿字节），金融数据在其中占比很高。

数据即资产的概念在互联网时代到来之前就已经萌芽，互联网则为其提供了真正的发展空间。数据的重要性在于，无论是个人还是企业，都是根据历史行为对其进行刻画（建模），构建其结构、认识规律并进行验证，然后依据当前条件进行预测。数据记录了历史行为，作为资产的核心，数据的价值在于预测，成功的预测意味着精确的风险控制、精准的需求满足，从而促使产品设计、生产和营销效率大幅度提升。

（十）通证经济理论

随着信息经济的发展，我们需要新的经济学理论针对数字经济的各种现象进行挖掘、解释、论证、叙述。

通证经济（Token Economy）就是针对数字经济各要素在流通和交易以及市场化的活动程序中进行征信而建立的征信机制，其目的在于保证交易各方数字资产在流通过程中的安全性。结果是经过通证的手续之后，让各种数字资产获取了财产的属性和加密的凭证。因此，通证机制的内涵是自证行为，本体是征信行为，外延是凭证行为。自证的价值在于使得数字经济主体、资产建立自律性，征信的目的在于形成可追溯的逻辑性，凭证的功能在于达成共识性。通证的作用就是降低管理成本，降低运营成本，降低交易成本。

通证是指基于经济要素固有和内在的价值，通过对实体经济、虚拟经济的各种资产进行数字化格式之后的征信服务，并且授予数字化加密的凭证，使得各种资产的各种权益被证明，从而实现了通证化。其结果就是将例如门票、积分、合同、证书、点卡、证券、权限、资质等，放到区块链上流转，放到市场上交易，让市场自动发现其价格，同时在现实经济生活中消费，验证其是可以用的东西，是紧贴实体经济和虚拟经济以及方兴未艾的数字经济的。而且通证是运行在区块链上的，是随时可验证、可追溯、可交换的，其安全性、可信性、可靠性是以前任何方式都达不到的。所以每一个组织和个人现在都可以很轻松地把自己的实体、虚拟以及数字资产自证性质的承诺书面化、通证化、市场化。这是人类社会从来都没有的能力。所以，通证化就是让资产的各种权益得到证明，在被通证化的举措格式化之后，拥有其背后的权益价值。

第二节　保险科技的创新实践和科学决策

一、保险科技的创新实践

（一）保险科技的创新理念

现代科技在潜移默化的发展中，给人类社会带来巨大的进步，也对人类的世界观、价值观等带来新的冲击与活力。科技改变人类的同时，人类也在改变着科技，二者相辅相成、相互促进、共同发展。当前科技已经渗透到经济社会各个领域，极大地提升了人类认识和改造世界的能力。

新科技下的新理念是人类对新科技自身及其与经济社会各领域各方面

相互关系的理性思考和规律认识，大致可分为三个层面：工具层面，立足新科技的功能，主要是阐述如何运用、管理、发展新科技，通过新科技获得更多经济和社会效益等；结构层面，立足新科技的影响，主要是分析如何推动新科技与其他事物关联、互动、融合，从而调整和优化政治经济社会格局等；价值层面，立足新科技的本质，主要是考察新科技发展的价值取向及其对人类思想和人类文明的影响等。

科技的进步改变了当前的社会发展结构，呈现出信息化和智能化。科技和人类的关系就像鱼和水的关系，相互促进，形影相随。没有单方面的影响，只有相互合作的双赢，科技是人类发展的产物，人类是科技发展的载体。如鱼得水，如虎添翼，是当前和未来人类与科技之间最和谐的关系。由于信息是人类社会的一类重要属性，对于信息传递、呈现和处理方式的改造，使得一切可被捕获、使用的信息源源不断地涌向互联网。保险科技企业在处理、利用这些信息，实现自身商业价值的同时，打造了独特的商业模式，形成了新保险的商业逻辑，这个逻辑包括：

（1）关注海量用户。相比较而言，互联网应用普遍收费低廉，用户数量是保险科技企业取得高额营收的关键，也是支撑绝大部分保险科技商业模式的基础。

（2）关注个性化需求。信息创建和传播成本的降低、产品供应的丰富，使得用户享有充分的选择权，用户变得更加挑剔，唯有符合用户个性化需求的服务方能得到用户的认可。

（3）关注长尾市场。“海量用户+个性化需求”构成了长尾市场，大量的保险科技企业事实上都在长尾市场中服务用户、发掘自身的商业价值，对长尾市场问题的创造性解决是保险科技企业对于保险业的一大贡献。

（4）重视创新。相对于工业时代重点关注的头部市场，长尾市场的用户获取与服务成本较高，企业必须持续创新才能降低个性化服务的成本，成功吸引海量用户，实现可持续发展。

（5）不惧风险。由于海量用户的个性化需求并不容易把握，保险科技企业随时存在失败的风险，这就需要相关从业人员具备顽强的抗风险能力，资本市场也要为此做出特别设计，以天使投资、孵化器、风险投资等形式鼓励人们进行开拓性尝试。

（6）重视用户体验。海量用户的高频访问，是保险科技企业获取高额营收的关键，良好的用户体验有利于用户的持续、重复访问，是互联网应用获取用户的头道门槛。

（7）重视市场潜力。高风险必然要求高回报，保险科技企业一般不重视初期收益，而更关注市场容量和市场潜力，不惜投入巨大成本以创造并占领爆发性增长的市场。

（8）重视新增市场即蓝海市场。长尾市场大都处于重视二八法则的传统企业视线之外，保险科技企业普遍通过新增市场的开发捕获海量用户，然后携海量用户的口碑逆袭头部市场，实现对传统行业的颠覆。

（9）重视开放性。如前所述，这是保险科技1.0至保险科技3.0带来的一种新思维。大大小小的保险科技企业都已经认识到，要满足海量用户的个性化需求，单靠一己之力远远不够。打造一个平台式生态，多方合力共同把市场做大，既能更好地服务用户，也能形成稳固的利益共同体，有利于在竞争中保持优势地位。

（10）关注草根群体。对用户数量和市场爆发潜力的重视使得许多保险科技企业能够对所有用户一视同仁，甚至把自己的商业模式构建于兼济天下的心态之上，这是互联网精神的一个典型体现。

新理念与传统经济的结合，诞生了电子商务、新媒体、网络娱乐、在线教育、共享经济、直播带货等诸多新兴行业，这些新行业携技术与理念的双重优势，正持续侵蚀乃至颠覆传统行业，已在很大程度上改变了全球经济的面貌，也逐渐改变着保险的业态。

（二）保险科技的创新实践

创新的理念最早来源于熊彼特的创新理论，包括对创新的定义和新的生产函数的界定。新的生产函数的建立过程就是企业家对企业要素进行重新组合的过程，包括几个方面：第一是新的产品；第二是新的技术或者新的生产方法的应用；第三是新的市场的开辟；第四是对新的材料、原材料的供应来源的发展和掌握。这四个方面都是支撑保险科技创新的重要构成。如果抛开物理上时间与空间的维度概念，从对要素进行重新组合的角度去谈保险科技创新，可以从以下几个维度入手：

（1）产品和服务。保险主要服务于用户，因而在围绕这一维度进行创新时，要求保险科技以用户需求为中心，综合保险自身的特点和优势，向用户提供有价值的保险产品和服务，并依据市场环境和保险需求，对产品进行重新设计和定位，不断优化和提升服务水平，以此形成差异化的竞争优势。

（2）平台。平台是指构成产品组合或服务组合基础的通用组件、组装方法或技术。平台创新包括利用“通用性的力量”，即利用模块化设计来快速地、经济地提供不同组合的金融衍生服务。保险科技围绕这一维度进行创新可以创造出惊人的价值。

（3）解决方案。解决方案是指为了解决用户问题而对产品、服务和信息所进行的定制化组合。通过对一系列产品和服务进行不同组合，来为那些需要改善保险产品、风险管理等保险行为的参与者提供端到端的解决方案。

（4）用户。用户是指通过购买或使用保险机构的产品和服务，来满足自身需求的个人或组织。围绕这个维度进行创新，保险机构可以发现新的用户细分市场或未被满足的（甚至是不明确的）用户需求。

（5）用户体验。在这一维度，保险机构需要考虑在与用户打交道的过程中所看到的、听到的和感受到的一切。围绕这一维度进行创新，保险需要改善其与用户之间的接触界面，注重对用户反馈信息的搜集和利用，从而为产品创新和服务创新奠定基础。

（6）价值获取。价值获取是指保险机构用来重新获取所创造的价值的机制。围绕这个维度进行创新，可以帮助保险机构发现新的收入来源，开发出新的风控系统，甚至提升其通过与用户和合作伙伴的互动来获取价值的能力。

（7）流程。流程是指保险机构为进行内部运作而实施的业务活动布置。围绕这一维度进行保险创新，意味着保险机构可以对保险活动流程进行重新设计，以取得更高的效率，提供更好的产品和服务，或者实现更短的产品研发周期。这种变化可能会涉及重新部署或拆分流程，而流程创新是保险取得成功的基础。

（8）组织。组织是指保险机构构建自身、合作关系以及员工角色和职责的方式。保险创新往往涉及对保险活动范畴的重新思考，以及对各业务单元及个人的角色、职责和激励机制的重新定义。

（9）供应链。供应链是指令产品、服务和信息从来源处到达市场的一系列活动和手段的顺序。围绕这一维度进行创新，保险机构可以通过供应链来精简信息流，改变交易结构，抑或是加强各合作者之间的合作。

（10）渠道。渠道是指保险机构将产品或者服务投入市场及目标用户区域的配销通道。围绕这一维度进行创新，涉及基于现有渠道创造性地构建新的渠道。

（11）网络。保险机构及其产品和服务可以通过网络与用户相连。充分利用网络资源，网络就可以成为保险机构竞争优势的一部分。围绕这一维度进行创新，保险机构可以通过加强网络效应来提升企业产品和服务的价值。

（12）品牌。品牌是指保险机构向用户传递承诺的符号、文字或标识。围绕这一维度进行创新，保险机构可以对自身品牌进行创造性使用或延伸，不断提升品牌的影响力。

二、保险科技的创新科学决策

（一）保险科技的创新实践约束

《创新十型》一书的作者拉里 · 基利（Larry Keeley）认为，由于人们对创新的误用、滥用、夸大和狂热追求，创新一词已经失去了原本的含义。人们常常混淆这一活动的结果和过程。无论是普通的产品延伸，还是颠覆市场的突破性技术，我们都用创新来描述。因此，在为保险科技提供一个科学创新的系统之前，我们需要先了解什么是创新。

（1）创新不是发明。创新可能涉及发明，但创新涉及的范围更广泛。例如保险机构需要深入了解自己需要什么样的发明、如何与合作伙伴合作来提供新的服务、创新如何创造价值等，这些都在创新的范畴内。

（2）创新需要产生回报。创新维系的基础是企业的生存。创新的可行性通常有两个评判标准：创新必须能够自我维持，并且能为企业带来资本回报。保险机构在创新计划评价的过程中，也必须将这两个标准纳入创新效果评价的范围之内。

（3）创新并非全新。正如生物学家佛朗西斯卡 · 瑞迪（Francesca Reddy）的格言："每个生物都源于其他生物。"因此，我们往往忽略了一个事实，大多数创新都基于以往的经验。创新无须针对整个世界，对一个市场或行业而言是新的就可以了。保险科技的创新也并非全要素创新，针对某一维度进行创造性突破和改变，也不失为一种创新。

（4）创新不止于产品。提到创新，大多数人首先想到的是新产品和新技术。实际上，创新远不止于产品，它既可以是开展业务和创造利润的新方法，也可以是与用户互动的新模式。

（二）保险科技的创新模式选择

波士顿咨询公司发布的《商业模式创新白皮书》指出，任何一个商业模式都是一个由客户价值、企业资源和能力、企业盈利方式构成的三维立体模式。其中，客户价值主张，是指在一个既定价格上企业向其客户或消费者提供服务或产品时所需要完成的任务；资源和生产过程，是指企业支持客户价值主张和盈利模式的具体经营模式；盈利方式，是指企业用以为股东实现经济价值的过程。因此，在判断保险科技应该采用哪些创新类型时，首先要判断保险科技创新的方向、客户价值、企业资源和能力、盈利方式。具体到保险科技创新，可以概括为：以业务模式为中心的创新、以平台搭建为中心的创新和以用户体验为中心的创新（见图3–1）。

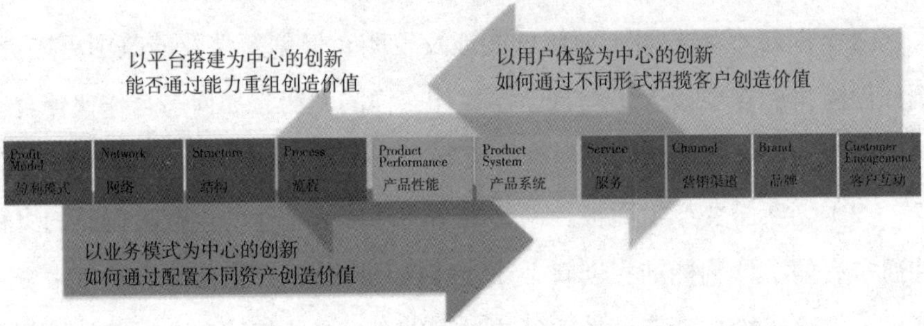

图 3–1　创新十型法的框架

在了解了这三个中心之后，保险机构需要能够洞悉竞争对手在市场中正在进行的创新活动，据此判断出是应该有意识地对现有项目加倍投入还是另择创新方向。

第一，保险科技所在行业的创新驱动力是什么？在大多数行业中，创新驱动力聚焦在各种产品上。无论你和你的竞争者正在做什么，请先反思一下："我们能做哪些与众不同的事情？" 如果别人把创新聚焦于产品和服务上，你是否可以在盈利模式上另辟蹊径？

第二，哪些创新类型是保险科技的关键？设想一下，如果去掉其中任何一项创新，保险科技的经营会垮掉吗？认真思考以上两个问题后，接下来是确定创新转型的主要方向。

（1）转变业务模式。这种创新首先专注于配置资产、能力和价值链上的其他要素，追求以差异化的方式服务客户并获得利润。商业模式转变首先从图3-1框架的左侧开始（包括盈利模式、网络、结构和流程创新），然后不断向右移动，再添加需要为保险科技商业模式增效的补充项目。高效优质的业务模式是保险科技的经营特色，也将是保险科技未来能够填补传统保险市场空白的核心优势。

（2）转变平台。传统保险经营以产品为中心，并不断为其增加功能，却很少采取其他措施。平台驱动的创新关注对能力、产品和服务的重新使用、重新组合或是发现新的关系，为客户提供全新的价值。开发这种全新的平台模式首先要从框架的中间开始（包括流程、产品性能、产品系统以及服务创新），整合这几类创新以奠定一个坚实的基础，然后不断往图3-1框架的两端延伸，添加其他种类的创新以帮助保险科技的平台发挥作用。卓越的平台能帮助客户化繁为简，可以通过连接不同群体和产品从而发现新的机遇，在帮助客户应对挑战时，这种平台创新是最富有成效的。

（3）转变客户体验。这种创新首先是以独特的方式连接、服务和吸引客户，改变他们与企业和产品的互动。这种转变要先从图3-1框架的右侧开始（包括营销渠道、品牌以及客户互动创新），然后不断往左边移动添加新的创新种类使客户体验充分得到提升。当市场中某类产品的竞争过于激烈、陈腐守旧或是过于复杂时，提供卓越的用户体验就是不可或缺的。用户体验在面对高度互联的客户群时特别重要，因为任何关于客户体验的好坏消息都能像野火一样蔓延，迅速传播开来。用户体验创新适用于任何行业，而以用户为基础的保险科技，更应注重提升客户体验。

（三）保险科技的创新等级确认

找到创新的主要方向后，保险科技需要确定创新的规模和需要投入的资源，可以将创新的规模划分为改变已知、改变边界和改变游戏规则三个等级。创新的规模越大，它需要的资源和带来的风险就越高，因此创新的种类并非越多越好。保险科技应该找到适合自己的创新规模，在创新数量和创新能力之间取得正确的平衡，这样才能提高创新的成功率。

（1）等级1：核心创新——改变已知。通过改进现有市场的产品，保险科技可以为客户提供更好的产品质量、性能和体验。但这种创新带来的优势不会持续太久，因为竞争对手会有针对性地快速模仿和应对。

（2）等级2：延伸创新——改变边界。当为客户提供全新的综合解决方案时，保险科技需要对现有产品进行重构，以求与传统保险的产品形成对比。这种方式的创新常常会给市场带来新的客户，并改变市场参与者对产品的预期。

（3）等级3：变革创新——改变游戏规则。在极端情况下，保险科技可以选择挑战并颠覆一切。这种创新将从根本上改变整个行业的结构，全新的业务（而不仅是产品或服务）将会诞生。

第三节　保险科技的逻辑结论和科学预见

一、保险科技的逻辑结论（科技、风险、保险的数量价格传导机制）

德国社会学家乌尔里希·贝克在其著作《风险社会》中指出，社会已从工业社会转为风险社会，其具体表现为全球性的风险分布、平等性的风险分配以及开放性的风险治理参与，风险社会日益呈现出被大众感知到的存在。影响社会公共安全的各类风险事件主要包括自然灾害、事故灾难、公共卫生事件和社会安全事件。现代社会灾害具有涟漪效应（Ripple Effect）、破窗效应（Broken Windows Theory）、蝴蝶效应（Butterfly Effect）和多米诺效应（Domino Effect）等，各类风险呈现出高频率、群发性、高度扩张性、高损失性等特点。

（一）科技、风险与保险的传导机制

认知科技、风险与保险的传导机制关键在于厘清信息技术与保险的内在联系，理解保险科技的理论基础，即构建基于技术的共识机制，缓解保险活动中的信息不对称问题，包括构建以共享理念为基础的共享保险模式和业态。

（1）信息是现代保险活动的重要要素，信息技术则是推动保险科技发展的重要动力。现代经济中存在着各种各样的不确定性和风险以及信息不对称问题。由于市场参与主体双方的信息不对称，保险中出现逆向选择、道德风险等一系列典型的委托代理问题，抑制了保险效率。

（2）共识的概念由来已久，是人类社会前进的基石。社会依靠法律、道德、社会信仰等各种共识机制才得以顺利发展。保险领域中也广泛存在各式各样的共识机制，包括保险本身的“互助共济”、保险与再保险、网络互助、市场机制、契约机制等，这是支撑保险运转的基础。区块链共识机制是保险领域共识机制的一种表现形式。

（3）从共享经济到共享保险，共享理念贯穿于新经济的各种商业模式和业态之中。共享保险正是利用了保险科技带来的基于技术的新的共识机制，弥补了传统保险体系在共识机制方面的不足，从而活跃在当下的经济社会中，绽放活力和色彩。

同时，保险监管要运用保险科技手段，针对保险科技风险隐蔽性高、传染性强、传播速度快等问题，增强监管的穿透性、统一性，提升风险态势感知、风险甄别、风险防范和化解能力，提高保险科技风险控制水平，更要牢固守住不发生系统性保险风险的底线。

保险科技的发展，将推动保险监管理念、规则、机制的快速变革和创新，促进保险市场的技术供给与监管制度加快融合，实现更加智慧的监管。同时，监管层对保险科技所持的科学态度，将会营造有利于保险科技发展的良性政策环境，不断提升保险科技应用与管理水平，有利于推动保险业务发展，也有利于在实践中提升监管科技能力。

（二）科技、风险与保险的多米诺效应

多米诺效应，是一种事故原因分析方法，其假设事故的发生是一系列事故因子连续作用的结果。这一理论的创始者是海因里希（H.W.Heinrich），一位工业安全的倡导者，他认为导致事故发生的一系列因素包括：血统和社会环境；人的过失；不安全行为以及机械的或物理的危险；事故本身；最终伤害。

海因里希用五张骨牌来分别代表这五种因素，并且强调每一事故的发生都开始于个人不良的出身或社会环境，并最终以伤害或疾病结束。他还认为，正是各个阶段的连续作用和相继发生构成了意外伤害的整个过程，因此消除前面四环中的任何一环，都可避免伤害。

（1）风险源。保险风险扩散的对象是风险，风险传导的发生，其前提就是有影响保险正常发展的风险，即风险源的存在。为更形象地揭示保险风险扩散过程中各要素间的逻辑关系，我们将引发保险风险的初始起因称为风险源。风险源是通过外部环境和内部系统的不确定变化而使保险业产生损失的起源。风险源是滋生风险事件的温床，正是风险源改变了保险业内部系统和外部环境的存在状态而触发了风险事件。一般来说，保险市场的主要风险有保险风险、政策性风险、市场供求变化风险、资金流动性风险和经营风险，其中科技带来的风险越来越引起人们关注。

（2）触发器。触发器是物理学上的概念，相当于手枪的扳机，扣动扳机子弹射出。从风险角度而言触发器可以触发风险源产生风险。触发器是由一系列触发风险源产生风险的条件或事件组成。一般来说，保险风险多由事件触发。风险事件是触发风险源释放出风险流的直接原因，是风险源由可能转化为现实风险的实现途径。它是当保险业外部环境和内部系统的变化积累到一定程度之后的具体化，即当外部环境和内部系统变化的“量”累积到一定程度并偏离了最初的理想均衡状态时，便以突发事件的形式表现出来，从而释放出风险能量，给保险业的正常运转带来不确定的影响。

（3）风险阀。保险风险扩散是需要一定条件的，只有当风险积累到临界点时风险才开始传递和扩散，这个临界点就是风险传导条件的边界，我们将其定义为风险阀。犹如水库阀门，只有当水库水位达到警戒水位线时，我们才会开闸放水；同理，只有达到了风险传导需要满足的条件时，或者超过风险发出者所能承受风险的最大值时，风险才开始传导。任何一个系统都具有一定的鲁棒性，这种特性使系统在受到内外冲击的状况下能够保持正常运行。保险业作为一个更大范围意义上的系统也不例外。保险业中的各个单元一般都拥有较强的风险管理能力，即当各单元存在的风险在一定的范围和时期内时，可通过内在的风险管理机制来对其内部风险进行控制，使其不能达到阈值，这样各风险会处于静止、局部乃至被消化的状态，从而将风险进行内化，使得其不会在保险业中进行传递和扩散，也就不会对其他行业造成影响。然而，当各单元采取的各项措施不能起到控制风险的作用时，风险便会不断堆积和加重，一旦冲过风险阈值，各单元内部的风险就开始由静态转向动态，其相互影响、相互作用的形式和强度不断增加，通过单元之间紧密的业务往来关系，依附于各种风险载体，以原有的风险形式或突变后新的风险形态在保险业中扩散和蔓延。

（4）载体。保险业中由风险触发器产生的风险，在通过风险阀后，只有依附于某些有形或无形的介质才可以进行传导，而承载或传导这些风险的有形或无形的介质就是风险传导过程中的载体。载体是保险风险传导过程中的媒介，也是风险各要素相互联系的桥梁。保险各个节点单元之间存在着彼此的业务关联，而维系节点间业务关联的纽带之一便是载体，所以保险业运作过程中各节点单元间发生业务往来的过程，实际上就是载体在节点间流动并发挥作用的过程，在发挥作用的过程中，当载体承载着各种风险流并使其相互作用、相互耦合时，传导就开始了。对于保险科技而言，其风险传导载体包括风险事件、市场、汇率、资金、技术、信息、物流、产品、制度和人等，相比于传统保险其风险传导载体更广泛。

（5）风险扩散参与单元。风险扩散参与单元有如下一些特征：①风险抵制性，由于组织与生俱来的趋利避害性，风险扩散参与单元自身就有对风险的抵御功能。正所谓“有利则往，有害则避”，风险抵制性是任何组织与个人的天性，也是事物运行的规律。②风险滞留性，扩散参与单元接受到风险传导后，在大多数情况下，风险都会在组织内部滞留，并对组织的运行造成影响。③风险消化性，组织在接收到风险传导后，一般会采取一些积极的措施应对风险，加强组织内部的管理，使扩散到组织内部的风险在企业内部得到一定的消化，从而减轻对组织造成的不利影响。④风险续传导性，组织在接收到传导来的风险之后，一般会积极寻找有效措施把风险转移给与其业务相关的其他利益相关体，这就是风险的续传导性。

正是由于风险扩散参与单元所具有的上述特征，风险在流经各单元的时候，各单元会采取一些控制措施来降低、缓解、转移甚至消化掉风险。这些措施一般包括风险预警、风险识别和风险调节。

（三）科技、风险与保险的韧性思维

斯德哥尔摩韧性中心（The Stockholm Resilience Centre，SRC）将韧性定义为，“为个人、城市、经济体或者生态系统应对变化并持续发展的能力，涉及风险下系统的刺激更新和创新思维的能力”。

韧性思维作为系统论演化思维倡导理性行动者范式，除了狭义的科技恢复或适应能力及科技产品的工程韧性外，在保险科技层面表现为基于风险管理视角强调立足系统能力置身于保险情境，用积极逆行的正面架构与预防思维应对压力的动态过程，包括如何规避未来风险，降低减缓风险，抵御与适应社会和自然方面的危机与风险，具体表现为保险科技的应对能力、干预能力、适应能力、转换能力、重建能力、预防能力，这些能力构成了保险科技的韧性。

保险科技不仅是针对风险进行补救，而且还通过吸收风险来影响

对保险的升维思考，思考如何从增量到存量、从刚性到韧性以提高保险科技的服务效用以及防范风险的能力，建立有复原力的保险科技，使得“科技”“风险”与“保险”共存。

保险科技作为新兴的创新模式可以帮助保险机构、决策者将重点转移到科技影响上，通过运用由个体转向生态、由问题转向优势的韧性思维进行结构性反思，创造更为公平、更具韧性和可持续性的保险形式，这就需要培养思维和行动的变革性和再生性方式，用批判性和系统韧性的思维进行分析与综合思考，具体表现为系统韧性、行动韧性、组织韧性和社会韧性等多样性价值。

（1）系统韧性——关注保险科技的多样性和冗余性。创新变革驱动应对风险场景需要运用系统韧性思维，保险需要提前置入风险情境下进行审视，以超越传统保险的思维和行为方式进行思考。那些依靠可靠的事实和结构化经验的传统推理模式（即演绎和归纳）通常会在稳定的条件下产生令人满意的结果，但往往并不适用于不确定性。保险科技需要盘点现有资源和功能以支持快速应对突发事件和不稳定挑战的解决方案，建立并完善多样性、适应性、可转换性、冗余性和连通性等技术系统特性，通过必不可少的通用韧性增加其必要储备，评估显性、隐性与次生风险，触发系统的战略性重组，以确保可以在需要时激活关键功能。保险科技需要升级技术的多样性并制订基于不同原理的技术解决方案，功能冗余强调可以执行相同功能的多组件与多角色的存在，这确保了系统的某些元素可以补偿干扰导致的其他元素的损失或故障，使得系统具有强大的适应力与前瞻性，确保保险科技能够应对当前和未来的干扰或动荡。制定冗余策略来管理保险科技可能应对的复杂性和不确定性，可以促进系统适应性和因应力，增强韧性系统与不确定因素共处的能力，有效缓冲并免疫风险，在突发事件中有助于快速实现应急转换。

（2）行动韧性——风险动态管理与积极生活方式倡导。风险视域下极端的天气和灾难在世界各地的严重性不断增加，社会需要重新定义“危机防范”的含义，建立多元的预警体系并升级决策机制。借助保险科技的“势能”发挥保险科技传播力，从家庭、区域到城乡各层级均需要重视与关注风险动态管理，将安全意识、危机意识以及风险管理意识转化为文化坚守，充分注重灾难预警系统的搭建，建设各类韧性基础设施并增强地理抗灾能力，以提升风险应对能力。

（3）组织韧性——稳定保险韧性结构的场景规划构建。保险具有行动和自组织的能力和知识，可以赋予保险民众更广泛的社会参与，提高保险组织体系的凝聚力、韧性和集体效能。保险科技可以提供面向未来的集体创新的方法，将“保险科技”与跨组织工作的“解释者”和“保险网络”联系起来，以保险网络为中心，围绕价值观与保险服务的愿景联合探索新的组织和合作方式，这些保险网络往往会产生共享的规范、价值和理解。这些方法可以帮助组织摆脱仅植根于历史经验的思维，处理这些结构化场景中的特定问题和挑战，进而可以对当前情况以及未来场景进行更开放的思考。

（4）社会韧性——文明与角色边界的新价值共创。伴随着自然系统与社会系统间的张力扩大，当前的世界正面临重大经济、社会和环境挑战，保险科技的未来议题需要社会各利益组织建立起全球的对话与协商机制，立足对社会变革下的保险科技进行重组，通过全球思维方式重新编码，以应对未来的社会和环境福祉方面的复杂挑战。

二、保险科技的科学预见（保险科技、市场势力和保险机构风险）

科学预见（Scientific Foresight），是对客观事物发展趋势所做的有科学根据的论断。凡具有一般性和普遍性的科学理论，不仅可以预见事物的运动、变化、发展和将要出现的趋势、特点，而且还可以预见人类尚未认识的新事物和新现象存在的可能性，具有预见未来、指导未来的作用。如门捷列夫根据化学元素周期律的科学理论，预见了当时尚未发现的新元素存在的可能性及其物理、化学性质。后来的事实证明了这个预见的正确性。

人类认识的发展历史，是从不知到知道、从知之不多到知之较多的历史。科学预见以客观事物发展的规律性为基础，是人类正确行动的先导，是人的认识能动性的表现。科学预见不是天生的，而是在实践中运用科学的思维方法，研究并把握事物发展的规律，正确分析和估量事物的发展趋势后所得出的结论。它只有在实践中才能得到检验并有可能成为现实。因此，人们必须在实践的基础上，遵循认识的规律，洞察事物的内在本质的规律性，才能提高科学预见的能力。

随着保险机构布局保险科技进程的加快，保险业市场结构发生了深刻变革，并成为新旧动能转换和风控升级的节点。通过对保险业发展保险科技、市场势力与保险机构风险之间关系的实证研究发现：保险业发展保险科技可以显著降低保险机构所承担的风险水平；市场势力与保险机构风险之间存在“U”形关系，即随着保险市场势力的增强，保险风险呈现出“先降后升”的态势，并且目前市场势力的提高导致保险机构风险降低的效应占据主导；整体而言，保险机构发展保险科技显著提高了保险机构的市场势力，导致保险机构风险水平下降，但是对于不同类型的保险机构而言，保险科技加剧了保险业的“马太效应”，即大型保险机构的市场势力更强，其风险水平下降，而中小型保险机构的市场势力减弱，其风险水平上升。

（一）保险科技对保险机构风险的影响

保险科技与互联网保险存在明显的区别，互联网保险本质上仍是保险，只是拓展了保险的销售渠道，从线下转移到线上，从商业模式上提高了保险机构与客户之间联系的便捷性，对保险本身未产生实质性影响，而保险科技是将新兴科技应用于保险业，以技术驱动保险创新，创造新的商业模式、业务流程来提高传统保险效率，是对保险体系基础设施的技术创新，因此保险科技与保险机构之间属于互补关系。

互联网保险机构对传统保险机构产生了极大的冲击，但保险科技的赋能可以弥补传统保险机构经营模式的不足，因此，保险机构发展保险科技为其经营带来正面影响，并且主要源自保险机构运营、盈利能力和风险控制等途径。

首先，在保险机构运营方面，保险科技的应用可以极度压缩保险机构与客户之间的时空距离，最大范围地扩大客户覆盖面，同时配合保险机构的多元化业务、渠道以及产品创新，可以优化客户体验，提升保险机构获取客户的能力，提高运营效率及保险机构的全要素生产率，从而使得保险机构所承担的风险水平下降。

其次，在盈利方面，保险科技的应用可以充分整合保险资源，加快发展互联网保险业务等，提高保险机构经营绩效。

最后，在风险控制方面，互联网和大数据技术能够为保险机构收集更多维度的客户信息，描绘出更客观、完整的客户画像，从而缓解结构性信用短缺所导致的信息不对称问题，强化保险机构对风险的抵御与管控能力，降低其风险敞口水平，但这种作用在中小型保险机构中较弱。

综上所述，保险科技赋能可以提高保险机构的运营效率及盈利能力，削弱保险机构的冒险动机和道德风险，即减弱保险机构承保高风险业务或将资金投入高风险的资本市场来获取较高收益的动机。同时，风险管控能力的提高可以强化保险机构的承保风控能力，提升承保质量，从而降低所经营业务面临的风险敞口。基于此，从整体而言，保险机构发展保险科技有助于降低保险机构风险。

（二）市场势力对保险机构风险的影响

市场势力（Market Power），也称市场权力，是市场失灵的一种比较普遍的现象。它是指一个经济活动者或经济活动者的一个小集团不适当地影响市场价格的能力。市场势力引发市场不能有效配置资源，导致市场无效率，因为它会使价格和数量背离供求平衡。

通过研究发现，对于保险机构整体风险和承保风险，市场势力越大的保险机构整体风险越低，但承担的投资组合风险越高。再根据不同的市场集中度研究发现，市场集中度和保险机构风险之间存在“U”形关系，过小或过大的市场集中度均不利于保险机构稳定。可见，市场势力与保险机构风险之间关系并不是线性的。

一方面，保险机构市场势力的增加会降低其所承担的风险水平。这主要是因为：①势力较大市场的保险机构拥有更大的定价权，往往通过制定较高的费率来获取超额收益，这将提高资本缓冲能力或提升其拥有的特许权价值，增强保险机构抵御、化解风险的能力，从而导致保险机构风险水平下降。②为获取较高、长期的信息租金，市场势力较大的保险机构可以凭借雄厚的资源、前沿的科技等优势去追踪、监控投保人的风险，从而降低投保人风险事故发生的可能性，使得保险机构面临的风险敞口下降。③具有垄断势力的保险机构享有“规模经济”“范围经济”的优势。这与“效率结构假说”相一致，即市场势力较大的保险机构通过经营更加多元化的业务、抢占更大比例的市场份额，降低保险机构的信息成本和运营成本，提高成本效率，从而减弱保险机构的风险水平。

另一方面，在保险机构面临竞争度减弱、市场垄断势力增强的情况下，保险机构的风险水平会升高。主要原因如下：①市场势力过大的保险机构为获得更高的收益将利用自身的垄断势力收取过高的保费，导致投保人对风险的“听之任之”和对保险的“过度依赖”，使风险事故发生概率增加，保险机构面临的风险敞口提高。②正如“安逸生活”假说所暗示的那样，市场势力过大的保险机构管理层会享受“安逸生活”，不再通过完善风险管理机制、提高运营效率来吸引客户，而是凭借自身的垄断势力和信息优势锁定客户，导致保险机构的经营效率降低，所承担的风险水平升高。③大型保险机构也可能存在“过于复杂而难以管理”的问题，业务范围过度扩大或组织复杂性增加，导致风险增加。

基于以上分析，保险机构市场势力和所承担风险水平之间存在非线性的“U”形关系。在市场势力较小阶段，保险机构市场势力的增加将通过提高“特许权价值”“信息租金”和“规模经济”，激励保险机构增强对承保的风险防控和理赔的反欺诈能力，提高承保质量，获得更多的利润，从而降低风险水平。但是当市场势力过大时，保险机构“过于安逸”“业务过于复杂”及“保险定价过高”等问题的存在，导致保险机构发生风险事故的概率增加、经营效率降低，所承担的风险水平提高。因此，整体而言，市场势力与保险机构风险之间可能存在“先降后升”的“U”形关系，过低或过高的市场势力都不利于保险机构稳定运行。

（三）保险科技通过市场势力对保险机构风险的影响

保险科技的发展挤占了保险机构的负债端（承保业务）、中间业务端（风险管理业务）和资产端（资金运用业务以及理赔管控），并与传统保险机构体系逐步形成错位竞争、分庭抗礼的局面。但是，保险科技与互联网保险之间存在本质区别，即与保险机构属于互补关系，这意味着传统保险机构与保险科技的融合发展可能会提升其承保业务、中间业务以及资产业务的份额，从而提高保险机构市场势力。

从承保端来看，保险科技的应用突破了时间和空间限制，减少了地理位置造成的障碍。一方面，保险科技的赋能将保险服务向地理位置偏僻的城市、乡镇扩散，加大了对偏远地区的保险服务支持力度，提高了保险机构在边缘地区的市场份额。另一方面，保险机构利用保险科技打破地域限制，加速开发满足市场需求的保险产品，争抢跨区域的保险资源，蚕食依靠“跑马圈地”式物理网点所积累的客户资源，对传统保险机构拥有的市场份额产生挤压效应。

从资产端来看，云计算、大数据以及区块链技术可以创造出一个去信任化的商业环境来提高资金运用的水平以及理赔反欺诈水平，推进保险机构健全“敢承保、愿理赔、会投资”的长效机制，提高保险机构的市场份额。

从中间业务端来看，保险科技的应用使得风险管理业务得到快速更新迭代，极大地升级了保险机构的风险管理智能化水平，提高了客户通过保险机构进行风险管理的效率，提升了保险服务的存在感。

综上所述，保险科技赋能为保险机构的负债和资产带来了扩张效应，增强了保险机构的市场势力。同时，近些年保险业的改革打破了新保险机构进入的政策性壁垒，削弱了大型保险机构绝对的垄断地位，提高了整个保险机构业公平竞争的程度，而由此引起的“特许权价值”的下降、保险市场中的“价格战”使得大部分保险机构处于“竞争—脆弱”区域，即保险机构面临竞争程度的加剧提高了保险机构风险。换言之，单个保险机构市场势力的减弱会引起保险机构风险的上升，反之，保险机构市场势力的增强将降低保险业面临的风险水平。因此，针对保险科技、保险机构市场势力以及保险机构风险三者之间的关系，整体而言，发展保险科技将通过增强市场势力来缓解保险机构承担的风险。

综上所述，保险科技在抵御保险风险、稳定保险运行方面具有重要的作用，并且对保险机构布局保险科技具有重要启示。

第一，从保险机构风险管理的角度出发，保险机构应尽快推进对保险科技布局的进程，这将加速保险机构传统经营业务的转型升级，有助于保险机构提高事前风控与反欺诈的能力，将保险机构承保能力精准配置到优质业务领域，从而推动承保业务的高质量发展。

第二，从保险机构市场势力的角度出发，保险机构布局保险科技可以增强保险机构的市场势力，且市场势力的增强有助于保险业的稳定运行，因此国家应该为保险科技的布局提供良好的政策环境，但监管部门不能放松对保险业的监管，以免保险机构过高的市场势力引发道德风险问题。

第三，不同类型的保险机构对保险科技应该进行差异化布局。社会认可度偏低、科技人才和资金规模存在短板的保险机构，尤其是中小型保险机构的保险科技布局无法与大型保险机构实现对等竞争，且在大型保险机构挤压了中小型保险机构原有的优质头部客户的情况下，会导致中小型保险机构所获利润下降。因此，中小型保险机构应在同质化严重的保险科技布局中建立具有自身特色的保险服务，实现自身的长足发展。

第二篇

社会实践格局

第四章
保险科技的实践格局

第一节　保险科技的技术元素

一、保险科技的技术元素

保险科技不仅具有先进的价值观，还有强大的武器来为价值观的落地保驾护航。近年来，基于保险科技的保险价值链条重塑逐渐成为保险业的重要主题。依托大数据、云计算、人工智能等新一代信息技术手段，保险科技在产品、营销、核保、理赔、客户服务、风险控制等领域的创新优化与价值重塑方面均取得了明显的成效。

由高德纳（Gartner）技术成熟度曲线（见图4-1）可以看出，技术类初创公司经过波折起伏的过程进行积累与迭代发展，所以那些有潜力的企业，就是在行业出现大批企业倒闭的情况下因为拥有核心竞争力依然能坚持的中坚公司。保险科技的成功也在于能否抓住技术的变革，不断地重塑功能模型。

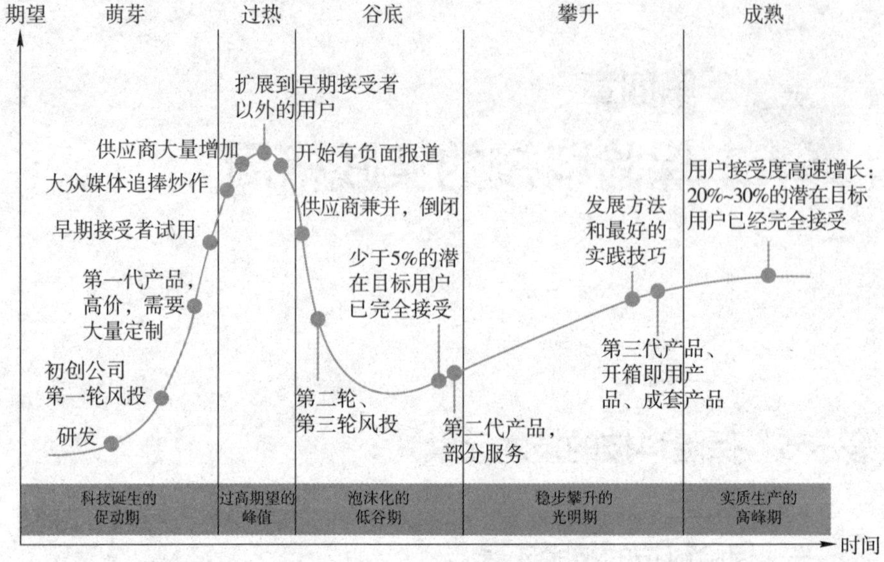

图 4-1　高德纳技术成熟度曲线

二、保险科技的十大技术元素

《Gartner新兴技术成熟度曲线（2020）》显示，不再属于新兴技术炒作周期的技术包括：3D感测摄像头、5G、人工智能云服务、AR云、增强智能、4级自动驾驶、5级自动驾驶、生物芯片、去中心化网络、数字运营、边缘人工智能、边缘分析、情绪人工智能、飞行自动驾驶交通工具、图片分析、沉浸式工作区、知识图谱、轻型货运无人机、低地球轨道卫星系统、合成数据和转移学习。结合保险科技的发展，对于保险科技来说不再属于新兴技术炒作周期的十大技术如下：

（1）大数据与小数据。大数据（Big Data），是指无法在一定时间范围内用常规软件工具进行捕捉、管理和处理的数据集合，是需要利用新处理模式才能具有更强的决策力、洞察发现力和流程优化能力的海量、高增长率和多样化的信息资产。小数据（Small Data）并不是指数据量小，而是围绕个体的全方位数据及其配套的收集、处理、分析和对外交互的综合系统。小数据又被称为“量化的自我”，作用与大数据相同，都是提供个体决策的依据。

（2）人工智能与脑科学。人工智能（Artificial Intelligence，AI），是一门融合了计算机科学、统计学、脑神经学和社会科学的前沿综合性学科。它的目标是希望计算机拥有像人一样的智力能力，可以替代人类实现识别、认知、分类和决策等多种功能。脑科学（Brain Science），狭义来讲就是神经科学，是为了了解神经系统内分子水平、细胞水平、细胞间的变化过程，以及这些过程在中枢功能控制系统内的整合作用而进行的研究。美国神经科学学会给出了一个脑科学的广义定义，它是研究脑的结构和功能的科学，包括认知神经科学等。

（3）物联网与区块链。物联网（Internet of Things，IoT），是物物相连的互联网，是新一代信息技术的重要组成部分，也是信息化时代的重要发展阶段。区块链（Blockchain），是分布式数据存储、点对点传输、共识机制、加密算法等计算机技术的新型应用模式。所谓共识机制，是区块链系统中实现不同节点之间建立信任、获取权益的数学算法。

（4）虚拟现实与增强现实。虚拟现实（Virtual Reality，VR），是仿真技术的一个重要方向，是仿真技术与计算机图形学中人机接口技术、多媒体技术、传感技术、网络技术等多种技术的集合，是一门富有挑战性的交叉技术前沿学科和研究领域。增强现实（Augmented Reality，AR），是一种将真实世界信息和虚拟世界信息无缝集成的新技术，是把原本在现实世界的一定时间和空间范围内很难体验到的实体信息（视觉信息、声音、味道、触觉等），通过电脑等科学技术，模拟仿真后再叠加，然后将虚拟的信息应用到真实世界，被人类感官所感知，从而达到超越现实的感官体验。

（5）机器学习与深度学习。机器学习（Machine Learning，ML），是一门多领域交叉学科，涉及概率论、统计学、逼近论、凸分析、算法复杂度理论等多门学科。深度学习（Deep Learning，DL），其概念源于人工神经网络，是通过组合低层特征形成更加抽象的高层表示属性类别或特征，以发现数据的分布式特征表示。

（6）自然语言处理与知识图谱。自然语言处理（Natural Language Processing，NLP），是一门融语言学、计算机科学、数学于一体的科学，主要应用于机器翻译、舆情监测、自动摘要、观点提取、文本分类、问题回答、文本语义对比、语音识别、中文文字识别（OCR）等方面。知识图谱（Knowledge Graph/Vault），又称为科学知识图谱，在图书情报界称为知识域可视化或知识领域映射地图，是显示知识发展进程与结构关系的一系列各种不同的图形，用可视化技术描述知识资源及其载体，挖掘、分析、构建、绘制和显示知识及它们之间的相互联系。

（7）移动计算与云计算。移动计算（Mobile Computing），是随着移动通信、互联网、数据库、分布式计算等技术的发展而兴起的新技术。移动计算技术将使计算机或其他信息智能终端设备在无线环境下实现数据传输及资源共享。云计算（Cloud Computing），是分布式计算的一种，是通过网络“云”将巨大的数据计算处理程序分解成无数个小程序，然后通过多部服务器组成的系统对这些小程序进行处理和分析，并将得到的结果返回给用户。

（8）量子信息与量子计算。量子信息（Quantum Information），是量子力学中量子系统状态所带有的物理信息，可以通过量子系统的各种相干特性（如量子并行、量子纠缠和量子不可克隆等），进行计算、编码和信息传输。量子计算（Quantum Computation），是一种遵循量子力学规律调控量子信息单元进行计算的新型计算模式。

（9）密码学技术与生物识别技术。密码学（Cryptology），是研究编制密码和破译密码的技术科学。研究密码变化的客观规律，应用于编制密码以保守通信秘密的，称为编码学；应用于破译密码以获取通信情报的，称为破译学。两者统称为密码学。生物识别技术（Biometric Technique），就是通过计算机与光学、声学、生物传感器和生物统计学原理等高科技手段密切结合，利用人体固有的生理特性（如指纹、脸像、虹膜等）和行为特征（如笔迹、声音、步态等）来进行个人身份的鉴定。

（10）其他相关技术。应用程序接口（API），又称为应用编程接口，就是软件系统不同组成部分衔接的约定，主要是促进了与其他系统的信息和数据交互。API允许互操作，确保不同的软件程序可以相互通信。自动驾驶汽车（Autonomous Vehicles；Self-driving Automobile），又称无人驾驶汽车、电脑驾驶汽车或轮式移动机器人，是一种通过电脑系统实现无人驾驶的智能汽车。

第二节　保险科技的创新要素

一、保险科技的创新要素

保险创新泛指保险体系出现的一系列新的保险工具、新的保险产品、新的保险市场、新的承保理赔手段以及新的保险组织形式与管理方法等。

保险科技创新是指将人工智能、区块链、云计算、大数据等技术作为辅助手段并合理地运用于保险领域，促进保险行业的发展。保险科技创新的核心内容是以日新月异的新技术对保险产品和服务模式进行革新，将人工智能、物联网等先进技术与保险业的营销模式相结合，创造出新的保险产品、服务、业务模式。从实践角度来看，保险科技既包括智能分析、智能保顾等保险技术，也包括新型承保理赔模式、网络互助等对传统保险机构产生巨大冲击的服务模式。

每一年都有无数的人、无数的传媒在纪念乔布斯，经久不息。也许正如他本人所确信的那样："活着就是为了改变世界。"他的确做到了。纪念他的人说："乔布斯至少五次改变了这个世界，第一次是通过苹果电脑Apple-Ⅰ，开启了个人电脑时代；第二次是通过皮克斯电脑公司，改变了整个动漫产业；第三次是通过iPod，改变了整个音乐产业；第四次是通过iPhone，改变整个信息产业；第五次是通过iPad，重新定义了PC，改变了PC产业。"也正是由于这些奇迹，人们把乔布斯归为创新的奇才和经营的奇才，用李开复的评语："第一，乔布斯能够预测业界趋势；第二，大胆使用最先进的技术；第三，打造崭新的商业模式；第四，凝聚一流人才；第五，憧憬用户尚不自觉的需求；第六，永不停息地自我超越；第七，设计每个细节都近乎完美的产品；第八，口若悬河地说服用户情不自禁地爱上他的产品。一般能驾驭两三个上述点就可能很成功，但是乔布斯能做到八点。"不过，除此之外，乔布斯真正的魅力并不仅仅是这些经营的天赋和胆识。

乔布斯也曾阐明苹果取得奇迹的缘由：我们只是尽自己的努力去尝试和创造（以及保护）我们所期望得到的用户体验。正是因为这样的定位和承诺，乔布斯和苹果公司一直以来坚持做一件事情，那就是赋予产品顾客体验的价值。正如上面介绍的那样，乔布斯和苹果公司并没有去创造一个全新的产品，反而更多的是改变一个原来就存在的产业，iPod、iPhone只是重新发明了MP3、手机而已，而iPad也只是对于电脑的重新定义而已。因为在乔布斯看来，了解和理解顾客的习惯是最为关键的。他很清楚地知道，任何产品都应该回归到顾客的生活习惯上来，而不是改变顾客的生活习惯。

虽然创新会永无止境，但是所有的创新都需要回归到顾客的需求中来，更需要对于人性光辉的深刻理解。真正触动人心的东西，才是永恒具有魅力的部分，乔布斯做到了，而我们还需要努力。毋庸置疑，iPhone开启了智能时代，他带来的产品的迭代、业态的涌现和认知的革命都远远超出了产品本身的价值，并且随着经济的发展和变迁更具有时代感。

德勤·摩立特旗下从事创新咨询的机构德布林（Doblin）公司的研究表

明，成功的创新都是由三个大类里的十种创新基本类型组合而成的。自1998年起，德布林公司开始致力于寻找成功创新案例之间的相似之处和规律，想要构建创新的元素周期表，于是该公司收集了2000多个创新的最佳案例，包括福特的T型汽车、戴尔的直销模式、丰田的精益制造以及吉列的抛弃型剃刀等。公司对这些案例进行分析和分解，通过模式识别和复杂性管理技术，最终发现了创新的十个类型，其巧妙地融合了生产要素创新的各个维度。

每一种创新类型都有着不同的行动战略——创新工具箱（见图4-2）。每种战略都有其独特的使用方法和局限性。创新十型法作为实用工具，能够帮助诊断并丰富保险机构正在实践的创新，或者帮助保险机构分析现有的竞争态势，它能够揭示差距或发现成就与众不同的潜在机会，甚至颠覆市场。保险科技在发展过程中，恰当地运用创新工具，有助于保险科技更快、更准确地达到创新目的。

Profit Model 盈利模型	Network 网络	Structure 结构	Process 流程	Product Performance 产品性能	Product System 产品系统	Service 服务	Channel 渠道	Brand 品牌	Customer Engagement 客户互动
CONFIGURATION 架构				OFFERING 产品		EXPERIENCE 体检			
高端	合并/收购	组织设计	灵活制造	特征聚合	交叉销售	先试后买	扩张	联合品牌	流程自动化
成本领导力	整合	人才系统	标准化	新增的功能	扩展/插入	保证	旗舰店	品牌效应	简单化
分析预测	开放式创新	奖励制度	本土化	高级产品	产品捆绑	忠诚度计划	直接购买	自有品牌	综合处理
定量使用	二级市场	IT整合	流程效率	便捷性	模块化系统	增值	非传统渠道	品牌延伸	经验支持
稀少定价	供应链整合	外包	流程自动化	互动功能	产品/服务平台	监管负责人	接送服务	新品牌	掌控
订阅	互补的伙伴关系	众包	按需生产	环境敏感性	综合产品	整体经验管理	间接销售	组件品牌	自治与权威
会员制	合作	社会网络	精益生产	安全		辅助服务	交叉销售	价值统一	社区和归属感
安装基础	特许经营	共享后支持	物流系统	简单化		优质服务	按需求销售	证明	个性化
拍卖	竞合	企业大学	战略设计	定制		个性化信息			个人化
用户定义		分权管理	知识产权	焦点		用户社区/支持系统			
免费增值		知识管理		保护		租赁或贷款			
灵活定价				样式					
浮动									
融资									
销量									
广告支持									
许可									
多层次营销									

图 4-2　创新十型法的创新工具

二、保险科技的十大创新要素

在保险科技的创新过程中，我们可以引入创新十型法，以此丰富保险科技的创新内容。创新十型可分为三大类（见图4-3）：第一大类关注企业自身运营，包含盈利模式、网络（联合他人来创造价值）、结构（组织并配置人才和资产）和流程方面的创新；第二大类包含产品性能和产品系统方面的创新；第三大类涵盖了服务、渠道、品牌和客户互动方面的创新。创新十型不是一个流程表，也不是各种类型的排列顺序，也不涉及等级体系，任意类型的组合都可以形成创新，企业可以从任意一个类型开始创新。

图 4-3　创新十型法的创新要素

（1）盈利模式创新。盈利模式创新就是创造一种全新的方法，将企业的产品、服务和其他价值来源转化为利润。好的盈利模式必须以对用户或消费者的深层理解为基础。

（2）网络资源创新。网络创新为企业提供了一种利用其他企业的流程、技术、产品、渠道和品牌的方式，让企业在发挥自身优势的同时，借助其他企业的能力和资产创造收益。网络创新的模式多种多样，可以是与同盟者的联盟，也可以是与强大竞争对手的合作，特许经营和众包也属于这类创新。

（3）结构体系创新。结构创新是以特有的方式组织企业资产来创造价值。它可以是优秀人才管理系统，可以是对资本、设备的独创配置，也可以是改善企业的固定成本和部门职能，包括对人力部门、研发部门和IT部门的改善。理想情况下，这些创新可以带来富有生产力的环境，或实现超越竞争对手的效率，或为企业吸引人才等。

（4）运营流程创新。流程创新需要的是不同于常规的巨大变革，能使企业利用独特的能力，发挥高效的职能，创造领先市场的利润水平。流程创新往往能够形成企业的核心竞争力，可能包含一些专利性和专利性方法，让企业在几年内甚至几十年内独占巨大优势。

（5）产品性能创新。产品性能创新是指革新企业提供的产品或服务的价值、特征和质量。此类创新会产生全新的产品，或大大延伸现有的产品线。人们常常错误地认为产品性能创新就是创新的全部，但实际上它只是十类创新中的一种类型，也是最容易被竞争对手复制的创新类型。

（6）产品系统创新。产品系统创新在于如何将单独的产品和服务连接或组合起来，从而形成强大且可扩展的系统，通过互通性、模块化整合创造价值的方式将原本明显不同的产品和服务联合在一起。产品系统创新能增加客户黏性，并有效抵御同业竞争。

（7）服务模式创新。服务模式创新能够提升产品的效用、性能和表现价值，让产品的使用更加便捷。它展示出用户可能忽视的产品特点和功能，解决客户在使用过程中遇到的问题。卓越的服务创新能为平淡无奇的产品带来引人入胜的用户体验，从而吸引更多的回头客。

（8）营销渠道创新。渠道创新涉及企业将产品和服务提供给用户的所有方式。此类创新的目标是确保用户能够在任何期望的时间、以任何想要的方式买到自己所需要的产品，同时享受最大限度的便利、最低廉的成本和最大的愉悦感。

（9）品牌影响创新。品牌创新有助于加深用户对品牌的认知，帮助用户识别产品和服务，从而实现与竞争对手或替代产品的有效区分，提高产品在市场中的辨识度。在传统保险市场中，大型保险公司通常借助于企业标语、品牌标志、广告赞助等方式进行品牌推广，提升企业的影响力，客户往往因为品牌知名度高而选择信赖其产品。

（10）客户互动创新。客户互动创新关键在于了解客户深层次的需求，并利用这些深刻的见解发展客户与企业之间的关系。比如，利用基于地理位置的服务，在特定地点“签到”的客户将被授予“勋章”，用户为获得奖励将增加互动频率，企业便通过客户互动的形式，增加了客户流量，创造了收益。

综上所述，近年来出现的信息革命应用于保险业的结果，大大提高了保险服务的效率，降低了保险业的经营成本，并加速了保险全球化的进程。任何意义的保险创新，都必须从制度方面加以诠释才会发挥真正的效力，因此，制度上的改革已成为最为关键的一步。

第三节　保险科技的风险因素

一、保险科技的风险因素

保险科技风险是在保险科技基础上引申出的概念。顾名思义，它是指保险科技企业（包括非保险企业以及保险机构）在经营发展过程中，资金、财产和信誉由于制度因素和非制度因素遭受预期、非预期或灾难性损失的可能性。保险科技风险包括保险科技的技术风险和保险科技的伦理风险。

（1）保险科技的技术风险是大数据、云计算、人工智能、区块链等数字技术不成熟而带来的潜在风险，主要有风险传染性强、传播速度快、复杂程度高、破坏性强等特征，包括技术选择风险和技术安全风险两类。

（2）保险科技伦理风险有狭义和广义之分。狭义的保险科技伦理风险指金融机构及其相关从业人员利用自身信息优势，违背道德伦理，导致客户受到损失的可能性。广义的保险科技伦理风险指一切金融科技参与者因科技伦理而遭到损失的可能性。保险科技伦理风险具有危害性较大、隐蔽性较强和不确定性较大的特点。

科技伦理是指科技创新活动中人与社会、人与自然和人与人关系的思想与行为准则，它规定了科技工作者及其共同体应恪守的价值观念、社会责任和行为规范。保险科技伦理风险包括大数据杀熟、大数据隐私与机器替代人类等。①大数据“杀熟”，是一种歧视定价手段，它指商家利用大数据技术，对自身积累或来自第三方的用户信息加以分类和处理，并对其中使用次数较多、对价格不敏感的客户实施加价，以达到利益最大化的差别化价格策略。②大数据隐私，是指大数据在一定程度上改变了社会生态，加剧了隐私保护的困境。大数据时代，数据和隐私“相互融合”，个人的私人生活不断以数据的形式呈现在网络中，同时承载着敏感信息的私人数据能准确反映个人的倾向和癖好。③机器替代人类，是指人工智能技术可以帮助我们使用各种自动化装置取代人们的各种生产活动，从而提升社会整体发展效率。

保险科技应对信息化深入发展导致的伦理风险应当遵循以下道德原则：第一，服务人类原则。第二，安全可靠原则。第三，以人为本原则。第四，公开透明原则。同时，保险科技风险管理应遵循整体性优先、监管及时、协调创新和安全管理的理念。通过监管组织、监管技术与机制设计，有效管理保险科技的技术风险和伦理风险，维护保险的安全和稳定。

二、保险科技的十大风险因素

未来一段时期是中国建设科技强国和社会主义现代化强国的关键时期，科技革命与产业变革、大国权力转移、全球新冠肺炎疫情、金融危机等多重因素叠加和交汇，各类不确定性和挑战增多，各类风险陡增，并有可能推动百年未有之大变局历史新拐点的到来。未来一段时期内科技发展的重大风险主要来源于以下三个方面：新一轮科技革命与产业变革、全球政治经济格局调整、重大突发性公共卫生事件。在这三个重大风险源基础上，保险科技面临十大风险因素。

风险1：科学研究范式面临重大变革，科学组织模式发生系统性改变，使得我国的原创性成果不足，进而可能面临科技发展水平与西方国家之间的距离再次拉大的风险。大数据时代，科学研究方式发生深刻变化，学科领域交叉跨界，渗透发展态势更加明显，科学研究范式面临重大变革。目前我国大学研究机构多以学科为单位，分科而治的科研组织模式已不能更好地适应学科交叉融合发展的需求，难以形成高质量的跨学科研究组织和平台。这也是导致我国原创性研究成果不足的重要原因之一。

风险2：多个重点领域出现技术群体跃进和颠覆性突破，或将对原有技术路线产生“归零效应”，由于研发储备和基础能力相对薄弱，我们有可能面临抓不住其中发展机遇的风险。当前，一些重要科学问题和关键核心技术已经呈现出革命性突破的先兆，具备带动关键技术交叉融合、群体跃进的潜力，许多重点领域的科技瓶颈有可能实现重大突破，从而引起重大技术路线调整和重点产业重构。其中，影响我国科技发展的最大挑战是我国科技储备和研发能力相对不足，有可能抓不住颠覆性技术发展的新机遇。

风险3：我国的技术知识体系和产业知识体系不牢固，尤其是在关键核心技术领域，一旦知识源头被切断，可能出现“有市场而无技术”的风险。由于国际大环境的变化，我国知识交流的渠道，以及过去主要依赖的“技术引进—消化吸收—再创新”的路径受到阻碍。长期以来我国基础研究相对落后，技术知识体系和产业知识体系基础不牢固，使得部分关键核心技术受制于人。

风险4：新科技创新引发的伦理问题、法律问题将进入高发期，为科技伦理监管和科技治理体系带来了新挑战和新风险。随着人工智能、生命科学等领域科技创新的快速发展和广泛应用，深度介入人类的生产生活之中，收入分配和社会公平、就业总量和形态等面临巨大冲击。众多新领域技术创新在有限的时空内，集中释放负面效应，留给人类认识和防范风险、消弭冲突的时间越来越少。新科技创新引发的政治、经济和社会问题可能进入凸显期，由此引发的伦理问题、法律问题也可能进入一个高发期。

风险5：全球经济周期与政治周期交汇往往伴随着重大风险的孕育和发生。经济学与国际政治中都有“周期”的概念，创新驱动的康波（指康德拉季耶夫周期，一般是50~60年）与世界政治体系变迁的长波（指霸权周期，一般是100~120年）有一定的因果逻辑。康波周期与霸权周期的交汇往往伴随着重大风险的孕育和发生。

风险6：西方技术霸权使得我国科技和产业发展可能陷入“低端锁定”的风险。主要西方发达国家已经从市场主导的技术竞争彻底向国家控制的技术霸权转向，这种转变在某种程度上已明显上升为国家意志。技术霸权已内化为一种政治文化习惯、政治规范与战略政策指引，并且是由多部门联动发起的全政府战略。西方发达国家不仅会利用市场优势和先进技术对发展中国家的价值链升级实行阻截，还会通过其垄断地位建立不对称的价值链治理方式，这些都大大增加了中国等发展中国家在技术层面“弯道超车”的难度。

风险7：科技已成为中美战略博弈的焦点和核心，美国会对我国科技进步进行全方位遏制，加速与我国脱钩，带来一系列风险。美国政府把遏制中国科技进步作为维护美国霸权的核心战略。美国集结自身及其盟友的经济、技术、文化甚至军事等多方面力量对中国科技创新进行全方位遏制，不惜采取政治打压、经济制裁、科技封锁、人员管制等一系列极端手段加速与中国脱钩。

风险8：新冠肺炎疫情导致全球价值链重组，我国高度依赖全球供应链体系的产业链、创新链面临被动调整的风险。疫情将从生产资料供应、资本供给和最终消费市场三个方面对全球供应链产生极大的冲击，有可能引发全球供应链及全球市场的“多米诺骨牌效应”，全球价值链的重组预期增强。我国高度依赖全球供应链的产业将面临冲击，不仅是对高技术产品，我国一些中低技术密集行业的出口也会受到一定冲击。

风险9：后疫情时代伴随全球经济衰退的“创新退潮”，国际经济和科技创新合作面临重大挑战。目前，全球化已经进入“下半场”，逆全球化的力量与推进全球化的力量开始进入新的博弈期，中国面临的系统性风险正在显著上升。疫情危机有可能导致全球政治、经济、外交、文化格局发生重大变化，世界秩序加速重构，使得百年未有之大变局加速变化。世界可能将进入一个“新战国时代”，国家间竞争、防范、警惕的战线将会持续加宽和拉长。国际经济、科技合作和竞争局面将会发生更加深刻的变化，我国在更高水平上开展国际经济和科技创新合作面临重大挑战。

风险10：风险的总体性突破了我们认知和思维的边界。迄今，在人类的价值思维界面，多是以国家为单元的（虽口口声声讲人类、讲世界，不过大多是修饰语罢了）。但是，在重大科技风险面前，世界和全球将有利于结为一体，因为重大科技风险是没有边界的，当前的新冠肺炎疫情就证明了这一点。这会促使人类意识和人类精神的崛起，从外在资本逻辑走向内在的精神逻辑，从而大大丰富人类的精神世界和精神文明。这样的历史才是真正的人类世界史。结果可能是，风险虽然摧毁了人类旧的社会秩序，却不一定摧毁人类的精神，新的纯净圣洁的人类会在绝境中获得拯救或在涅槃中浴火重生。

风险的本质是一种损失的可能性，一种不确定性。而“不确定”往往源于信息不对称，反映为感知和认识的能力。如果一个经济代理人面对的随机状态不能够以某种实际的概率分布函数来表述出可能产生的结果，这种随机状态则称为不确定性。如果一个经济代理人面对的随机状态可以用某种具体的概率值来表示，这种随机状态就称为风险。基于保险科技的视角看风险，尤其是在对“时间”和“空间”的重新认识、定义和利用的基础上，看风险、风险因素、风险性质、风险事故与损失的定义与分类，看“可测定（量化）”和“不可测定（量化）”，看风险处理的方式，看风险的可变性，看可保风险与管理等问题，会发现环境和能力均发生了巨大的变化，这种变化不仅体现在“量”的提升，更带来了“质”的跨越。因此，需要重新定义风险以及相关理论，并重新思考科技、风险与保险的关系。

第五章
保险科技的商业格局

第一节　保险科技的两极格局

一、两极格局

两极格局（Bipolar System），原指以美苏为中心，在欧洲形成北约与华约两大军事集团对立、在全球形成资本主义阵营和社会主义阵营全面对抗的格局；现指中美之间的实力对比和战略关系所塑造的国际新格局——中美两国竞争格局。

保险科技，英文由Insurance和Technology两个单词组成，融合了人类知识系统里两个重要领域，其本质是跨界整合。第一个领域是Insurance（保险），涉及风险管理、风险分散和资金运用；第二个领域是Technology（科技），涉及经济社会发展的原动力以及风险的源头。保险科技将保险和科技结合在一起，旨在将科技导入保险发展的重要领域，如风险治理、价值创造和资源配置等。

同很多重要概念一样，保险科技本身就体现了“两极格局”，我们不能离开保险谈科技，也不能离开科技谈保险。毋庸置疑，未来的时代将会是一个科技感十足的时代，在这个时代，我们生活中的每一个方面都会与科技产生联系，生活科技化与科技生活化将会成为未来一个时期的主题。保险作为连通人们生活的“毛细血管”，它的发展自然也受到科技发展的影响。随着这种影响的加剧，保险生活化同样将会成为未来一个时期的主题。

二、保险科技的两极格局

新技术的深度普及除了影响生活端口之外，对于保险业本身的影响也是深远和透彻的。通过这种影响的不断加剧，保险本身也发生了根本性的转变。比如，出现了数字货币（数字人民币）这种新的保险表达方式，出现了智能风控这种新的保险风控方式；又比如，保险的逻辑已经从简单的风险保障变成了一种生活方式。这些最根本的改变都表明新技术对于保险本身的流程和环节产生了深度影响，从而演变成了一种全新的生活方式，保险恰恰是这种全新生活方式的最终注脚。

较之于互联网技术，保险科技对于保险的影响不断深入，简单地依靠互联网时代的平台逻辑和用户思维已经无法真正达到实质性的效果。借助保险科技，保险的基本环节和逻辑将会发生根本性的转变，由此带来的人们生活的改变将会促使保险的发展找到新的突破口。

（一）保险科技化

移动互联网时代之所以获得如此巨大的发展，其中一个很重要的原因就在于行业的互联网化。而未来的新科技时代，保险业想要获得快速发展，其中一个很重要的驱动力依然在保险科技化上。以保险科技化为突破口，保险科技时代或许终将来临。

保险科技化可以让保险业找到更多的发展路径。尽管保险互联网化产生了互联网保险、网络互助等新事物，但是这些事物对于保险本身的影响依然有限，保险本身的逻辑并没有发生太多改变。保险科技化却不一样，这种改变并不仅仅是保险与科技两种元素的简单叠加，它更多地体现在保险本身的改变上。

保险表达方式的改变、保险运作逻辑的重塑、保险环节的重构等新的思路都是从保险本身着手来改变保险的，这种内生的改变远比互联网时代的简单相加来得更加彻底。源自保险本身的改变能够将保险的发展带入一个全新的发展阶段，从而可以找到保险业发展的新路径。新路径将会带来更多新生的保险事物，新的事物未来将会代替当前深陷旋涡的网络互助及互联网保险等模式，从而为保险业发展带来新的可能性。

此外，保险科技化还能够让保险更多地以科技的面目存在，在人们的生活科技化的前提下，保险将会以科技的形式出现，并将逐步影响和改变保险本身在人们原有生活中的地位。比如，保险的理赔或给付不再仅局限于金钱，我们生活中的吃穿住用行都能够以保障的方式体现，由此保险将不再只涉及金钱，更多的是一种对生活的全新表达；比如，保险的环节将不再泾渭分明，风控、运营等环节之间的界限将会逐步消失，借助以VR、AR为代表的虚拟现实技术，对保险标的进行风控的过程就是分享保障的过程，对项目进行运营的过程就是对项目进行全流程风控的过程。保险科技化给保险业带来的这些改变无疑将会成为未来保险发展新路径的突破口，而由此引发的保险业深度发展或许将会给用户带来更多福利。

保险科技化的关键在于保险与科技的深度融合。互联网保险之所以出现诸多问题，其中一个很重要的原因是互联网与保险这两个元素简单相加。以保险科技化为代表的保险科技时代发展的关键在于保险与科技两种元素的深度融合，而非简单相加。

保险与科技深度融合的关键在于保险的科技化与科技的保险化双向并行。保险的科技化是通过更多新的技术来改造现有的保险逻辑和行为方式，从而找到破解传统保险和互联网保险的方式和方法，为两者找到在新技术条件下全新的发展突破口；而科技的保险化则是通过将保险更加深度地融入科技的每一个环节，从而让科技更多地具有保险属性。当前出现的区块链技术其实正是科技保险化的突出体现。

只有保险与科技两种元素进行深度融合才能找到一条有别于互联网保险的全新发展路径，从而为保险业的发展寻求更多的可能性。只有通过不同的方式强化保险与科技之间的互动和联系，彼此协作，两者融合才能促进人们生活的变革。

（二）保险生活化

保险科技化的本质是保险生活化。以保险科技化为代表的保险科技时代已经到来，它的外在表现是保险的科技化，而其实质却是保险的生活化。正如前文所言，未来的时代是一个科技生活化的时代，人们生活的每一个环节都能够与科技产生联系。保险科技化同样是在这样一种大的时代背景下产生的，因此，保险科技化的本质应当是保险的生活化。

保险生活化是指我们生活的每一个环节都能够与保险产生联系，都能够用保险的方式进行表达。比如，我们生活当中的吃穿住用行都能够在保险的逻辑当中找到注脚。吃，可以通过保险保证食品的安全；穿，可以通过可穿戴设备实现保险的个性化设计；住，可以通过物联网实现风控与保险的统一；行，能够通过保险的支持来得到安全的保障……这些生活当中的每一个环节都可以与保险产生联系，其实质就是保险生活化的具体表现，正是由于这种表现，我们才看到了保险科技化背后蕴藏着的巨大的发展潜力，从而找到更多的发展创新点。

互联网浪潮的退却以及互联网保险业不断出现的问题都在提醒我们，借助新的方式和手段才能获得保险业新的发展。随着保险科技化时代的到来，以保险生活化为代表的全新保险发展时代将会成为拉动下一次保险发展风口的绝对力量。当保险与外部元素不再是简单相加而是深度融合时，一个澎湃的保险科技发展新时代或许才会来临。

三、两极格局下的保险演化

随着保险科技化和保险生活化的深入发展，两极格局下的保险演化将遵循五大原则。

（一）保险为本

一直以来，互联网保险创新本质上是“将保险业务迁移到互联网上”的模式创新，改变的是保险机构与互联网公司对既有市场的横向分配。而在互联网保险趋于成熟的同时，市场的成长方向已经悄然向产业链纵向迁移：以科技进步和变革为驱动力的创新已成为保险业发展的核心力量，一批以大数据、人工智能、区块链等为主的保险科技与金融服务紧密结合，极大地提升了运营效率并降低了经营成本，甚至在某种程度上改变了传统保险的业务生态。

保险科技的本质与互联网保险一致，落脚点应放在“保险”上。保险科技的本质是保险与科技深度融合与创新的产物。保险科技通过保险与科技的融合，有望创新和颠覆传统保险模式和业务，为企业和个人提供一系列全新的保险服务。

在新技术爆炸的时代，用户对保险的需求和习惯已经发生了极大改变，保险业所面临的市场环境也已经发生了质的变化。所以保险业也需要相应做出改变，提升自身的能力。而保险科技所坚持的模式和方向，恰好能帮助保险业完善基础设施建设，为保险金融业提供能力补充。从这个角度而言，保险科技的本质仍是保险。

（二）科技为器

保险科技是技术驱动的保险创新，旨在运用现代科技成果改造或创新保险产品、经营模式、业务流程等，推动保险发展提质增效。在新一轮科技革命和产业变革的背景下，保险科技蓬勃发展，人工智能、大数据、云计算、物联网等信息技术与保险业务深度融合，为保险发展提供源源不断的创新活力。

2018年，中国平安集团提出“科技赋能金融、科技赋能生态、生态赋能金融”战略，将业务场景和服务交易与底层的金融产品挂钩，实现科技赋能金融；以五大智慧生态圈为起点，实现“场景+客户+服务”的生态闭环，实现科技赋能生态；让用户体验不断提升，得到强化的用户需求进一步拓宽了业务场景，实现生态赋能金融。近年来，平安集团积极探索综合金融、“金融+科技”模式，在产品、服务、渠道等多个领域创造了行业第一。截至2020年底，平安集团服务了超2.1亿个个人客户和5.9亿个互联网用户，在金融科技、医疗科技、人工智能、区块链等诸多领域达到世界领先水平，科技专利数累计超2.8万项，金融科技专利申请数连续两年位居全球第一，数字医疗科技专利申请数位居全球第二。平安集团构建了8大研究院、近50个实验室，将年收入1%的资金投入科技研发，积极通过科技构筑金融、医疗及智慧城市生态，为国家、社会、客户、外界企业提供领先的智慧解决方案。

（三）生活为魂

互联网创新改变了人们的生活方式，个人生活场景的全面线上化态势应运而生，因此又催生了全新的保险需求，包括大数据、区块链、人工智能、云计算在内的保险科技手段，在满足全新线上个人保险需求方面，发挥着越来越重要的作用。

正如前文所述，我们生活中的吃穿住用行都能够在保险的逻辑当中找到注脚。保险是金融体系的重要组成部分，它对促进改革、保障经济、稳定社会、造福人民具有重要的作用。保险与我们的关系，正如胡适所言，“保险的意义，只是今天作明天的准备；生时作死时的准备；父母作儿女的准备；儿女幼时作儿女长大时的准备；如此而已。今天预备明天，这是真稳健；生时预备死时，这是真旷达；父母预备儿女，这是真慈爱。能做到这三步的人，才能算作是现代人”。

平安集团的科技战略遵循“科技赋能金融、科技赋能生态、生态赋能金融”的三条路径推进，助力实现“科技让生活更美好”的目标。它围绕“医、食、住、行”等场景，打造“金融服务、医疗健康、汽车服务、房产服务、智慧城市”五大生态圈（见图5-1），努力探索利用科技解决社会民生痛点的途径。

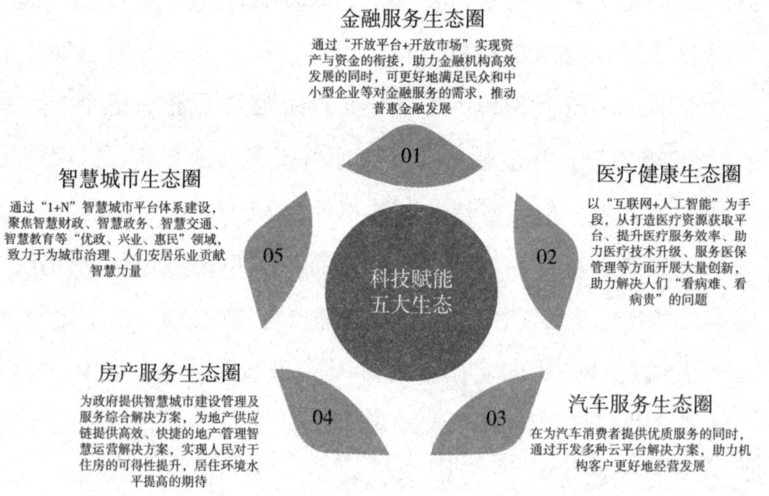

图 5-1　平安集团的五大生态圈

（四）数据为源

互联网使传统企业纷纷成为可识别、可记录、可优化的在线的大数据企业，大数据背后蕴藏的是“大信息”，“大信息”背后蕴藏的则是“大机遇”“大未来”，由此催生了“数据即服务市场”的理念。当前，全球数据量仍处于飞速增长的阶段。根据国际权威机构Statista的统计和预测，2020年全球数据产生量预计达到47ZB，而到2035年，这一数据将达到2142ZB，全球数据量即将迎来更大规模的爆发。

数据即服务的特征是通过处理高增长的数据以形成价值、驱动业务。在这样的需求下，大数据与数字经济成为保险科技现阶段的关键命题。保险风险管理和保险精算定价的核心是对数据的分析。随着人类社会的数字化迁徙，数据记录和收集、分析算法以及计算算力三方面正在经历革命性变化。数据使用无时不在、无处不在，同时，个人数据主权意识也在崛起，加强隐私保护已成为全球趋势。中共中央、国务院颁布的《关于构建更加完善的要素市场化配置体制机制的意见》中将数据列为生产要素之一，提出建设数据要素市场。数据使用和隐私保护之间的冲突和协调，是理解保险科技中很多前沿问题的关键。

数据在生成保险价值、拓展保险边界的同时，也带来了信息管理、隐私保护等方面的问题。在制度规范方面，要制定行业的统一标准和规制，完善保险大数据平台制度建设，明确数据所有权、使用权、管理权和收益权的“四权关系”，做好便捷性、安全性和私密性的“三个平衡”，推动数据共享和业务协同；在信息安全方面，要鼓励本土化大数据技术服务商和平台运营方的发展；在发展观念方面，要树立社会责任感和正确的“保险价值观”，引导保险科技机构始终牢记“保险+科技”的初心和使命。

（五）用户为王

从客户和消费者的角度去理解，保险科技既不是单纯的保险，也不是单纯的科技，而是提高用户保险体验的一整套解决方案，包括科技、客户洞察、保险场景等。所以我们在理解保险科技，包括理解保险科技模式时，本质是要抓住“提高用户体验”这一点，从这个点去理解保险科技，很多问题就可以迎刃而解了。

另外，保险机构可以根据保险科技的大数据对用户进行精准画像，在用户意识到自己真正需要什么保险产品之前，分析出用户的潜在需求，及时向用户推送符合用户需求的保险产品，提高产品销售精准度；并可以将用户的兴趣与产品捆绑，提高用户的忠诚度，从而带动营业利润的增长。

第二节 保险科技的差序格局

一、差序格局

社会学家费孝通先生在研究中国乡村结构时提出了差序格局（Pattern of Difference Sequence）的概念，即"每一家以自己的地位作为中心，周围划出一个圈子，这个圈子的大小要依着中心势力的厚薄而定"，"以自己为中心，像石子一般投入水中，和别人所联系成的社会关系不像团体中的分子一般大家立在一个平面上的，而是像水的波纹一样，一圈圈推出去，愈推愈远，也愈推愈薄"，这样一来，每个人都有一个以自己为中心的圈子，同时又从属于以优于自己的人为中心的圈子。

这种差序格局的形成因素有以下几种：血缘、地缘、经济水平、政治地位、知识文化水平等。同样，我们发现随着科技的发展，金融中的身份、账户、数据、货币、风险和竞争等所呈现的形态和管理方式不断演变，但这些基本概念却一直成立，并构成理解金融科技的"基本点"。所以，我们可以使用差序格局的概念来研究保险科技的这些"基本点"。

《金融科技：前沿与趋势》一书从身份、账户、数据、货币、风险和竞争等基本概念出发，构建了金融科技及其监管的新分析框架，揭示了金融科技创新发展的内在逻辑。这本书的作者徐忠和邹传伟试图"穿透"金融科技的各种新商业模式、应用、流程和产品等，识别出金融科技发展中的"不变量"。

"不变量"是研究金融创新的关键。把握住"不变量"，就能从纷繁复杂的金融创新活动中看到演化逻辑，既能更好理解现状，又能有效预判未来。经济学家兹维·博迪（Zvi Bodie）和罗伯特·莫顿（Robert C. Merton）提出了金融的六项基本功能：支付和清结算、聚集资源和股权细分、跨越时间和空间转移资源、管理风险、提供信息以及解决激励问题。博迪和莫顿认为，金融功能的稳定性比金融机构更强，金融机构的形式取决于它们执行的金融功能。金融功能是一个重要的“不变量”，这正是功能性金融监管（基于金融体系基本功能而设计的更具连续性和一致性，并能实施跨产品、跨机构、跨市场协调的监管）的理论基础。这六项基本金融功能，对理解保险科技及其监管也是适用的。

前文论述了保险的三大功能：风险治理、价值创造和资源配置，具体到保险科技，其四大基本保险功能为风险治理、承保与理赔（支付与清结算）、信息处理和资源配置。沿着这个思路深入保险基础设施层面，保险科技涉及互联网和区块链对风险治理的影响，区块链和数字货币对支付与清结算的影响，数据要素和隐私保护对保险信息处理和保险市场竞争的影响，科技对保险活动组织形式的影响以及由此造成的监管挑战。

二、保险科技的差序格局

保险功能是一个重要的“不变量”，基于此，保险科技的四大支柱为风险治理、承保与理赔（支付与清结算）、信息处理和资源配置。在这一框架下，我们应该关注的是保险科技的业务活动及其所能发挥的功能，而不是保险科技的名称，其目标是要在功能给定的情况下，寻找能够最有效地实现既定功能的制度结构。

（一）风险治理

科技创新和赋能将成为保险发展的核心趋势。科技将成为改变风险认知与管理的核心能力，并从根本上改变传统风险管理与保险。科技通过参与相关传统行业的风险管理，利用“科技+保险”的模式，实现保险风险的减量管理，重构相关行业的风险管理总效率，能够为社会、企业和家庭的风险管理带来全新的能力，并改变传统保险的发展空间和商业模式。

伴随着保险科技的迅猛发展，大数据、云计算、人工智能、区块链等技术相继介入保险风险管理领域，为风险管理主体的相关工作提供了强大助力，其中包括，宏观保险风险管理和微观保险风险管理之间的关系及相互影响的内在逻辑；保险风险管理系统构建的内在逻辑，保险风险识别、度量、预警和控制的数理技术基础和基本原理，大数据、云计算、人工智能、区块链技术的基本原理及其与保险风险管理的适应性问题。

保险科技创新本质上改变了两件事：风险管控和效率。一方面，大数据的应用更精确地界定风险，从根本上改变了保险机构对于风险的认知和管理，从而改变传统保险的精算方式、定价和风险准备。另一方面，科技应用带来了从保险全流程自动化智能化的高效体验，到组织内部结构的效率优化，再到利用大数据进行反欺诈等经营效率的全面提升。

（二）承保与理赔（支付与清结算）

保险科技的发展已步入科技深度赋能保险业的新阶段。在这一保险和科技深度融合的阶段，科技的运用体现在业务的各个险种和管理的各个环节之中。

一方面，科技的研发和应用，将过去不可保障的风险转化为可保障的风险，将整体风险拆分为局部风险；消费者个性化的需求被满足，科技运用创造的新增潜在市场需求，可以部分化解和缓冲传统存量市场竞争中存在的风险。

另一方面，保险潜在市场需求为科技赋能提供了丰富的应用场景，弥补了传统保险业一维结构的短板。科技赋能将促使保险业的多样生态转化为二维结构，对接新生态中的技术研发进步，推动了保险业务流程中的定价、销售、核保、核赔等环节与科技的密切结合，让保险的整个业务链条更为立体化。保险与科技的相互渗透，有利于更精准地把握并激发消费者需求，为消费者创造价值，满足人民群众日益增长的保险需求。

（三）信息处理

保险科技的四大关键技术为：人工智能、区块链、云计算和大数据。

人工智能广泛运用于智能风控、智能支付、智能投研、智能投顾等方面，能够替代人工重复性工作，提升工作效率和用户体验，提高金融机构的销售和服务能力；区块链能够有效节约金融机构间的清算成本，提升交易处理效率，增强数据安全性；云计算主要应用在IT设施的管理方面，促进资源有效合理分配，及时有效地提高运维效率，降低保险机构的IT基础设施成本；大数据能带来种类和格式丰富、不同领域的大量数据，基于大数据的分析能够有效提取有价值的信息，为精确评估、预测提供了新手段。

（四）资源配置

传统保险经济学理论中，保险资源配置主要是在地理空间或者物理空间内进行。但是，数字技术、保险科技的产生与快速发展，改变了保险资源配置与集聚的形态、方式和效率。数字开始全面地介入资源配置过程，资源从物理空间、地理空间的集聚，开始转向虚拟空间的集聚，资源可以在全球范围内和网络空间内，通过算法算力来实现优化配置。

保险科技应重点关注以大数据、云计算等为代表的先进技术的应用与普及，以及其对提高保险服务效率的作用。因此，保险科技创新可以改善我国保险市场服务效率不高、创新能力不强、资源配置落后等问题，从而满足多群体对各种保险服务以及产品的需要，促进国家经济社会可持续发展。

因此，保险机构要基于数字技术、保险科技、虚拟集聚的视角，在全球保险产业链的重构过程中，让中国的保险体系和国际分工向全球保险产业链、价值链的高端延伸。首先，保险企业要意识到，保险业的核心竞争力可能不再是过去的比较优势、竞争优势，而是源于企业拥有的数据。其次，从国家层面来说，要把数据当成一个重要的生产要素，让数字产业化，在这个基础上，再把产业数字化。最后，对于保险业来说，要充分利用数据资源、数字技术，实现资源配置生产和服务过程的智能化、智慧化、自动化、柔性化和定制化。

三、差序格局下的保险演化

随着我们对保险科技认知的深入和信息技术应用的成熟，保险科技赋能已经渗透到保险业务链条的方方面面，产品设计与开发、保险营销、核保与核赔、资金运用、客户风险管理和公司管理等几乎所有环节，重塑着保险的价值链（风险和治理、产品和服务、运营和管理、渠道和场景、门店和终端、流量和用户等），带来了保险流程的优化和效率的提升，推动着整个保险业的变革与升级。

（一）保险框架模型

面对社会、经济、思想和科技的变化，保险业要审时度势，重新思考保险的内涵和外延，思考保险的功能和定位，特别是要立足于“科技+制度+管理+服务”模式下的新保险（见图5-2），同时，保险机构要思考在新发展时代下的新起点、新使命、新战略、新动力和新愿景。

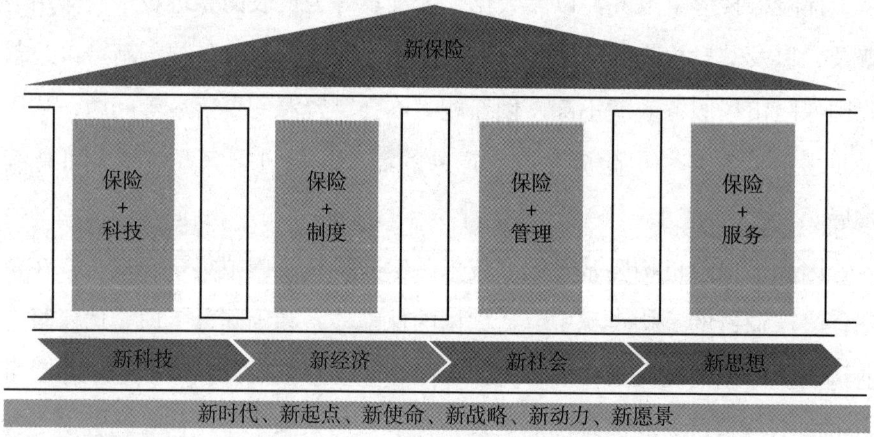

图 5-2 基于保险科技的新保险框架模型

（二）保险功能模型

随着技术的发展，保险机构要基于保险科技重新打造新的功能模型，以应对技术变革对保险的影响，强化技术创新在保险价值创造中的作用，基于保险科技的新功能模型（框架）如图5–3所示。

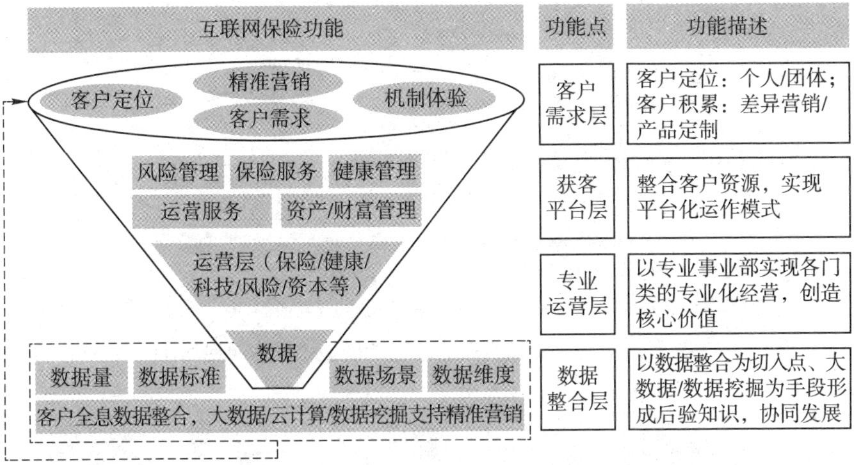

图5–3　基于保险科技的新功能模型（框架）

由图5–3可以看出，该功能模型包含四个层面，分别是客户需求层（见图5–4）、获客平台层（见图5–5）、专业运营层（见图5–6）、数据整合层（见图5–7）。具体到每一个层面，也是一个新功能模型，这些都是保险业面向保险科技所需要的生态环境。

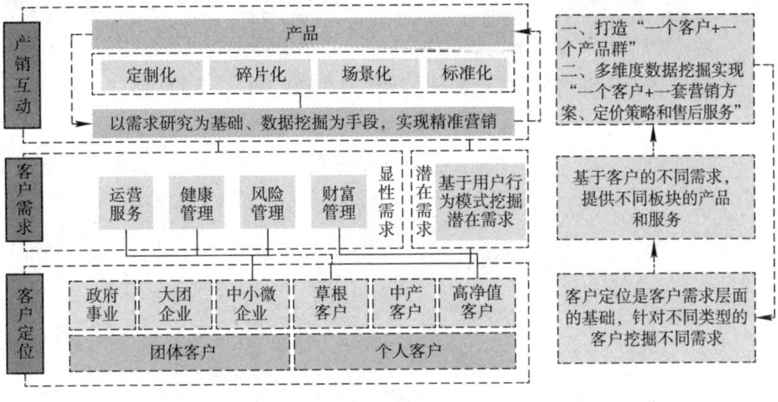

图5–4　基于保险科技的新功能模型（客户需求层）

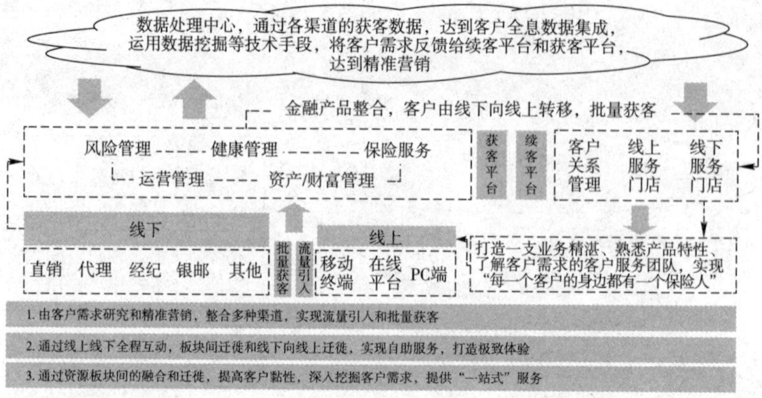

图 5-5　基于保险科技的新功能模型（获客平台层）

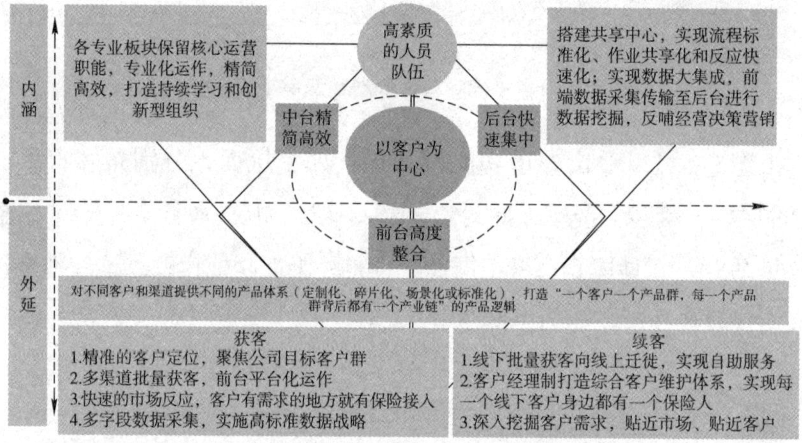

图 5-6　基于保险科技的新功能模型（专业运营层）

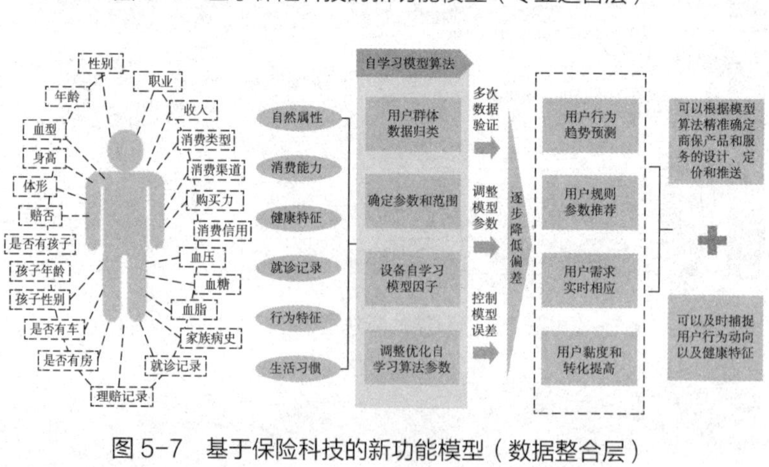

图 5-7　基于保险科技的新功能模型（数据整合层）

保险科技时时都在发生变化，保险所需要的功能模型也发生了变化，如果我们不能正视这些变化，其本质就是理念的过时。

（三）保险运营模型

随着新科技的发展，特别是数字化进程的深入和信息化时代的降临，互联网由电子信息交换网络升级为全民交流与社会经济活动的纽带，新型技术和应用在互联网上涌现，Web 4.0、云计算、大数据、人工智能、区块链、移动互联网等是其中的典型代表。这些技术降低了互联网的使用门槛，强化了整个社会与互联网的连接与融合。同时，这些新技术和新理念将推动保险的数字化进程，我们需要重新打造保险的运营模型。

随着数字化时代的到来，传统风险点已经发生变化，网络安全、数据安全等成为新兴的风险源，保险除了应理解数字化时代未来的风险点之外，还要抓住在保险价值链中涌现的数字化机遇。数字化已经成为保险的主流，保险需要在数字化领域中进行探索，如图5-8所示。

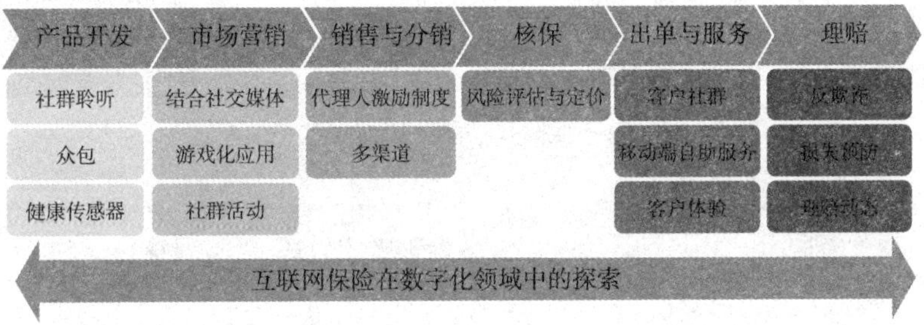

图 5-8　基于保险科技的新运营模型（价值链）

从图5-8中可以看出，保险在数字化领域的探索要抓住用户需求对保险价值链的重塑：关键能力的要求主要体现在优质的客户体验，完善的风险控制和高效、便利的系统/工具三个方面（见图5-9）；好的体验需要在承保环节减少客户的沟通成本，快速完成作业（见图5-10），还需要在理赔端满足客户对方便快捷及服务的诉求（见图5-11）。

图 5-9　基于保险科技的新运营模型（模型框架）

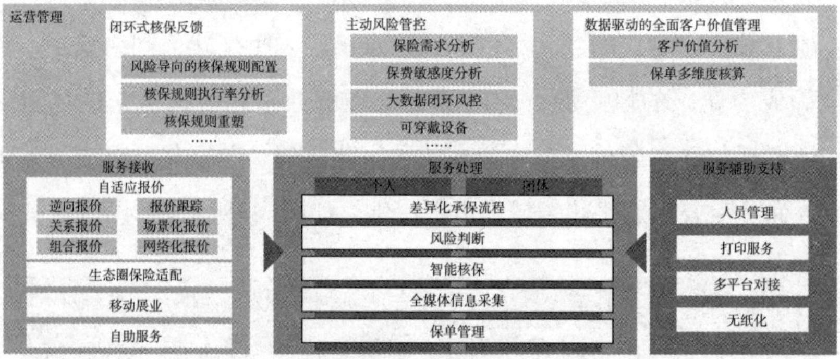

图 5-10　基于保险科技的新运营模型（承保端）

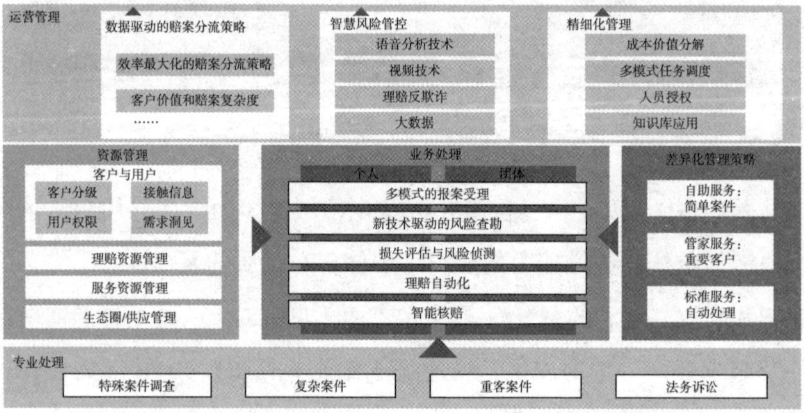

图 5-11　基于保险科技的新运营模型（理赔端）

（四）保险监管模型

无论是“约束诱导理论”还是“规避管制理论”都认为，如果保险机构面对的保险监管过于严格，便需要进行保险创新，所以保险科技领域的创新推动因素之一就是合理地规避现有的严格的保险监管，获得高额的创新收益。

保险科技监管是指针对保险科技的一系列监管规则以及监管技术，落脚点在监管；而监管科技则是运用新兴技术对保险行为进行监管，既包括对保险科技的监管技术，也包括对传统保险的监管技术，落脚点在技术。保险科技监管与监管科技在具体表现形式上不尽相同，各有侧重又有所重叠。

保险科技监管模型——监管科技通过人工智能、机器学习、区块链、云计算等现代科技与监管合规体系进行深度融合，为监管机构以及金融机构、金融科技企业提供以技术为核心的监管解决方案，有效地实现了保险安全与保险效率的平衡协调（见图5-12）。在具体表现形态上，保险科技监管模型有两大分支：运用于监管端的监管科技和运用于保险机构合规端的监管科技。

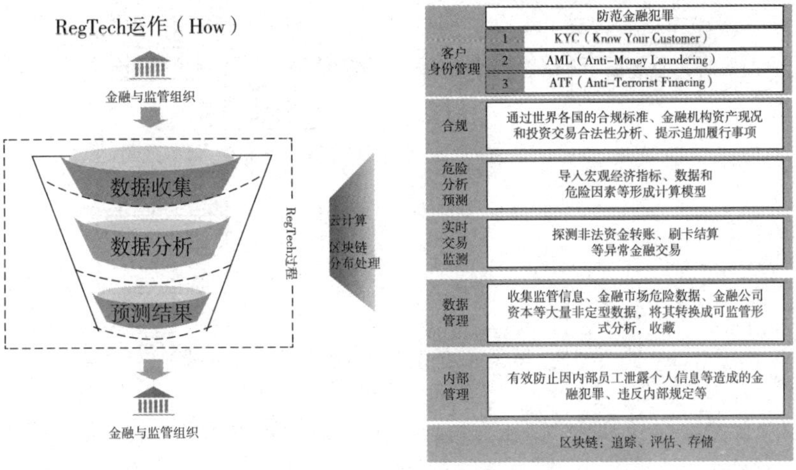

图5-12　基于保险科技的监管模型（监管科技）

（1）保险科技监管模型在监管端的运用可以分为数据收集和数据分析等两大方面（见图5-13）。数据收集过程中可以形成报告（自动化报告、实时检测报告），进行数据管理（数据整合、数据确认、数据可视化、云计算大数据），以及通过虚拟助手采集消费者、被监管机构相关信息并进行交流。数据分析具体运用于四个方面，包括市场监管、不端行为检测分析、微观审慎监管和宏观审慎监管。

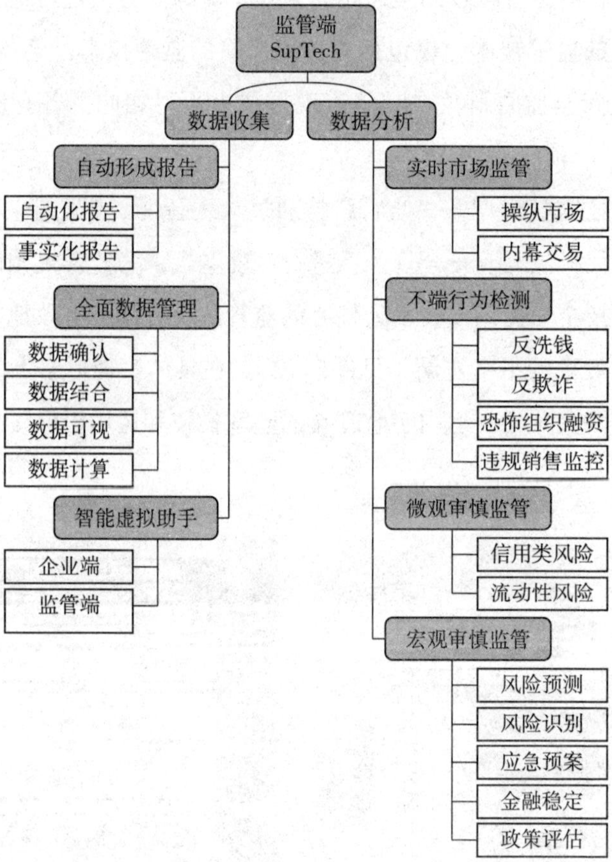

图5-13　基于保险科技的监管模型（监管端）

（2）保险科技在合规端的科技运用可以分为数字化、数据识别与分析应用、数据加密与传输技术等三个方面（见图5-14）。合规端的基本路径是，金融机构端与监管端以数字化的方式互相联通；机构端可以从监管端获取数字化的监管要求并将其准确转化为内部约束，确保机构和业务实时合规；机构端能够实时向监管端传输数据，动态地形成各种合规报告，减少人工干预，提高准确度。要实现上述意图，监管科技的主要着力点包括监管内容的数字化、数据的识别与分析应用和数据加密与传输技术。

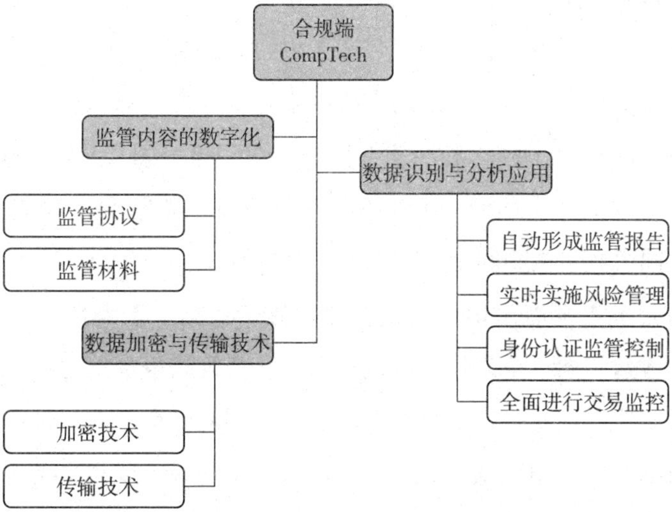

图 5-14　基于保险科技的监管模型（合规端）

第三节　保险科技的时代格局

一、时代格局

社会的一个最基本规律就是“变”。东西方对于世界“变”的规律都早已有清楚的认识：古希腊哲学家赫拉克利特（Herakleitus）提出“人不能两次踏进同一条河流”的经典命题；中国有阴阳相生相克、周而复始的世界观。大道至简，但也过于抽象，因而我们不禁要继续追问事物变迁的范围、程度及原因：①哪些事情在变？个体、群体、组织、制度和社会都在变化。②在什么程度上发生了变化？引用罗伯特·达尔（Robert Alan Dahl）的经典三分法，分别有渐进的或外围的变迁、全面的变迁和革命性的变迁。最令人印象深刻的应该是全面的变迁和革命性的变迁，这样的变迁往往带来的是人类对自然、社会的认知革命和技术革命，扩大了人类对未知领域的探索空间，同时也带来了思想上的解放。③什么因素催生了变迁？社会学研究中认为变迁的重要因素包括技术、意识形态、竞争、冲突、政治、经济、全球化和结构性压力。对于这些因素，应该明确的是，不能过分地倚重其中任何一个，不存在所谓的“最重要”，而是它们相互关联并共同组成了社会的变迁。

变化是世界发展永恒的主题，变化源于人类对于自然、社会的求知欲，对于改造自然、革新社会的创造欲。从长袍马褂到笔挺的西装和五彩缤纷的休闲服装，从直接食材到简单加工再到满汉全席，从传统平房到宽敞楼房再到别墅庄园，从古典文学、浪漫主义文学、现实主义文学、现代文学到后现代文学……变迁已经成为一种生活方式，变迁的领域也涉及社会发展的每一个角落。

有得必有失，变迁的发生必然伴随着代价的付出，得失的相互制约也常常使人类的发展陷入两难的境地（例如环境保护与经济发展的矛盾）。

（1）经济代价。持续地追求经济发展可能降低而不是提高社会的福利水平，而且发展常常伴随着破坏与浪费，现代社会发展经济最大的代价就是环境恶化和资源枯竭。另外，在从传统社会转向更加现代的社会过程中，因为交易成本的存在，不可避免地会产生大量的交换代价。

（2）社会代价。环境破坏导致疾病发病率提高、濒危物种增多等诸多问题。

（3）心理代价。在资本主义对人的不断异化过程下，个体逐渐失去了理解和控制自己所处的环境的能力。非人性化、机械化、机器病理学等现象越来越显著。

几万年来，社会变迁带来了新的技术、新的认知与新的思考，把人类的活动范围从地表向上延伸到外太空、向下延伸到地球中心，把人类的生命历程从可见的短短几十年向前延伸到人类文明的起源、向后延伸到几百年后人类突破三维空间限制的自由穿梭时代，把人类的文化积淀从王公贵胄才能接触到的知识“分发”到每一个学历不同、背景不同的学子手中……变化是永恒的，虽然变化的具体形态可能是混乱的，但整体而言，在创造与优化的过程中，变化带来的影响和所需要付出的代价将会实现一个长期的动态均衡。我们最需要的，就是能在不断变化的生存环境中，看到时代格局的趋势。

二、保险科技的发展历程

（一）前电报时代

在工业革命之前，人类的重大技术进步可以归纳为制陶技术、冶炼技术、造纸与印刷技术。制陶技术促进了计量与计算，解决了早期部落、氏族之间的交换计量难题，也使得“债务”能够被记录与标准化，为商品货币发展提供了条件。之后的冶炼技术，早期以铜的冶炼为主，后来发展为铁和其他金属，包含金、银等贵金属。冶炼技术为商品货币过渡到金属货币提供了可能，也促进了城邦经济和民间高利贷的发展。造纸术与印刷术的出现，推动了文明的发展，也为钱庄、银号、票号、近代银行的发展打下了基础。首先是纸质货币的出现，中国北宋的“交子”，从1008年到1023年，经历了私人发行到政府发行的演变过程，成为世界上最早的纸币。纸币比金属货币更容易携带，可以在较大范围内使用，有利于商品的流通，促进了商品经济的发展。纸质货币的出现也打破了金属货币的自然产量约束，为贵金属准备金支撑下的信用货币发行奠定了基础。近代银行分散的银行券发行机制打破了资金供给瓶颈，但也为通货膨胀埋下了隐患。正是在这样的背景下，中央银行制度开始萌芽并在工业革命后得到了发展。

第一次工业革命以蒸汽机的工业化应用为标志。蒸汽动力带来了生产力的极大提升，推动了机械、铁路、钢铁、冶金、纺织等行业的发展，也推动了城市化进程。新型产业的大发展是以社会化大生产为特征的，产业投资需要大量的资本，特别是铁路的建设，由此股份制组织模式成为最快将资本集聚到新兴产业的渠道，资本市场由此得以大发展。1792年，《梧桐树协议》的签署开启了美国资本市场发展的大幕，200多年来，纽约证券交易所见证了金融发展与创新的历史进程。总之，技术推动了产业变革，促进了金融组织形态变革，推动了金融市场快速发展。

（二）后电报时代

第二次工业革命以电力的应用为标志，电力逐步取代了蒸汽机动力，围绕电力的各种发明创造开始出现，电气时代来临。1837年英国人查尔斯·惠斯通与威廉·库克发明的电报机取得了专利，人类进入电报时代。电报给金融发展带来的影响是革命性的，金融的第一功能汇兑与支付清算突破了现有的依托信件、票汇等的约束，通过电报来传输汇兑信息，效率高、保密性强，为银行拓展跨地区乃至跨境业务提供了技术基础。正是从19世纪40年代开始，西方国家的银行掀起跨境经营的潮流，国际业务的时空约束在电报时代逐步被削弱。1860年安东尼奥·穆齐发明了电话机，1876年亚历山大·格拉汉姆·贝尔注册了专利。电话的出现改进了信息传达的效率，为金融市场的国际化发展提供了基础条件。电报和电话在金融领域的应用，凸显了金融是信息敏感性行业的特征，对于解决信息传递效率问题起到了至关重要的作用，也为金融组织和金融市场的创新插上了翅膀。

金融信息触达的范围决定了金融市场的广度和深度，决定了金融机构的稳健性和盈利能力。金融本身也是计算型的行业，金融业的收益风险、价格与期限、跨期配置资源均需要深度有效的计算。计算效率取决于算力，计算机的发明正是人类算力进步的产物。人类的计算工具经历了由简单到复杂、从低级到高级的演化，表现为从“结绳记事”中的绳结到算筹、算盘、计算器、机械计算机、电子计算机等的发展。电子计算机俗称电脑，算力要比人脑强大。世界上第一台电子计算机于1946年2月14日在美国宾夕法尼亚大学诞生，重30余吨，占地约170平方米，装有18000只电子管。20世纪六七十年代，计算机在金融市场得到应用，为交易和衍生品定价提供了技术支持。这一时期，现代资本市场理论快速发展，资本资产定价模型、BS期权定价模型、二叉树定价模型等金融理论模型得以检验和印证。货币期货、抵押债券类期权等金融产品出现。在银行领域，1967年巴克莱银行安装了世界首台ATM；1966年万事达卡（MasterCard）组织成立，致力于为金融机构、政府、企业、商户和持卡人提供全球性的商务链接；1974年美洲银行信用卡公司与西方国家的一些商业银行合作成立了国际信用卡服务公司，并于1977年正式改为维萨（VISA）国际组织，于1976年开始发行VISA卡。ATM和支付卡组织的信用卡、借记卡、预付卡产品被视为早期代表性的金融科技产品。这些产品的出现，得益于计算机技术的发展和其在金融领域的应用。

计算机的广泛应用与技术本身升级换代的周期缩短导致了用户成本增加和信息交换问题，为解决这些问题，产生了算力共享的理念。计算机连接在一起成为互联网。早期阿帕网的出现是出于军事目的，理念是确保军事指挥系统不会因为一个节点被打击而瘫痪。进入20世纪80年代后，互联网开始逐步民用化，美国国家科学基金委员会的NSFNET逐步替代了阿帕网中的民用部分，20世纪90年代初成为T3主干网，加上万维网的出现，互联网商业应用的大门被开启。企业、机构、单位纷纷建设自己的门户网站。商业银行通过互联网实现账户网络化。1996年出现了纯互联网银行，但是纯互联网银行技术的成熟是在20年之后。证券市场也通过互联网进行开户、交易、理财管理等服务。在云计算技术成熟以后，基于互联网的金融服务日新月异，新型金融出现。2009年以后，区块链技术出现，数字加密货币得到发展。如今，5G通信、大数据、人工智能、物联网等技术推动金融不断创新，网络移动支付、互联网借贷与理财、众筹融资、程序化交易、智能投顾、智慧银行等服务蓬勃发展。新技术赋能金融发展，推动了金融创新。

三、保险科技的时代格局

（一）保险科技的监管创新

正如《新发展格局下的金融科技发展趋势展望》一文所言，2020年是金融科技（保险科技）强监管元年，并且目前还在延续强监管的态势，尤其是在风险防范和反垄断方面；同时，中国人民银行积极创新“监管沙箱”推进保险科技试点，为创新保留一定的弹性探索空间。此外，保险开放政策将稳步推进，进一步促进国内保险科技加速发展。

（1）监管的内涵。保险与科技的协同与制度化供给是紧密关联的，因此，保险科技监管体系的建设非常重要。国家创新驱动发展战略和科技计划分类改革为保险科技提供了难得的历史机遇和制度空间，应充分利用科技部门自身的资金和政策支持，最大限度地争取国家层面和相关部委的各类基金和财税倾斜，积极调动各种市场力量，以共享经济的理念精髓和互联网技术的特有优势，构造政府与市场、各种社会力量的协同共享平台。

基于不同保险的产品定价和风控机制，应有效协同科技财政、科技保险和科技投资的积极作用，形成政策性保险、商业性保险与相互制保险有机结合的资源一体化平台。建立并完善以保险公司、资管公司及保险中介机构为主导，以社会中介服务机构和各类保险科技企业为辅助的保险科技监管平台。应以政府资金示范引导、社会资本为主力，兼顾地方经济发展和市场选择规律，逐步构建来源广泛、进出及组合自由、充分体现市场意志的体系化资源聚合及分享平台。

（2）监管的方向。就保险科技而言，保险监管部门的制度性供给在目前阶段显得尤为重要，需要在适应包容和识别缓释潜在风险之间努力做好平衡。保险科技对保险体系的影响是全方位的，既改进了保险效率，也带来了潜在风险，为了趋利避害，需要将其纳入保险监管框架。

在准入条件上，一方面要防止市场主体的贸然进入所导致的过度风险，另一方面也要避免因过度的监管压力形成市场进入障碍。监管过度会造成大部分新设的保险科技企业疲于应付而难以为继，最后可能出现被少数几个机构垄断的市场格局。

在监管框架的设计上，监管当局应根据保险科技的行业特征进行适应性调整，而非简单地依靠施加限制来缓释风险。根据保险科技行业的发展演进、影响范围和风险变化进行持续的监测分析，不断调整优化不同阶段的监管策略。

在监管方式上，对影响范围和潜在风险均比较显著的保险科技业务或企业，需要转换为“牌照管理”，明确企业业务边界和责任要求。在这方面，很多先行国家和地区的“创新友好性”授权监管理念及“监管沙盒”模式均可以提供很多值得借鉴的经验。

（3）政策的重点。风险防范和反垄断已成为当前两大监管重点。首先，对保险科技的风险防范将进一步加强。我国监管部门表态“强调金融科技的金融属性，把所有的金融活动纳入统一的监管范围中”，“当前金融科技与金融创新快速发展，必须处理好金融发展、金融稳定和金融安全的关系”。未来“持牌经营”“对同类业务、同类主体一视同仁”的理念将成为我国监管层的普遍共识，保险科技将不再是保险监管的法外之地。其次，保险科技领域的反垄断将成为重点方向。过去五年，我国涌现出一批用户规模大、影响范围广的平台型公司，基于海量用户数据，产生了可观的收入和利润。而“强化反垄断和防止资本无序扩张”是我国官媒在2020年12月做出的重磅表态，这意味着未来对巨型平台公司的反垄断措施将持续开展，可能会通过数字税、加强对平台公司数据的管控、共享等方式，营造更加公平的市场发展环境。

（二）保险科技的产业发展

经过数年的发展，保险科技多元化参与主体的产业生态格局已形成，同时场景保险快速发展，带动了保险无感化服务落地。在国内保险科技的应用逐步形成规模之际，我国保险科技的国际化步伐也在加快推进。

（1）保险科技市场主体呈现多元化态势，持牌保险机构的牌照优势将更加凸显。目前，我国央行体系、大中型保险机构纷纷成立保险科技子公司。与此同时，随着监管层加强对保险领域的持牌要求，市场主体（比如网络互助）的“野蛮生长”接近尾声。因此，持牌机构或将迎来一段发展红利期。

（2）场景保险快速发展，其发展需与风险管控统筹兼顾。近年来在数字经济驱动下，场景保险已成为产业数字化时代的必然产物。早在数年前移动互联网快速发展时期，各类商家就已将保险服务嵌入消费场景中。当前，客户对于个性化、定制化的保险需求越来越迫切，而各种生产和消费场景的数字化发展，正是保险机构捕捉客户行为和了解客户痛点的一个很好的切入点，嵌入式的场景保险给保险机构带来了新的红利。同时，需要重点关注到，场景保险相对传统保险产品有一定的复杂度，并且还存在着诸多风险，近年来出现了诸如房产交易场景、汽车分期场景等保证保险爆雷的情况，凸显了场景保险风险控制的重要性。在保险科技加持下，未来保险机构也需要在场景保险的风险识别和管控方面加强技术投入，通过技术手段的赋能来穿透场景风险，助力场景风险管控。

（3）无感保险泛在化发展，客户体验将持续提升。在很多情况下，当客户身处某一保险需求场景之中时，一套完善、合理、定制化的保险服务方案便能够自动生成，客户只需进行简单的操作，就能轻松获得最佳的服务方案，真正实现“当你需要时，它就在那里”的无感体验。这种无感体验的背后是大数据分析、机器学习等技术的支撑，将其引入保险产品设计中，让保险产品的可获得性大大提升。以移动支付为例，随着生物识别、移动通信、加密技术、极速交易等技术渐趋成熟，无感支付已开始在交通出行、网络购物等场景中得到规模化应用，并且在这些场景中，无感化保险服务也开始嵌入，并成为这些场景的标配。

（三）保险科技的技术演进

保险和科技的深度融合，对技术演进的要求日益提高，未来在金融新基建、自主创新能力、技术标准制定上，均会进一步深化。在此基础上，前沿科技或将有利于保险业形成某些细分领域的颠覆式创新。

（1）金融新基建将成为夯实保险业竞争优势的重要底座。2020年3月，中国人民银行等六部门联合印发了《统筹监管金融基础设施工作方案》，提出金融基础设施是指为各类金融活动提供基础性公共服务的系统及制度安排，在金融市场运行中居于枢纽地位，是金融市场稳健高效运行的基础性保障，是实施宏观审慎管理和强化风险防控的重要抓手。纵览全球，伴随着数字经济的发展，当前已有不少国家或地区的政府和商业组织纷纷加入了金融新基建的角力，在金融资产登记托管系统、清算结算系统、交易设施、交易报告库、重要支付系统、基础征信系统等基础设施方面持续推动新技术的应用。金融业新型基础设施必将成为各国金融业竞争力提升的重要基础，从而成为全球竞争力战略高地，各国亟须通过各类科技手段提升系统能力，深入推进金融业基础设施数字化转型。

（2）提升自主创新能力，以形成核心科技的护城河，将成为保险机构的共识。目前，将强化科技能力提升到战略高度，以战略性的资源投入面对金融科技领域的竞争成为各大保险机构的共识。从发展趋势看，当前保险机构正处于科技战略走向落地实施的关键性起步阶段，未来5 ~ 10年的行业竞争将取决于近2～3年各机构的科技战略落实情况。在发展核心技术的同时，我们要清晰地意识到，保险业的安全是国家金融安全的核心之一，而在保险安全对保险科技领域提出的要求中，自主创新能力的重要性凸显，把核心技术掌握在自己手里，确保对于保险科技应用能力的自主把控，既是强化自身关键竞争能力的保证，也是应对市场和用户灵活需求的需要。

（3）技术标准不断完善，我国保险科技标准将呈现双循环发展格局。从国内来看，我国已形成《金融科技发展指标》的金融行业标准及系列测试规范，包括《金融科技创新应用测试规范》《金融科技创新安全通用规范》和《金融科技创新风险监控规范》等。预计最近几年，我国金融科技标准将在数据资源开放、资源产权、交易流通、跨境传输和安全保护、普惠金融、乡村振兴等方面不断完善。从国际来看，我国也会积极参与国际标准治理，通过增强先进适用国际标准的转化，探索双多边国际互认形式和境内外机构联合研究机制，提升我国标准的国际影响力。

（4）前沿科技取得突破，或将在保险业形成细分领域的颠覆式创新。保险业整体变革是在政治、经济、技术、社会等各种因素共同作用下形成的渐进式的过程，不过，一些前沿技术的突破会在小范围内形成颠覆创新，加速保险业螺旋式演进的过程。例如，保险业目前可以借助数字孪生建立起可视化的平台应用于多个场景，长期来看，借助数字孪生从数字化“仿真”向数字化“全真”升级的机遇，在智能风控、企业管理等方面能够实现革命性创新。量子科技未来在保险业的应用前景也非常广阔，随着大数据近年来呈现的爆炸式增长，经典计算的能力瓶颈会随着数据体量的急剧增长而暴露，未来将可能对保险科技发展产生阻碍，而量子计算具有远超经典计算资源的算力优势，例如量子计算机的搜索空间可能比当前计算机的搜索空间大数千倍，可以协助分析大量异构数据，进而进行保险预测。

（四）保险科技的社会赋能

保险科技将不仅仅是“保险业的科技”，而是会在整个社会经济发展中发挥越来越重要的作用。在保险产业数字化、保险服务实体经济和乡村振兴、绿色保险、可持续保险等方面，保险科技发挥的作用将可圈可点。

（1）保险科技将服务于我国产业数字化转型升级。保险业将探索最新技术，通过多种手段来提升保险业对各行业服务的能力。在产业数字化过程中，在保证各行业和企业生产经营安全基础上，数据为保险机构智能算法和风控模型形成了巨大价值，大大降低了保险机构和实体经济企业的信息不对称程度，为保险机构设计新的保险产品打下良好基础，促进保险业服务实体经济的创新。当前，很多保险机构借助各行业采用5G、物联网、工业互联网、区块链等手段，实现万物互联和各类财产线上可视化的契机，推出对应的保险产品，扩大了其业务范畴并开拓了新的收入空间。

（2）保险科技将持续助力保险服务实体经济。目前，在多项涉及保险业服务实体经济的政策文件中，多次出现要求“充分利用保险科技能力”的政策细则，因此未来保险科技的作用将进一步深化。一是借助保险科技建立信息交互平台，消除保险机构与实体经济的信息鸿沟；二是保险科技推动智能风控，降低中小企业经营风险；三是保险科技纳入产业链全要素，通过区块链加持供应链履约保证保险，为产业链的企业增信；四是在当前资本市场注册制转型的背景下，通过保险科技赋能多层次资本市场建设，例如利用人工智能系统识别、提取和分析海量保险信息，“加速”上市审核流程，甄别企业信息披露的真实性，从而更好地提升上市公司质量，助力我国资本市场健康发展。

（3）保险科技将为我国乡村振兴提供重要支撑。当前，我国已取得脱贫攻坚的全面胜利，2021年要全面推进乡村振兴，这也是“三农”工作重心的历史性转移。一方面，通过保险科技手段，构建起“三农”保险基础设施，鼓励保险机构建立专业的“三农”保险服务平台。另一方面，构建农村保险数据体系，为“三农”提供更精准的保险服务。同时，挖掘农林牧副渔等农村场景，构建连接上下游企业的公共服务平台，形成基于核心企业的农村供应链保险模式，助力农村新兴产业以及新兴经济业态的健康发展。

（4）保险科技将加速赋能绿色保险，助力实现碳达峰、碳中和的目标。根据中国人民银行2021年工作会议，其重点任务之一是落实碳达峰、碳中和工作。当前，我国绿色保险发展的痛点包括标准不统一、信息不对称、绿色识别成本高、监管成本高、绿色保险难以向小微企业和消费领域延伸等。而保险科技为解决上述问题提供了新的工具和手段。例如，一些机构利用卫星数据、机器学习绘制自然资源碳汇地图，基于地图数据形成绿色信用信息体系。又如，可利用保险科技建立绿色保险信息统计平台，打通环保部门和保险机构的信息沟通渠道，帮助保险监管部门提升监管效率。通过绿色保险业务信息的实时采集、统计分析和管理应用，为绿色保险支持政策和衍生交易等提供数据基础。还可利用保险科技提升碳足迹计量与核算水平，约束企业碳排放行为，建立“碳账户”，鼓励全民参与低碳生活。

第六章 保险科技的新发展格局

第一节　保险科技新发展格局的形成

一、新发展格局的时代背景

（一）社会在变迁

社会在变革，正在经历第四次工业革命。第一次工业革命始于1775年瓦特改造蒸汽机，第二次始于19世纪末的电气化革命，第三次始于20世纪50年代的计算机革命。而改变世界发展进程、助力全人类发展目标、席卷世界的第四次工业革命如海啸般席卷而来。

这一次工业革命不再局限于某一特定领域。无论是移动网络和传感器，还是纳米技术、大脑研究、3D打印技术、材料科学、计算机信息处理……甚至它们之间的相互作用和辅助效用均是此次工业革命涉足的领域，而这样的组合势必产生强大的联动力量。此外，此次工业革命不再是面向某一个产品或服务的革新，而是整个系统的创新。这场革命将对社会、经济、金融，包括个人带来巨大的影响。

第四次工业革命是否会改变世界经济格局？日新月异的新技术将以何种方式革新社会、经济、金融模式？社会在变革，经济在变迁，新社会和新经济正在向我们走来，我们需要思考，人类文明的发展与变迁的本质；

移动通信使“社交”不再简单；经济发展的脉络和决定性因素；未来已来，社会发展正在践行“乌托邦”式观念；新经济形态下，生产要素带动人的需求改变了；技术基础设施对经济发展的贡献和乔布斯的成功哲学；企业家思维折射出生产要素、生产方式发生了重大变化；保险将越来越具包容性，从“二八”走向“八二”；无现金社会正在成为趋势；信用体系成为新保险的重要支撑；人人可参与的保险成为可能；全球化的数字普惠保险进入发展快车道等。

（二）科技在突破

进入21世纪以来，新一轮科技革命正在孕育而生，世界科技发展呈现出新的大趋势，科技创新正加速推进，并深度融合、广泛渗透到人类社会的各个方面，成为重塑世界格局、创造人类未来的主导力量。科技一词听起来离我们普通人非常遥远，其实我们一直在享受着科技发展的成果，最直接的就是每天不离手的智能手机、跑步时戴在手腕上的智能手环等。科技的发展速度令人咋舌，不断突破瓶颈的科技创新让意想不到的新技术层出不穷。

科技发展的速度加快，能够让我们跟着科技化的时代体验着科技带给生活的惊喜，科技创新的不可预测性能够让人们对未来充满期待，这些奇妙的可能性勾勒着神秘未来的美好前景，现在对科技的畅想有可能会在未来变成现实，有想法才会去创新实现，正是思想的创新驱动着科技的进步。

同时，保险科技的发展将会有效降低信息连接、信息获取和信息计算的成本，提高客户服务和企业运营的效率，进而降低保险门槛，推动普惠保险的发展。正如诺贝尔经济学奖获得者罗伯特所言，“为什么要发展金融科技？将来的发展方向，可以帮助越来越宽广的社会阶层广泛地分配财富，金融创造的产品可以更加大众化，也可以更好地和社会经济融为一体”。同样，为什么要发展保险科技？我们需要思考，浮现中的未来星球（黑科技）；奇妙中的不确定性（引爆点）；思想中的未来旅程（大智慧）；

新技术改变了保险机构进行评价的准则；新技术更新了保险机构服务客户的模式；新科技赋能保险机构服务80%的长尾群体；保险科技的突破（路径创新）、重构（弯道超越）和核心价值链（孰近孰远）。

（三）保险在交替

传统保险主要与前三次工业革命相关联，并且随着工业革命的推进，保险介入的程度也在不断地加深。新保险既是第四次工业革命的产物，也是适应新的产业形式需要而产生的金融服务和中介方式。因此，对新保险的理解，必须放在工业4.0的这个大平台上，才有可能理解其产生的本质和应用范围，而不是简单地将其作为对传统保险的改造或技术上的革新。

移动互联网时代的结束让人们开始寻找新的破局点，互联网保险同样如此。在经历了移动互联网时代用户从线下迁移到线上带来的快速增长之后，整个行业陷入了新一轮的困境之中。网络互助的关停就是移动互联网时代互联网保险飞速发展之后遗留的问题。在互联网保险发展的新阶段，如何借助新的手段和思路破解当前行业面临的困境成为众多企业面临的主要问题。

在保险与人们的生活联系日益紧密的背景下，如何借助新的科技手段在这一市场中找到新的增长点，成为很多保险机构当下必须慎重考量的重要课题。从某种意义上来讲，以简单相加为主导的互联网保险正在被以深度改变为主导的保险科技所取代。

如果我们将互联网保险时代对于保险业的改造看作是一场表皮手术的话，那么保险科技时代对于保险业的改造更像是刮骨疗毒。不断有保险科技企业获得资本巨头的关注，不断有互联网巨头加入保险科技的洪流之中，这些都表明从互联网保险时代进入保险科技时代已经是大势所趋。保险科技时代的保险业将会发生哪些改变？我们将拭目以待，新保险依托工业4.0的时代背景而产生；新保险对应新的生产要素——信息数据资源；新保险具有普惠性质；新保险突破了时空界限；新保险的风险具有更强的扩散效应；互联网保险时代落幕，保险科技时代来临不可避免；互联网保险重生——保险科技时代的新保险。

二、新发展格局的形成

（一）保险科技的新阶段

科技的进步正在极大地重塑保险业，在展望保险业的未来时，我们可以适当地回顾过去，这可能会有所帮助。科技的创新是有条件的，从历史的轴线上回望保险科技的发展，更能让我们看清楚保险与科技联合发展的脉络。

自1946年通用电子计算机诞生以来，基于计算机、软件、通信、互联网、大数据、人工智能等技术的数字经济，经历了数字技术向社会经济领域渗透的数字化发展阶段。1998年，美国商业部发布《浮现中的数字经济》研究报告，在IT技术扩散和渗透的推动下，对从工业经济走向数字经济的发展趋势，做出了极富预见性的轮廓描述，可以将这个时期称为数字经济1.0时代。经过近20年的技术进步、应用渗透、商业创新和生态演化，数字经济的发展进一步升级，迈入了以互联网平台为载体、以数据为驱动的数字经济2.0时代，呈现出平台化、数据化、普惠化的发展特征。在可以预见的未来，线上线下逐步融合、智能化和智慧化将逐步成为数字经济的新特征，平台经济体会成为最重要的经济组织形式之一，进入数字经济3.0时代。

经济发展与保险创新紧密相连，而保险创新又与科技进步息息相关。以计算机和互联网技术为代表的信息革命，创造出了由科技驱动的保险创新——保险科技。伴随着数字经济的发展脉络，中国正在从依托互联网和移动互联网的保险科技1.0阶段快速迈入云计算、大数据、区块链和人工智能等技术驱动的保险科技2.0阶段。随着技术的发展、融合，全新的保险将逐步形成，即保险科技3.0阶段。

综上，科技和保险结合的历史道路可以划分为三个阶段：一是发展，技术逐渐成熟，落地应用大规模涌现；二是融合，技术走向融合，保险新物种大量出现；三是形成，全新保险基础设施形成，机器对人的替代开始萌芽。保险科技3.0阶段，将在优化整合的基础上进行持续创新，具体体现在如下三个方面：

第一，跨界合作日益加深。举例来说，传统保险一直有未能全方位覆盖客户的痛点，特别是“三农”客户。在保险科技的推动下，保险机构和“三农”服务平台的混合模式的合作，不仅可以通过保险进行风险管理，而且可以由“三农”服务平台带来新客户、维系老客户。从风险管理、精准营销的角度来看，这是一个三方共赢的局面。

第二，产品形态持续优化，技术和服务作为保险科技企业产品的核心价值，重要性不言而喻。随着市场的日益成熟，保险科技企业的市场扩张策略将从现有产品的市场渗透到全新产品的研究开发。另外，将产品线整合优化，利用更好更新的科技手段，实现产品服务之间的无缝对接，科技的核心作用将日益凸显。此外，保险和科技领域结合的产品迭代速度日渐加快，如何在拓展新市场的同时，提高客户的忠诚度，成为保险科技企业必修的课程。

第三，多层次智慧监管体系逐步构建，不再局限于监管机构多级管理的传统监管模式，而是尝试运用区块链等新兴技术对保险机构、科技企业的保险业务进行实时的、有效的、分中心化的公共管理。多层次智慧监管体系依赖于监管私有链的权限设置，对于不同的监管对象，设置相应的管理规则，加强了监管层、行业协会、保险科技企业的合作交流，推动保险科技在松弛有度的适宜环境中健康有序地发展。

如果说1.0阶段是信息技术对保险的改头换面和监管的助推，2.0阶段是大数据和云计算对于数据观的重塑和深化认识以及监管的调整和规范，那么3.0阶段将会是以人工智能为核心的、区块链技术为保障的全社会所有主体间保险资源和数据资源的流动、感知和解放。

（二）保险科技的新理念

随着移动互联、云计算、大数据等新一代信息技术不断取得突破，现代科技与旺盛的保险需求相结合，我国保险科技市场迸发出了巨大的创新动力。在这种背景下，“保险科技”的概念在我国迅速走红。然而，保险科技有时却给人一种雾里看花的感觉，虽然华丽却不甚了然，谁也不能道明保险科技究竟是什么。唐代禅宗大师青原惟信提出了参禅的三重境界：“老僧三十年前未参禅时，见山是山，见水是水。及至后来，亲见知识，有个入处。见山不是山，见水不是水。而今得个休歇处，依前见山只是山，见水只是水。”其实世间诸事，何曾不都是经历三重境界之后，方见大成？保险科技的概念，也一定是一条上下求索之路；而保险科技的演进，也必定是过一座山，进一重境的。

历史上每一次科学技术的变革，都会带来金融的变革。一旦与“钱”产生关系，人们都会变得很敏感，因此资金的运作需要一个专用的、保密的技术系统；资金的交易和投放需要一个规模较大、交易流程顺畅的技术系统。为了打破单个市场或者单个区域的限制，扩大资本流动的规模，实现资本全球化，信息技术的基础设施作用更不容忽视，科技与保险的结合也日益紧密。

保险科技的引入和发展并不代表保险在未来就会消亡，或者变成自保险，因为在信息世界中，尽管有一些技术可以实现系统信息的收集，但仅靠这种挖掘信息的方式是不够的，还有很多需要沟通和对话的工作无法以此实现。但是，随着保险科技浪潮的兴起，云计算、大数据、人工智能等新技术正越来越深入地应用到保险信息服务中，在一定程度上引导着保险的未来走向。我们需要对此做出判断：保险科技的核心是保险；保险科技不是互联网保险的简单升级版，也不是“马甲”版，而是一种比互联网保险更加广泛、更加能够准确体现行业发展现状的概念；保险科技时代需要改变，呼唤改变。只有真正改变才能发现互联网保险未来的发展方向，解决当下互联网保险面临的问题；借助人工智能、大数据、新技术等先进的手段，不断找到它们与保险之间的结合点，再将这些结合点无限放大，或将是未来保险科技发展的正道。

（三）保险科技的新格局

人们在实际生活中，会观察到无数的事实。比如，有雨天也有晴天，有月食也有日食，候鸟春北往秋南归，瀑布溅白雾映彩虹等，人们认识周围的事实，不只是描述它们，还要理解它们，即用科学理论来解释事实。但是人们对于同样的事实可以提出不同的理论观点，而谁是谁非一时还难以判明。因此，任何新理论的提出都具有假定性，而其真理性还有待于进一步检验。关于保险科技，不同的人也给出了不同的解释，我们把它归总为三大假说：工具说（载体、工具、通道）、技术说（技术、数据、形式）、连接说（供给、需求、连接器）。

保险的落脚点是在科技，以科技作为驱动力推进行业发展，逐步渗透到保险各个领域。保险也从底层的技术驱动发展到中间的场景落地应用，最终形成顶端的保险科技生态圈，由内及外，开放融合。传统保险生态主体主要包括保险监管机构、保险公司、保险中介和消费者。保险科技下保险生态圈主要包括传统保险公司、保险中介机构、保险消费者、保险科技企业、其他行业巨头、金融投资机构和保险监管机构等主体。不同的主体既有其主攻领域，也互有交叉和涉猎。

传统保险生态可以简单地理解为由保险公司、保险中介、监管机构以及消费者四者组成。保险公司提供保险产品及服务，以自营方式或通过其他代理出售给消费者。监管机构则全程对保险业的各个环节进行监管，保障保险业持续健康发展。保险科技赋能下的保险业生态变得更为复杂，更多主体参与到了保险业的生态里，并在其中起到不同的作用。

无论是传统保险生态，还是新兴保险生态，保险科技其实只需做好两件事，即赋能和连接。赋能，可通过技术、产品、风控、大数据、平台、运营等支持实现，提高效能效率，防范风险；连接，则是将保险和技术有机地结合起来，从商业模式、产品架构到实施运营等方面，从前到后实现两者连接，实现有效运转。

第二节　保险科技新发展格局的特征

一、变化成为新发展格局的主旋律

你真的了解时代的更迭意味着什么吗？在我们读书的年代里，时代的更迭意味着学术理论的更新速度明显加快、学术理论的边界在扩大、思想在自由化，职业选择的范围在蔓延；在我们工作的这么多年里，我们明显感觉到时代的更迭带来的是产业的革新和升级，是新兴业态的“空降”和消亡，是生活方式的多样化和思维方式的前进，是经济形态上的巨大变迁。

笼统地讲，我们现在所处的新经济时代生产方式的特征就是：以信息技术为基础，以知识要素为驱动力，以网络为基本生产工具。我们可以把新经济界定为信息技术、互联网与知识创新的集合。在新经济时代的今天，判断一家企业是否有竞争力，是否有价值，主要不是看它拥有多少机器设备与现金流量，而是要看它拥有多少技术和信息流量，特别是拥有多少掌握了这些知识的人才。

新经济条件下，传统经济下的物质产品慢慢走出主流的行列，独立产权的知识产品——纯粹的信息或知识（比如麦肯锡、埃森哲等管理咨询公司的行业研究报告）成了行业发展的“红宝书”；新经济条件下，取之不尽的知识要素可以部分取代如土地、劳动、原料和资本等不可再生要素的应用，并且通过不断运用知识要素，使得创造的价值不断增加；新经济下，掀起狂风巨浪的最大“功臣”就是新的投资模式：投资对象不是有形资产，而是各种各样的点子和创意。当一个好的点子或创意能够变成知识产品时，其价值是无限的，因而对其投资可以获得丰厚的回报，反之则有可能血本无归。为此，就必须有风险投资。喜欢冒险的投资者如同当年为比尔·盖茨创建微软提供资金那样投资。结果是：在当今世界，有好创意的人就能找到股东，在股票市场上，那些以创造和生产知识产品为主的、具有潜力的新公司比那些传统型老企业巨头更有价值，直到它们被拥有更新点子和创意的公司所取代。

虽然现在市场上参与竞争的主体非常多，但新经济却是一种追求市场垄断的经济，因为它的特点是较高的固定成本和较低的边际成本，这一特性决定了知识产品的生产只有通过获取市场的垄断力量才能盈利，如果缺乏市场的垄断力量，产品的价格就会压低至企业的边际成本而无法弥补高昂的固定成本。结果便有了保罗·克鲁格曼（Paul R. Krugman）所说的“赢家通吃”定理，要想打破已经形成的垄断，就必须进行新的创新，也就是“创造性毁灭”。

二、科技成为新发展格局的引爆点

近年来，以大数据、云计算、电子商务、移动互联等为代表的新一轮信息技术创新浪潮快速推动着保险科技“新势力”的兴起，成为科技改变保险、保险改变生活的又一证明。随着保险业的不断创新、用户生活方式的逐步改变、科技发展的日益深入，保险科技时代的人们将会获得与互联网保险时代完全不同的保险体验。一个全新的时代正在走来，它带着新的标志，充满着新的希望。保险科技的发展将会有效降低信息连接、信息获取和信息计算的成本，提高客户服务和企业运营的效率，进而降低保险门槛，推动普惠保险的发展。

当前涵盖电子信息制造业与软件及信息服务业两个子产业的新一代信息技术产业，由大数据、移动互联网、云计算、物联网、人工智能等新技术引领，正在强劲崛起。目前，中国无论是智能手机用户数量，还是以阿里系和腾讯系为代表的互联网公司实力，都已名列世界前茅，似乎大有已实现“弯道超越”的意思，然而我们认为，当前阶段，还需要重新审视“弯道超越”的实质，不能仅从规模增长或是巨头公司成长出发。

以往的保险竞争主要是在拼资源、拼场景、拼规模，谁资源多、场景足、规模大，谁就更具优势，然而现在看来，这种增长模式越来越难以为继。在“风险防范和反垄断”的背景下，可开发的保险场景也越来越少，这些现状使得保险机构继续做大规模越来越难。通过技术实现更精准的获客、更高效的风控、更个性化的服务匹配、更低的运营成本，是保险机构必须面对的转型。现在的保险业，核心竞争力越来越偏向保险科技。

因此，保险机构在新一代信息技术产业下的“弯道超越”，是通过抓住一些重要的技术变革和产业发展机遇，借助更加敏锐的市场洞察力抓住长尾群体（包括消费者和创业者）的需求，面向长尾群体输出最人性化、标准化、个性化的服务，以技术创新带动优质服务，以优质服务带动规模增长，最终实现对其他保险机构的超越。

当然，“弯道超越”的内涵随着时代的发展和新技术的衍生而不断变化。为了动态地实现“弯道超越”，我们要认识“互联网+”时代所有行业的底层，包括渠道、数据和技术。渠道带来用户，数据收集分析能力反过来推动业务，云计算、人工智能等技术保障业务开展，只有充分实现三者的融合，才能找到创新的空间。因此，无论是巨头保险机构、巨头互联网公司，还是中小微企业、大众消费者、农村居民，他们的需求都要依赖这种“超越”来实现，而这种“超越”会引领保险业与其他行业相融合，比如保险业和医疗行业或健康产业相融合，以人工智能技术为桥梁，实现对“脑机接口”的共同研究和应用，一方面有希望攻克医学难题，另一方面有机会与VR技术对接，扩大保险服务的外延。

科技与保险将融合产生一个“新保险”的时代，保险业的价值链条和思维模式将会得到重建，从风险管控、承保理赔、客户服务到投资决策、交易策略、交易执行、信息共享，新技术都大幅提高了市场的运行效率。在新保险上，互联网再一次清晰地展示了它的特性：“比传统市场大数百倍”“长尾”“去中心化”“一切以纳秒计算”“量变带来质变”“以人性的深刻洞察为依托”。

保险科技强调以科技手段对保险服务进行改造和颠覆，而不是互联网化。非但旧有的以人为媒介的规章和流程控制可以由技术全面取代，甚至风险、回报、流动性和产品设计这些保险业的核心问题都能够以数据加技术的方式解决，从而最大限度释放社会资源，完成投融资的匹配。如果说互联网是使得原有的信息流转渠道更加多元化，则保险科技将可能打破原来以人际关系维系的渠道和商业模式，重新进行产品的设计和服务流程的架构，省略传统模式中不必要的中间环节，提升保险整体服务效率，降低成本。以科技本身的发展来提升保险业服务效率甚至创造出新的模式理所当然地成了下个阶段的高增长焦点。

三、保险科技的知识图谱已经形成

几十万年前，人类学会击石取火；一万年前，人类开始种植、畜牧；两百年前，人类用机器大规模替代人力；半个世纪前，电子计算机的问世让这个世界变得智能化。未来的人类会是什么状态？科技也许正在将未来变成现实。

近年来，由于非结构化数据的急剧增长，对数据的分析与理解的要求已经远远超过人类的生理极限，这对我们的分析手段提出了新的要求与挑战。传统的数据储存方式将数据分门别类地存放，已经很难适应现实瞬息万变的市场行情，无法满足金融分析的实时性和全局性的要求。因此，基于大数据和人工智能技术的“知识图谱”对数据进行了重新分类，使衡量目标对象的维度更加丰富。

知识图谱本质上是一种语义网络，是由“实体”和“关系”组成的网络系统，它可以最有效、最直观地从“关系”的角度分析问题。保险知识图谱可以为舆情监控、知识发现和推理决策等提供技术支撑，保险业建立知识图谱通常要经历三个主要步骤：从海量的结构化、非结构化数据中识别保险实体；根据业务需要，定义并识别保险实体间的各种关系，进而生成知识图谱；定义并表达业务逻辑，通过在知识图谱上实现各种具体任务来体现数据价值，如推理等，实现数据智能化的升华。

保险科技涉及各行各业，包含了经济、产业、公司等众多方面，所以保险科技知识图谱常见的实体包括保险公司、保险产品、保险科技企业和保险从业人员等。实体间的关系包括股权关系、任职关系、担保关系、供应商关系、竞争对手关系、生产关系、采购关系和上下游关系等。相对于传统的描述方式，保险科技知识图谱具有一些自身的特点：①多维度。需要从大量的信息源中抽取多维度的特征信息，为后续算法拓展深度关联关系提供必要的素材。②深加工。在信息素材的基础上，通过智能推理实现数据智能化的深加工。③可视化。将深加工的结果以可视化的方式展现给用户，并与用户交互，直观易懂。在金融行业中，知识图谱可以大幅提高关联查询的效率，改变知识存储的模式，并且新的数据源只需在已有的图谱上进行插入，大大简化了数据处理的思维。

知识图谱变革了保险业的反欺诈手段。例如，基于大数据的分析把不同来源的各类数据整合在一起，其中，不仅可以记录和处理投保人的基本信息，还可以把投保人日常生活中的消费记录、行为记录、关系信息、网上浏览记录等整合到知识图谱中。在此基础上，保险机构对该投保人的风险进行分析和评估，从而能够有效地识别出团体欺诈、身份造假、代办包装等欺诈行为。除了数据的极大丰富，区块链技术的融入使得知识图谱不再仅是“指导性”的关系网，还可以通过分布式账本的方式确保数字资产的安全性。

此外，知识图谱还可应用于行业风险预测、对客户的精准营销以及可视化展示等一些典型的领域。以风险预测为例，基于多维度的数据建立起客户、企业和行业间的知识图谱，比如通过对行业信息建立行业间的关系模型，通过机器学习发现各个行业间的关联度，从而帮助保险机构做出预判，尽早地规避风险。相信随着研究的深入，还会有越来越多的应用场景被发掘出来。

四、保险科技的商业应用正在普及

保险科技时代已经来临，势不可当。传统的保险产品研发、定价、销售、定损、理赔、客服等服务，已无法满足新时代消费者的多样化保险需求，他们更倾向于享受新科学技术手段带来的智能化、定制化、高效化的消费体验，更多元、更高效简单的需求也为科学技术在保险业的应用提供了强大动力。

这一系列新科技共同构成了赋能保险业的重要底层基础，它们相互融合渗透，具象化为生命车载资讯系统、可穿戴设备、智能家居、无人驾驶汽车、无人机等一系列IT赋能产品，也为保险注入新的活力，支撑并促进着保险业的升级与重构，带动保险业迈向未来（见图6-1）。

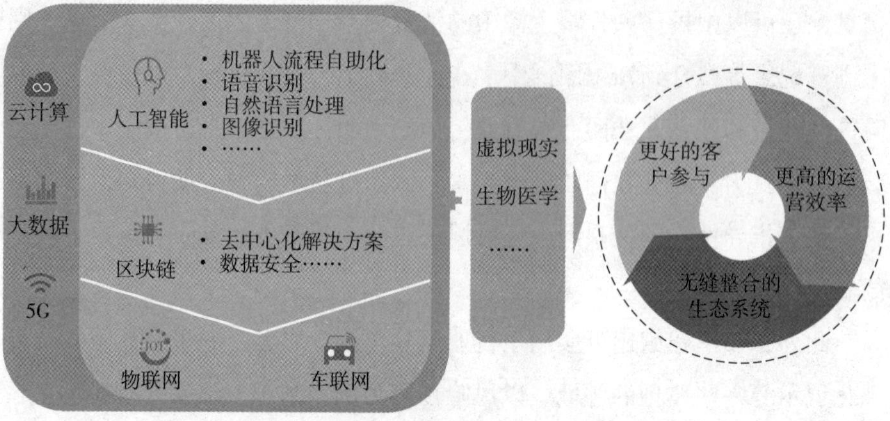

图 6-1 保险科技赋能保险业的升级与重构

（一）保险科技的应用（产险业）

大数据、云计算、人工智能、区块链……这些前沿信息技术正逐渐深入到人类社会的各个场景。在科技改变一切的大浪潮下，保险科技赋能下的产险业势必也将受到影响与冲击。产险业必须对未来的发展做出选择，是选择停滞不前，等待被新技术掀起的巨变彻底将其从市场上抹除，还是选择拥抱变革，借助新技术华丽地完成行业转型（见图6-2）。

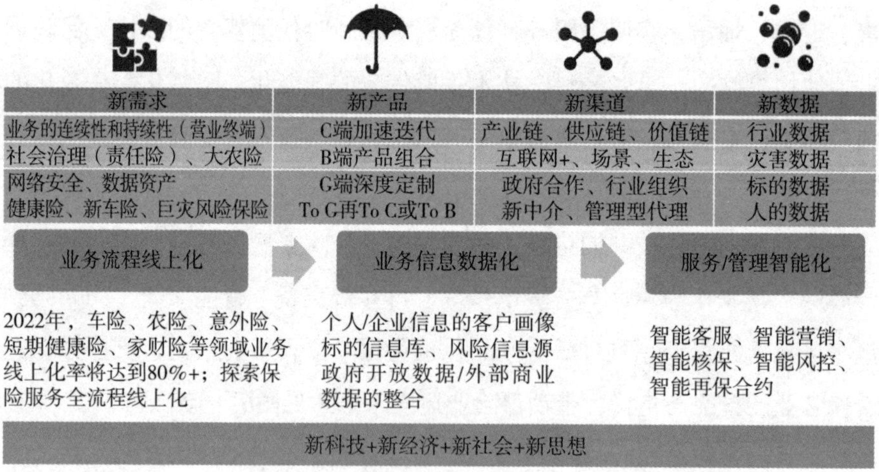

图 6-2 重新认识新科技下的新保险（以产险为例）

目前，产险业正在以积极的姿态迎接保险科技的赋能，直面行业的发展困境，不停地试错行业转型方向。以车险为例，建立车险智能风控模型，建立全方位的风险控制体系，可以为快速拓展客户奠定基础（见图6–3）。

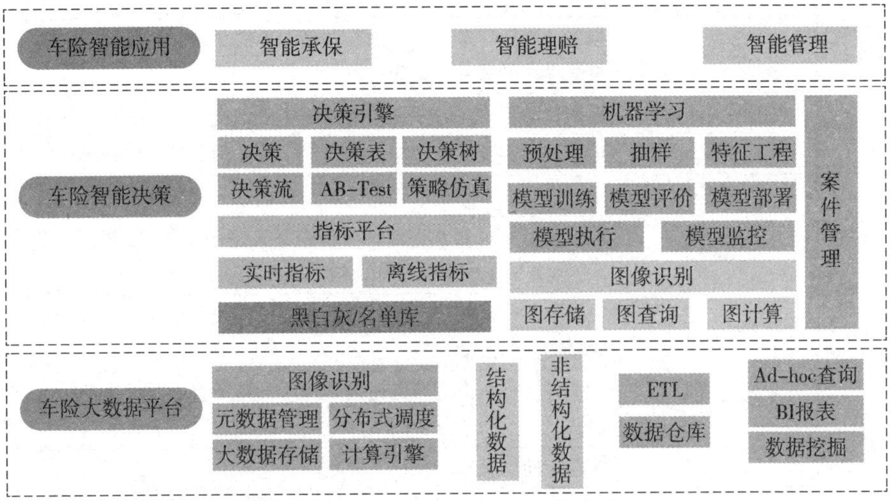

图 6–3 基于保险科技的车险技术模型

人工智能和机器学习技术可以应用于保险业务承保理赔的所有环节，实现车险业务全流程的智能化。下面以车险为例说明大数据、模式识别、机器学习和统计建模等技术可以应用的场景（见表6–1）。

表 6–1 人工智能技术在车险中的应用

类别	环节	应用场景
承保	客户信息录入	自动识别身份证、驾驶证、名片、工牌等，收集核保所需要的“从人”特征
	车辆信息录入	自动识别行驶证、登记证书、购车发票等，收集核保所需要的“从车”特征
	险种推荐	关联算法，根据“人”“车”信息向客户推荐产品组合或非车产品
	客户风险等级划分	根据“人”“车”信息，预测索赔可能性及可能的损失金额，划分客户等级

续表

类别	环节	应用场景
承保	自动定价（含费用）	根据“人”“车”“产品”自动进行风险匹配和自动定价（含费用）
	验车	根据验车照片读取车牌号和VIN码，判断标的是否相符，判断照片是否伪造或车身是否有伤
	风险提示	根据“人”“车”“产品”判断保单属于常见还是稀有，提示可能存在的风险并预警
	生成销售指引	根据自动定价（含费用）的模型生成销售指引，指导销售展业
	生成核保政策	根据自动定价（含费用）的模型生成核保政策，指导销售展业
理赔	调度	根据出险地点分布合理调配理赔现场服务资源（人/车/公估）
	电话报案	根据语音分析客户情绪，分析报案人身份（客户/司机/修理厂/业务员），识别欺诈风险
	报案登记信息	根据报案登记的信息（时间、地点、位置、过程等）识别欺诈风险类型，预估损失
	查勘	识别查勘是在出险地点还是修理厂，判断查勘照片是否伪造，根据照片判断事故责任
	立案	根据查勘信息自动预估损失金额并立案
	定损	判断照片与以往照片的相似度，是否伪造，根据撞击点和力度，预测损失部件，预测损失金额
	自动核价	对承保数量最多的前N个车型配件价格标准化，实现特定车型特定配件自动核价
	自动核损	区域工时标准化，实现自动核损
	修换标准	根据定损照片判断修换标准的合理性
	人伤评残预测	根据医疗情况判断是否会出现评残并预测残疾等级
	人伤自动定损	维护各地交通事故赔偿标准，实现自动定损
	人伤治疗费预测	根据诊断情况预测治疗费用，分析用药及治疗方案合理性
	自动核赔	从事故真实性、损失预测情况评估本次索赔案件的真实性、价格合理性，自动核赔

（二）保险科技的应用（寿险业）

后疫情时代，是超级不确定性时代，是知识经济智能进化时代。保险能做什么？当未来被迷雾笼罩时，前方既有风险也有机遇，我们不能坐等迷雾散去，而是要为了梦想中的未来前进。面向未来，面对自我进化的不确定性，我们关于寿险的知识体系也需要智能进化（见图6–4）。

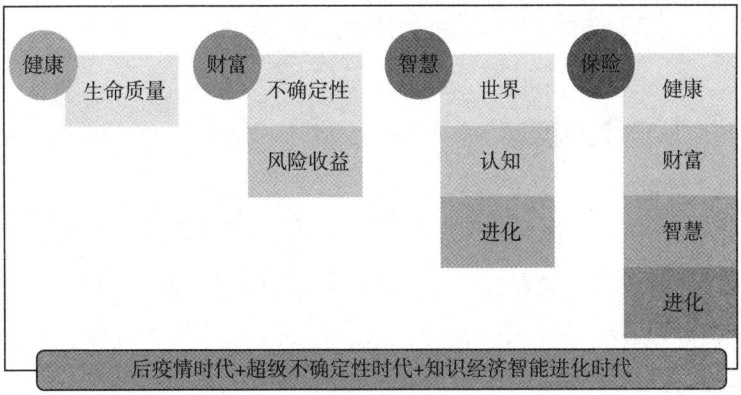

图 6-4　重新认识新科技下的新保险（以寿险为例）

目前，寿险业正在以积极的姿态迎接保险科技的赋能，以健康险为例，精准的风险控制是确保个人产品盈利的关键，保险公司可整合健康相关数据源，建立个人健康风险评估模型，将评估结果广泛地应用于核保、定价、健康管理等重要环节（见图6-5）。

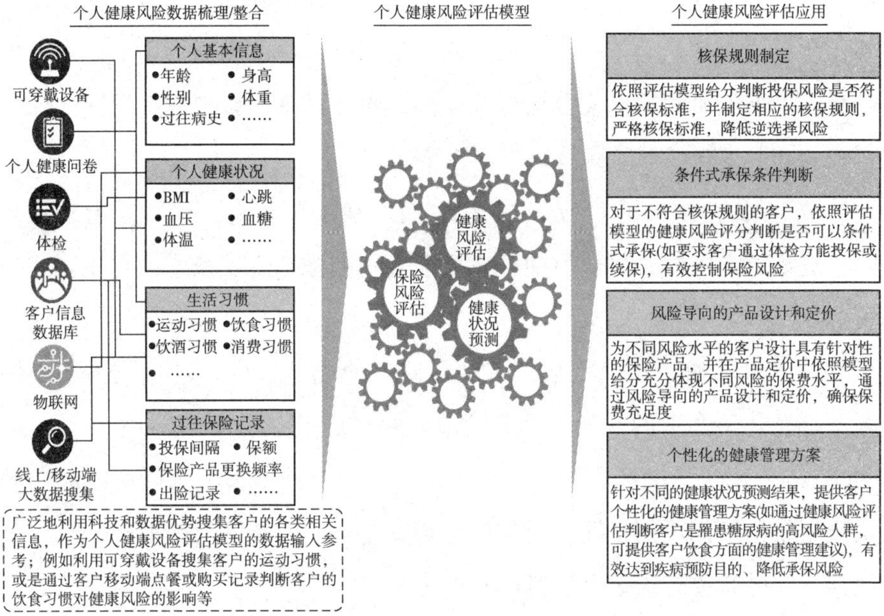

图 6-5　基于保险科技的健康险技术模型

第三节　保险科技新发展格局的实践

一、从现实发展看

保险科技在潜移默化的发展中，给保险业带来了巨大的进步，也对我们从事保险的思维、逻辑等带来了新的冲击与活力。保险科技改变保险的同时，保险也在改变着保险科技，二者相辅相成、相互促进、共同发展。当前保险科技已经渗透到保险的各个领域，极大地提升了保险服务社会的能力。

保险科技下的新保险是我们对保险科技自身及其与保险领域各方面相互关系的理性思考和规律认识，大致可分为三个层面：①工具层面立足保险科技的功能，主要是探讨如何运用、管理、发展保险科技，通过保险科技获得更多经济和社会效益等；②结构层面立足保险科技的影响，主要是探讨如何推动保险科技与保险领域各方面的关联、互动、融合，从而调整和优化保险服务能力等；③价值层面立足保险科技的本质，主要是考察保险科技发展的价值取向及其对保险业的影响等。基于以上三个层面，保险科技的商业逻辑或保险科技思维也逐步形成，包括：

（1）可视化。让消费从“在线”向“在场”转变，这将成为未来保险“场景革命”的开始。目前正在飞速发展的虚拟现实技术使可视化成为可能。

（2）可追溯。让消费从“末端”向“前端”转变，这将成为未来保险“链条化革命”的开始。可追溯包括两个途径：跟踪（Tracking）和追溯（Tracing）。借助区块链，可以轻松解决追溯问题，因为区块链通过区块数据结构存储了创世区块后的所有历史数据，对于区块链上的任意一条数据，皆可通过链式结构追溯其本源。

（3）可计算。让消费从“保险消费者”向“数据主体”转变，这将成为未来保险“数据隐私革命”的开始。2018年5月正式生效的欧盟《一般数据保护条例》(GDPR),不仅要求保护个人隐私和数据,还要求所有自动化算法具有透明性、可解释性。

(4)可连接。让保险业从“以产品为中心、以客户为中心”向“以用户为中心、以科技为驱动”转变,这将成为未来保险“平台化革命”的开始。基于互联网思维,整合云计算、物联网、移动通信技术、传感技术、软件技术等构架,搭建适用于保险业的应用服务平台,为客户提供一站式服务。

(5)可识别。让消费从“文本”向“生动”转变,这将成为未来保险“体验革命”的开始。图像、语音、文本、情绪以及生物识别技术的发展,让金融也具有了可识别性,所有的保险要素以及金融文本,已经具备了可识别的能力,未来的保险一定是可识别的保险。

(6)可学习。让消费从“自主选择”向“智能匹配”转变,这将成为未来保险“智能革命”的开始。智能保顾等本质上就是一种可学习的保险,其将打破传统保险市场信息不对称的桎梏,为消费者提供更加丰富、平等、个性、透明的服务。

(7)可虚拟。让消费从“实体”向“虚拟”转变,这将成为未来保险“虚拟革命”的开始。数字时代,虚拟保险将逐步壮大,并将在未来成为主流,以信用、制度为运作基础的传统保险将逐步向以技术、结构、权利为运作基础的虚拟保险转变。

(8)可交易。让消费从“不可交易性”向“交易性”转变,这将成为未来保险“定价革命”的开始。保险正在从不可交易保险向可交易保险转变。例如,2015年11月成立的上海保险交易所,就承担了保险交易的职能。

(9)可自我。让消费从“中介”向“脱媒”转变,这将成为未来保险“自保险革命”的开始。随着大数据、区块链等技术的发展,信息不对称面临着挑战,保险“脱媒”拉开新时代序幕的一角,自保险开始登上未来的舞台。

（10）可技术。让保险从“制度”向“技术”转变，这将成为未来保险“演变革命”的开始。保险是现代社会的制度安排，“制度”是保险的当然属性。但随着社会的发展，科技的进步将赋予保险越来越多的科技内涵，并改变保险的属性。

保险科技思维与传统保险业的结合，将助力保险业的转型升级，也将助力保险科技的进阶，并会产生一些保险新物种，这些新物种携技术与理念的双重优势，将持续侵蚀乃至颠覆传统保险业，并将在很大程度上改变全球保险业的态势。

二、从历史比较看

金融（保险）活动的演变呈现出明显的信息认知及应用推进型特征，信息从数据资产到高价值资源的逐步演进，将最终推动智慧金融形态的来临。这与人类社会的发展历程不谋而合，对各种信息进行吸收和学习然后转化为知识流传给下一代，并以这样的方式变革着人们的生活方式、认知领域、行为特征和社会进程。

以货币的演化和应用为例，最早使用的纸币——交子，其形成和发行即呈现出一个完整的信息标准化应用过程。北宋初期使用铜钱、铁钱，随着商品经济的繁荣和各地区联系的加强，交易额越来越大，越来越需要更为轻便的货币作为支付和流通的手段。于是开始出现由私商零散发行的形制不一的纸质交子，后由益州富商联合发行，形成一定区域的行业规范，实现了交子的形制统一。北宋天圣元年（1023年），政府禁止私人发行交子，改为官办，用钢版印刷，三色套印，上有密码、图案、图章等印记做防伪之用，面额则按领用人所交现款临时填写，不限多少，兑现时还会收取一定的手续费。正是对信息标准化和多重加密等的应用，使交子初具了纸币的完整形态，为纸币的不断演进奠定了基础。

如果将人类经济发展的历程分为三个阶段，第一阶段是18世纪以前，被称为农业时代。那时农业经济的生产以家庭、农庄这样相对独立的主体为主，基本都是覆盖生产活动的全流程的，金融也仅仅发挥货币的功能。

到了近代工业文明时期，也就是第二阶段，出现了以蒸汽机、电气化、微电子技术为代表的三次技术革命。工业化要求大规模协同、标准化作业、精准复杂运算，对信息的交互、处理、传输、存储等提出了新的要求，信息技术不断出现革命性成就。这时金融不再仅具备简单的支付结算功能了，实现资源配置的能力慢慢展现出来。

在信息技术这一强大生产力的推动下，金融活动的范围、效率等较农耕社会时期有了极大的提高，先后经历了手工及专业金融机具应用阶段、网点单计算机运行及小范围局域网互联阶段，以及大型计算机应用、广域互联及数据大集中阶段。

信息化的飞跃带来金融服务的革命性变化，电子货币、电子交易、大规模数据处理、远程实时数据交换、自助设备等纷纷走向前台，金融的核算体系、清算体系、信用和风控体系全面实现了数字化管理，依托信息应用的金融创新不断产生，出现了纸币与信用卡、电子钱包等各信息形态货币并行使用的现象，在一些特定的情景下，电子货币甚至呈现出取代纸币的趋势。人们的金融活动也越来越多地脱离开实体网点，转而采用电子支付、数字签名等方式实现。这些创新型应用推动着传统金融向现代金融快速转变，形成了全新的金融信息化体系。这也就是我们所处的第三阶段，信息壁垒被进一步打破，信息的流动在数量、颗粒度和速度等各个环节实现了前所未有的爆发，甚至出现了跨时空、跨虚实的交互。人们在基础需求得到满足后，对情感和娱乐的需求进一步上升。以服务生产为主的金融开始向以服务消费为主的金融转型，金融呈现出了空前的活力。

金融信息化带来业务形态的改变，金融活动也被以数字的形式全流程地记录和存储下来，这些数据完整地反映了金融业务的全生命周期。至此，信息及其应用已不仅仅是一种生产力，更是一种关系金融业发展的“数据资产”。

三、从道路选择看

面对国家经济社会发展的新要求，保险业要审时度势，重新思考保险的内涵和外延，思考保险的功能和定位，特别是要立足于“科技+服务+连接”模式下的“新保险”。新保险，是指保险科技下高质量发展的保险，它不是简单模块的叠加，而是再造质变。因此，可供保险业选择的道路主要有以下三条路径。

路径一：改造形态（产品与技术）。实现保险产品的制度化、技术化、数据化，实现运营的互联网化、数据化、智能化，将保险改造成金融工具、载体。

路径二：改造模式（账户与服务）。调整保险经营模式，利用互联网理念（如以客户为中心）改造自身体制来适应保险未来账户化、服务化经营的需要。

路径三：改造价值（配置与连接）。保险成为整个万物互联世界的一部分，在这个链条里进行资源的配置，逐步实现保险产业链协同。在这个阶段，保险机构可以围绕保险的配置和连接功能构建自己的生态，或者加入别的生态。

（一）“科技+”下的新保险

保险科技推动了行业的发展，但同时也可能会在一定程度上让你的可保风险相应地减少。这是什么概念？可保风险减少之后，带来的可能是保费规模的减少，例如UBI车险、自动驾驶后的车险等。所以，技术进步会带来行业的发展，但同时也会带来其他的不确定性。

最近几年，中国保险科技发展突飞猛进，大数据、人工智能、区块链、云计算、物联网、互联网与移动技术、虚拟现实（VR）以及基因诊疗等核心技术，已经开始进入保险行业，其中一些已经开始走向成熟，正在改变着保险业。

（1）大数据能够帮助保险公司从大量的用户数据中挖掘用户洞见，大幅提升对客户需求及风险的把控能力，推进产品开发、营销、核保、理赔等各环节流程优化。

（2）人工智能是指计算系统通过对人类的意识、思维过程和行为的模拟，能够执行视觉感知、语音识别等任务。

（3）区块链是能够实现点对点数据交互的数据管理基础架构，其应用具有去中心化、不可篡改、可编程控制等特点，能够有效提高金融交易的效率、便捷性以及安全性。

（4）云计算平台的使用提升了保险业务支持系统的可延展性及优化升级能力，能够以较低成本承载大量的产品及用户数据，并在此基础上提供相关的分析服务，实施有效的营销策略和用户管理。

（5）物联网的应用有助于增加用户互动途径，获取更多用户信息，推进新保险产品设计，同时有利于持续追踪监测用户及财产状态，将保险业务范围从承保延伸到增值服务。

（6）移动技术能提高保险产品和服务的可得性及便捷性，打破时空限制，实现远程或24小时客户服务，同时能够增加用户触点，获取更多信息，结合大数据推进产品开发与营销。

（7）虚拟现实近年来也被应用到保险领域中，成为开展用户安全教育、激励安全规范行为的创新手段，加深客户在虚拟环境中对风险的认知。

（8）基因诊疗技术在保险领域的应用有助于辨别用户的发病风险，推进更加精准高效的产品定价和核保。

随着科技的发展，保险的承保、理赔、精算技术都会改变，帮助客户实现总投入与总支出的平衡，且在保险科技的支持下，保险关于客户管理的技术也将革新，实现客户间的权益均衡。

（二）“服务+”下的新保险

保险服务是指保险公司为社会公众提供的一切有价值的活动。这是一种现代化服务观念，它与传统性服务观念的最大区别在于它呈现出明显的外延扩张。传统观念认为，保险公司的服务集中体现为经济赔偿与给付，只要对客户履行了赔付的保险责任，也就意味着为其提供了良好的服务。而现代化服务观念则认为，保险服务远非局限于此，围绕经济赔偿与给付这一核心所进行的各种扩散性服务，均在保险公司的服务范畴之内。

保险服务的内容包括提供保险保障、咨询与申诉、防灾防损、契约保全、附加价值服务等，其中的第一项可称为核心性服务，其他各项可称为扩散性服务。核心性服务与扩散性服务的关系是：核心性服务是根本，扩散性服务围绕核心性服务展开。

保险机构既要在服务上体现出保险服务客户的特性，又要避免出现扩散性服务超过核心性服务的尴尬局面，因此保险机构要努力构建五大服务体系，在合理服务范围内，为客户提供强有力的风险管理保障：一是构建有利于客户的保险服务体系；二是构建帮助客户了解自身风险的咨询服务体系；三是构建适用于客户全生命周期的保险保障体系；四是构建专用于客户资产配置的服务体系；五是构建区别于非保险机构的风险管理体系。

（三）“连接+”下的新保险

保险是一个入口，可以起到连接的作用，连接供给和需求。例如，支付宝连接人和支付，微信连接人和社交。保险的很多场景，其实连接的就是人和风险。而连接人和风险的时候，如何找到细分场景，打造自己垂直领域小的生态？这是未来保险必须思考的一个持续性主题。对于保险而言，其主要的连接价值如下：

（1）连接客户。连接的是客户的需求和保险机构的供给。首先通过保险的产品定制，去匹配客户多元化需求；其次结合不同客户的风险和需求，基于保险定制一套综合的增值服务，增加客户黏性和忠诚度。

（2）连接第三方。连接的是保险机构的供给能力和承保能力，以更好地匹配客户的需求，连接价值主要体现在以下三个方面：一是产品研发，包括产品的灵活设计、快速迭代，以及对风险的把控，核心在于快速对市场和用户需求做出反应；二是运营，通过连接第三方，帮助保险机构进行活动创意的提出、策划和执行，帮助提高保险机构客户的活跃度和转化率，提升客户体验；三是技术能力，决定了产品迭代效率和整体业务运营的能力。

（3）连接账户。保险作为一个支付方可以实现与其他行业账户的打通，是第三个维度的连接。连接将是保险永恒的主题，通过连接，实现跨界，跨界也将是未来保险发展的趋势所在。

正如宋代禅宗修行的三个境界那样，保险高质量发展的三个阶段也将是一个逐步提升的过程。第一境界是“落叶满空山，何处寻芳迹”（韦应物《寄全椒山中道士》）；第二境界是“空山无人，水流花开”（苏轼《十八大阿罗汉颂》）；第三个境界是“万古长空，一朝风月”（崇慧禅师《五灯会元》）。我们只有参透了保险的大是大非，才能领会其与天地精神往来的“悟”。

四、从国际博弈看

全球产业链，正经历着一些根本性的变革，一些以往颠扑不破的规律，正被时代抛弃。比如，在廉价劳动力的吸引下，中低端制造业向劳动密集型国家迁移，是不可阻挡的经济规律。而科技，正在淘汰这一规律。在《今日简史》一书中，尤瓦尔·赫拉利曾如此评价科技对全球产业链迁移的影响，“在过去，廉价的非技术劳动力就像一道跨越全球经济鸿沟的稳固桥梁，就算某国发展速度缓慢，最后还是可以平安跟上彼方的脚步。然而，现在这道桥梁正摇摇欲坠。已经成功跨过桥梁（已从廉价劳动力发展到高技能产业）的国家，大概前景可期；但还落在后面的国家，可能就会发现自己被困在鸿沟错误的那一边，再也没有任何方式能追赶彼方”。

科技发展到一定阶段，低端制造业也会实现全面自动化，廉价劳动力的价值被迅速削减。此时，低收入国家凭借廉价劳动力迅速崛起的故事（如过去30年中国制造业的崛起）就不会再发生了。智能制造的潜力，让发达国家看到制造业回流的可能。这些年，发达国家纷纷启动再工业化、工业4.0等战略，企图重新夺回工业发展的主导权。以美欧为代表的发达国家追求“逆向回流”，叠加以我国为代表的制造业大国寻求“高端跃迁”，正成为当前国际产业链领域竞争的主要着力点。

云计算、大数据、人工智能、区块链等技术，既能应用于保险，也能在制造业、安防、教育、医疗、养老、交通、司法服务、环境、网络安全、社会治理等领域寻找到广阔的应用空间。保险机构在科技探索中先行一步，再着力将保险科技扩充至其他产业，是顺理成章之事。

如果说席卷全球的新冠肺炎疫情加快了全球经济的数字化转型，那么金融科技就是这次转型中非常重要也是最为前沿的部分。为了推动国际金融创新和合作，国际清算银行（BIS）于2019年在全球三个地区和国家——中国香港、新加坡和瑞士建立了创新中心。其中，中国香港创新中心主要负责研究利用分布式账本技术（Distributed Ledger Technology，DLT）实现贸易金融过程的数字化创新；新加坡创新中心主要负责研究建设全球性的公共数字金融基础设施，以及开发和实践监管科技

（RegTech、SupTech）；瑞士创新中心主要是负责标记化（Tokenisation）的研究。

新加坡已被认为是亚洲排名第一的金融科技城市（Findexable发布的《全球金融科技指数城市排名2020》）。超过40%的东南亚金融科技公司将新加坡作为其总部，而且新加坡拥有100多个金融科技创新孵化器、40多个金融科技创新实验室。金融科技公司的数目从2015年的不到100个，增长到2020年的1000多个；员工数量2015年大约为1100名，截至2020年，增长到10000多名。从金融科技行业所吸收的投融资来看，从2015年的2.99亿美元增长至2019年的8.61亿美元，实现了30%以上的年增长。

2018年6月，世界经济论坛（WEF）发布的报告《展望2030年的全球金融和货币体系》认为，如今全球金融和货币体系来到了转型的十字路口，2030年的金融局势可能会在“去中心化”和“一体化”两股力量的夹击下变得更为复杂。

未来十年间，全球金融格局将持续被两股看似相反的力量所拉扯：一股力量是日渐凸显的“去中心化”趋势，另一股力量则来自“一体化”进程的逐步推进。在金融监管转型的过程中，要特别注意新技术的发展趋势。非中介化、数据采集和人工智能、分布式记账这三股技术力量，将在未来十几年颠覆现有的金融服务业态。

根据埃森哲咨询公司2016年发布的调查数据，目前全球约有70%的消费者依然将传统银行视为最具金融公信力的机构。然而，联合国在《世界人口展望2017》中预测，到2030年，全球约有70%的劳动力人口来自X世代和Y世代——即出生于20世纪80年代和20世纪90年代的人群。而这部分人群与前辈们相比，对网络时代种种新技术的接受度显然更高。

值得注意的是，新技术不仅将席卷发达国家的金融体系，发展中国家的金融体系也难避其影响。未来全球金融体系中，必将有少数几家金融科技企业独占鳌头。而随着这几家金融科技企业对消费者选择、商务交易模式乃至实体经济的影响力越来越大，特别是对各项数据的采集、挖掘、分析和应用能力的提高，要想避免寡头垄断风险，保证未来全球金融体系的稳定，监管者和传统金融机构需尽快学会利用新技术创新监管和服务模式，做到“以其人之道，还治其人之身”。

第三篇

学科体系建构

第七章 保险科技的理论建构

第一节 保险科技理论的解构

一、保险科技科学理论的解构

科学理论是人类通过思维对大批量的现实事实进行整理、概括、归纳和总结的产物，是科学实践经验的结晶，是科学实践经验的客观真理的理论形态。

科学理论是系统化了的科学知识体系，是人类认识发展史的阶段性总结，它要随人类的实践、认识的发展而发展。科学理论由理论知识和经验知识两部分组成。经验是理论发展的必然阶段，是联结理论和实践的桥梁。理论知识是经验阶段的必然上升，是科学知识体系中的理论部分，并且是科学知识体系的骨干和灵魂，而科学理论则是在经验知识的基础上进行概括、总结归纳而形成的逻辑体系。科学理论具有客观的真理性、系统性、全面性、逻辑性、发展性、预见性和对实践的指导性等特点。

任何新生事物的兴起、蓬勃发展都离不开有利的外部条件，都有其必然性，并可得到理论解释。

（一）保险的“危机”，保险科技的“契机”

2008年的国际金融危机给予保险业沉重的打击，首当其冲的就是主要的大型保险机构。危机之后，学界、监管部门将危机主要归因于大型金融机构所形成的系统风险（Systemic Risk），进而发展出了一系列用于度量、管理系统风险的监管方法，加强了对保险业金融系统的监管。特别地，巴塞尔银行监管委员会（BCBS）将一批大型金融机构定义为系统重要性金融机构（G-SIFI），并增加了监管资本要求。2013年，全球金融标准制定与执行的核心机构——金融稳定理事会（FSB）公布首批9家全球系统重要性保险机构（G-SII）名单，中国平安保险集团成为发展中国家及新兴保险市场中唯一入选的保险机构。

因此，危机之后的保险业面临双重压力：一是针对保险业的强化监管措施加大了保险业的监管资本压力，直接地压缩了其业务经营范围及空间。二是在全球舆论中保险机构成为金融危机的“罪魁祸首”，特别是政府动用公共资金注入保险体系以避免系统重要性金融机构的倒闭，这直接导致民众特别是年轻人对保险业失去了信心。此时，这种“天时”给了那些没有在危机中受到影响及责难的保险机构以保险科技的方式提供保险服务的绝好契机，其快速获得了民众、舆论的认可与青睐。

（二）保险的“客户”，保险科技的“用户”

除了不利的外部宏观环境，保险机构的客户结构也在发生深刻变化，最明显的就是年轻客群（个人及对公）表现出相当不同于成熟客群的行为偏好。这些年轻客群生活在数字时代，高度依赖互联网及数字设备，在国外被称为“Z一代”（Generation Z）。他们的个性意识重于集体习惯，在消费行为上偏好能解决个性需求的产品及服务。他们不再是传统保险机构的“客户”——在有限的、标准化的、既定的范围内被动选择产品及服务，而是“用户”——主动获取多样化的保险产品及服务以构建（主动构建或借助外部力量构建）自己期待的个性化保险需求解决方案。

然而，传统保险机构对于保险消费者“客户”向“用户”的根本转变察觉过迟、反应过慢、应对不力，直接给了保险科技如鱼得水的发展机会，最直接的表现就是保险机构的客户正在被保险科技锁定，成为保险科技的用户、粉丝甚至会员。

（三）保险的“脱媒”，保险科技的“触媒”

20世纪60年代，金融脱媒（Financial Disintermediation）现象开始出现。众所周知，信息不对称与交易成本是金融发展的根本动力。近几年，国内不少专家学者分析“互联网保险”时往往用“金融脱媒”这一理论判定互联网保险将颠覆传统保险机构，认为互联网保险是“去中介”的。事实上，这是对“金融脱媒”理论的片面甚至错误理解。

保险中介包括保险代理人、保险经纪人、保险公估人等，这与保险作为“金融中介”所讨论的内容无关，传统金融中介理论认为“保险中介”的主要职能是进行风险融资。作为金融中介机构的保险使得风险融资更有效，从而增加风险治理的资源配置和价值创造。

作为金融中介机构的保险具备两个技术优势：一是分配技术有助于提高整个社会的风险管控水平以及促进资产在各种投资机会之间的有效配置；二是中介技术能够通过协调投保人的不同保险需求和保险人对各种保险产品的供给进一步降低交易成本。因此，金融中介发展到现在已突破了交易成本、信息不对称的范式约束，开始关注风险管理、参与成本和价值增加的影响。风险、不确定性、信息成本和交易费用构成了金融中介演化的客观要求，而制度、法律和技术则构成了中介演化的现实条件。

20世纪90年代，默顿·米勒提出了金融功能观（Financial Functional Perspective），扩展了传统金融中介理论。其核心思想是，金融体系的基本功能稳定，但金融机构的构成及形式却是不断变化的，应该以金融体系需要发挥的功能为依据，寻求最好的组织机构，即在金融中介机构的竞争发展中，谁能更充分地发挥金融体系的功能，谁就能走得更远。更为重要的是，默顿提出的“金融创新螺旋”（Financial Innovation Spiral）从根本上揭示了金融中介与金融市场的动态关系：金融中介好比金融产品走向市场的推进器，原先小规模、独具特色的金融新产品或服务日臻完善，逐步被人们熟悉和接受后，交易规模会不断扩大，产品形式日趋标准化，金融产品或服务就从金融中介走向金融市场，形成一个新品种的交易市场。由于市场在大规模、标准化产品的交易中比金融中介更具成本优势，并且随着技术的进步驱动金融创新的加速，各种新金融产品的交易市场迅速崛起。同时，市场上的参与者（包括金融中介）在市场上套利，进一步促进交易量迅速增长，边际交易成本迅速降低，这又反过来促使金融中介的新产品与服务不断增加，依此螺旋演进，金融中介向着理论上边际成本为零的极限逼近，不断接近完全市场的状态。

因此，保险产品与服务的提供者既不是单纯的金融中介，也不是单纯的保险市场，而是“金融中介—保险市场”的循环。也就是说，当保险市场还不很发达并且其他非保险金融中介还不够壮大的时候，保险是金融体系中履行风险融资效率最高的组织形式。一旦网络互助等发展使得非保险金融中介风险融资的效率超过保险，则会出现保险层面的金融脱媒。但是，金融中介与保险市场的关系不是简单的替代性竞争关系，而是相互补充和促进的，是动态的金融创新螺旋。因此，不能把某些保险创新层面的金融脱媒视为整个保险部门在经济中重要性的下降，至少金融中介因信息不对称而与其长期并存，只是其组织形式会不断变化，向着能够充分降低交易成本、提升组织效率的方向演进。

二、保险科技的“新保险”理论

保险业本质上是数据密集型行业。从早期利用穿孔卡片辅助数据处理到使用计算机实施会计电算化；从借助大型机器进行综合业务处理，到利用互联网开拓互联网保险……信息技术一直在为保险业注入强大的创新动力。从这个意义上说，保险科技并非始于当今，而是早已有之。

但是，在互联网和信息技术革命的推动下，保险业架构中的“底层物质”却已经发生了深刻变化。移动化、云计算、大数据等大趋势引发保险业“基因突变”。这种变化使得传统保险业版图日益模糊，促使传统保险业务与互联网技术融合，通过优化资源配置与技术创新，产生出新的保险生态、保险服务模式与保险产品，反映在保险市场上具体为：保险要素的市场化、保险主体的多元化、保险产品的快速迭代，这些可以统称为“新保险”。新保险至少可以从以下几个角度来理解：

第一是服务者。它与传统保险机构以程序和手段当作目标不一样，新的服务者可以回到保险服务的原点，回到真正的客户需求上来优化、调整、开发自己的服务。

第二是服务对象。保险业现在的“二八”理论未来将向“八二”理论转变，向普惠保险迈进。

第三是保险生态。传统保险业壁垒分明，透明度不高，而新保险更加透明、更加公平。

第四是效率与风控的新平衡。由于互联网、大数据等信息化工具的使用，保险服务效率被大大提高，与此同时，保险风险控制也在信息化时代突破了原来的盲区，保险效率与风险控制将达到前所未有的平衡。

第五是收益。客户有了更多的获得收益的途径和保持流动性的机会，而不再只是把保险看成理财工具。

第六是成本。效率的提高必定带来成本的下降，这将惠及整个产业链条，但由于服务范围的扩大，整个保险业的规模反而将变得更大。

当前，科技冲击使传统保险要素的边界变得更模糊，保险科技则着眼于功能的实现；同时，产品也在不断跨界，无论是保障型产品，还是理财型产品，要素边界都不再像过去那样泾渭分明。在新思路导向下，保险科技正在促进保险要素的市场化、保险主体的多元化、保险产品的快速迭代化。因此，当我们回过头来看新保险的概念，首先就可以把保险科技理解为是一种“新保险”。

保险科技下的“新保险”，保险的底层规则发生了变化。第一，在技术层面出现了聚合涌现效应。这种技术的影响不仅体现为快捷应用，还会影响到一些新模式的产生。第二，在经济层面出现了成本趋零效应。第三，在社会认知层面出现了时空坍缩效应。因此，如果说互联网保险使得原有的保险信息流转渠道更加强化，那么保险科技将可能打破原来以人际关系维系的渠道和商业模式，在统一的数字化资本平台上基于资金本身的属性进行配置、风控和产品设计，省略传统模式中不必要的中间环节。

在新保险模式下，保险科技提升了保险整体的服务效率，降低了保险交易的成本，所以它绝不是“互联网保险”的另一顶帽子这么简单。互联网保险将用户交易从线下转移到线上，去中心化确实降低了中间成本、简化了复杂的流程并且扩大了用户交易量，但也存在过度去中心化的问题，导致保险业无土扎根、出现空心化现象。互联网保险的优势范围是有限的，不能一味地将所有的保险业务无差别地置于互联网保险中，只有将保险科技融入自身的体系中，将保险元素糅合在自身各业务环节中，打造自身的生态保险，才能发挥各方最佳的效能。

正如雷吉·德·范尼克斯和罗杰·佩弗雷里合著的《重塑金融服务业——消费者对未来银行和保险业的期待》一书中所描述的那样，金融服务业的消费者行为模式已经发生变化，这种趋势为金融服务业的未来设定了舞台，而且是未来想取得成功的金融企业在制定整体规划时必须加以考虑的关键因素。对于保险机构，这些关键因素包括：客户与保险机构之间的关系已经改变，陷入认同危机与客户关系危机的保险机构必须努力重建消费者信任；消费者希望获得更加透明和简单的保险服务体验；消费者更倾向于独立自主地做出保险决策并掌握整个服务过程的主动权；消费者更加依赖群体智慧，网络和社交媒体对于消费决策的影响日益凸显；消费者正在重估服务价值，保险机构的名誉和社会责任成为影响消费者选择的重要因素；消费者更喜欢“贴心”的服务，在全球化与商品化的浪潮中，消费者更希望获得空间感和归属感，更青睐独特性和原创性。

三、保险科技的“新生活”理论

新技术的不断出现为保险发展提供着源源不竭的发展能量。互联网发展浪潮的退却让人们开始寻找新的增长方式和手段，希望借此能够找到破解互联网发展困境的方法和手段。在这个过程中，互联网技术演变成为一种基础设施，让新技术影响人们的壁垒得到了一定程度的削减，用户只要想要了解一项新的技术就能够借助互联网的媒介来实现。通过互联网技术与新技术的融合，我们完全能够找到一种有别于传统互联网时代的发展模式。

新技术的发展同样正在经历着这样一场剧变。正是由于这些剧变，我们才能在这些改变中找到其与传统行业的关联，从而找到全新的利润增长点。保险业也不例外。互联网的平台模式和用户思维所导致的诸多问题让它需要借助新的技术来破解当下的发展难题。新技术的不断涌现恰恰为深陷泥潭的互联网保险提供了源源不断的发展动力。数字货币、智能保顾、智能风控都是在这样的时代背景下产生的，正是由于新技术的不断出现，我们才找到了破解保险业发展困境的方式和方法，并在这个过程中找到了保险业实现全新发展的力量源泉。

新技术与人们生活日益紧密的联系让保险有了更多可发挥的空间。以智能科技、大数据为代表的新技术之所以能够在很短的时间内就获得如此飞快发展，其中一个很重要的原因就在于人们生活当中越来越多的元素开始与这些新技术产生联系。从某种意义上来讲，未来人们的生活就是一个充满技术色彩和智能元素的时代，人们的生活就是智能生活。

正因如此，新技术才有更多的可能与人们的生活产生联系。这与互联网保险时代其实有着本质的不同。在互联网保险时代，即使我们获取和接触保险的方式从线下转移到了线上，但是互联网技术对于保险的影响也只是停留在途径和方式上面，对于保险本身并没有太多影响。

这种问题的存在主要是由于互联网技术只是从方式和方法上对人们的生活进行了改变，人们的生活并没有实现真正意义上的升级。进入新技术时代，我们的生活已经不再仅局限在简单的相加，对于新技术而言，生活的本质已经从简单的表层介入转变到一个深度参与的时代。在这样一个时代，保险同样会因为新技术的应用而产生本质变化，从而让原本的承保、理赔、客服等诸多保险环节都发生根本性的转变。这些转变的多样化和多维度让保险能够有更多的机会发挥自身的支持和助力的作用，从而将人们的生活带入一个全新的发展时代。

新技术的深度普及让保险覆盖面更大、影响力更广，使其真正成为一种生活方式。互联网技术主要影响到的是80后和90后的人群，进入新技术时代以后，经历过互联网洗礼的80后和90后与新技术之间不再存在鸿沟，新技术俨然成为一种顺理成章的存在。

同互联网技术只是影响到社会结构的某一部分人群不同，新技术将会穿透原有的社会结构，从而实现一种更加通透、更加彻底的改变。这种改变最终将会让保险从面对单一群体变成面对社会的大多数，从而进入普惠保险的时代。借助这一趋势，保险科技才能最终演变成为一种全新的生活方式。

第二节　保险科技理论的结构

一、保险科技科学理论的结构

科学理论的结构（Structure of Scientific Theory）由三个要素组成：概念；联系这些概念的判断即基本原理；由这些概念和原理推演出来的逻辑结论，即各种具体的特殊规律和预见。其中，基本概念和基本原理或命题构成了科学理论的核心元素。

保险科技科学理论，作为一个完整的科学理论，是由其各个不同成分结合而成的有机整体。科学理论的结构就是这些成分之间相互关系的总和或整体表现。构成科学理论的主要成分有概念、定律、对应规则、逻辑形式和模型。简单地说，科学理论就是理论定律加对应规则。

概念是科学理论的“细胞”。它分为两大类：一类是与直接经验相联系、明确标示或对应某种客体或属性的，称为经验概念；另一类则是通过理性构思建立起来的，称为理论概念。科学理论结构除了包括概念、定律以外，还应包括理论概念与经验概念或实验程序的联系规则，即对应规则。

二、保险科技的基本概念

（一）保险科技的定义

随着金融信息技术的不断发展，保险科技应运而生。金融科技一词是指科技在金融领域的应用，旨在创新金融产品和服务模式、改善客户体验、降低交易成本、提高服务效率，更好地满足人们的需求。而保险科技的概念，是在金融科技概念的基础上，由国际保险监督官协会（IAIS）在《保险科技创新报告》中提出的，并将其定义为“金融科技在保险领域的分支，即有潜力改变保险业务的各类新兴科技和创新性商业模式的总和”。

从狭义上看，保险科技有时指互联网保险，有时指技术，有时指产品架构，还有时指服务。从广义上看，保险科技的概念则可能涵盖整个保险业态的商业模式。综合来看，保险科技是保险机构或保险科技企业以科技为工具切入保险领域，用效率更高的科技手段抢占市场开拓渠道，提高保险服务效率，提升风险管控能力。

金融（保险）与科技，曾被比喻为经济社会发展的两大车轮，在历史的长河中相互作用、相互融合。保险更多地体现为社会关系，科技更多地体现为生产力。

（1）从业务上看，保险科技可分为三大类：第一类是数字化保险技术，包括电子保单、自动核保、大数据处理等；第二类是连接型保险技术，包括远程定损、SaaS保险分销、物联网等；第三类是智能化保险技术，包括无人驾驶、虚拟现实、保险机器人等。

（2）从技术上看，保险科技的技术支撑包括大数据、云计算、人工智能、区块链、移动互联网以及生物科技等。

（3）从属性上看，保险科技是保险还是科技，始终存在争议。笔者认为，保险科技作为技术驱动的保险创新，其本质仍然是保险。科技是工具，要为保险服务。

（4）从保险科技的参与者上看，主要分为三个层次，分别为保险科技市场层、保险科技维持层和保险科技监管层。

（二）保险科技的生态

保险科技生态圈主要分为三个层次，八个主体：以保险公司、保险中介机构、保险消费者等主体为内层的保险科技市场层；以保险科技企业、信息咨询企业、产业行业巨头等主体为中层的保险科技维持层；以保险监管机构、保险科技投资机构等主体为外层的保险科技约束层。三个层次之间互相影响，不同主体间以保险科技为纽带，保持不同主体间正负反馈的连贯性，构成了互惠互利、合作共赢的闭环结构。

（1）保险科技市场层是保险科技实际服务于保险业的主战场，也是传统保险业主要根植的生态层次，整个保险科技生态圈，都是为了服务由保险公司、保险中介机构、保险消费者三方主体而构成的生态内环。保险公司作为保险产品与服务的提供者，需要保险科技为其产品开发、渠道拓展、风险控制、公司管理等多方面业务提供支持；保险中介机构在专注于客户拓展与维护的同时，需要依靠保险科技为其拓展快捷的线上线下联动方式，并提高保险中介在整个产业链中的地位；保险消费者作为保险产品与服务的用户，在获得保险科技带来的物美价廉、公开透明的产品的同时，也会为保险科技的发展带来积极的反馈作用。

（2）保险科技维持层由保险科技企业、信息咨询企业与产业行业巨头组成，三者共同保证了保险科技本身的研发、拓展与进步，依靠三者之间的沟通与合作，信息、数据与技术产生了“1+1+1>3”的协同效应，为整个保险产业的进步提供了有力的技术支持。保险科技企业是保险科技的主要研发主体，凭借技术优势不断拓展保险服务的外延，通过提升信息采集、分析的效率与质量，帮助内层企业为用户提供更高效、更精确、更稳定、更直观的服务。信息咨询企业是保险科技的预期使用者与概念重塑者。利用自身在信息使用手段上的先天优势，信息咨询企业可以有效利用保险科技所带来的海量数据，为保险生态圈中的各个主体提供深刻而独到的见解与思路，帮助各个主体拓展新的市场。产业行业巨头是保险科技的主要输入端，汽车厂商和车联网技术的结合，运输物流企业和物联网技术的结合，医疗机构与便携技术、大数据技术的结合，将会为保险生态圈注入源源不断的海量数据，使保险产品的精准化、差异化实现可能。

（3）保险科技约束层包裹了保险科技市场层与保险科技维持层，构成了保险科技生态圈的外层结构。在保险监管机构与保险科技投资机构的引领、监管与调节下，保险科技生态圈得以在制度框架内有效运行，并规避可能产生的大规模系统风险。保险监管机构承担着鼓励、引导和监管的职能，确保了保险科技发展的风险底线，是整个保险科技生态圈的“晴雨表”与“稳定器”；保险科技投资机构是保险科技发展的风向标，拓展了保险科技发展的上限，通过充足的资金、先进的管理经验，帮助保险科技企业实现良性发展。

（三）保险科技的范畴

理解保险科技的范畴，关键是厘清科技保险、互联网保险、保险互联网与保险科技的关系。

科技保险是指运用保险作为分散风险的手段，对科技企业或研发机构在研发、生产、销售、售后以及其他经营管理活动中，对各类风险导致科技企业或研发机构的财产损失、利润损失或科研经费损失等，以及其对股东、雇员或第三者的财产或人身造成现实伤害而应承担的各种民事赔偿责任，由保险公司给予保险赔偿或给付保险金的保险保障方式。

互联网保险是基于互联网技术平台的保险活动、保险形式等的总和，是技术平台与保险活动的融合形态。互联网保险的承保理赔、风险管理、信息提供以及价值创造、资源配置等关于保险的基本功能没有变。互联网保险的范围包括保险机构的互联网应用、非保险企业参与的互联网技术在保险基础设施领域的应用。

保险互联网（Internet of Insurance，InsurNet）是指在新一代数字科技和智能科技的支撑和引领下，以数据为关键要素，以价值释放为核心，以数据赋能为主线，对保险产业链上下游的全要素进行数字化升级、数据化转型和智能化再造的过程（见图7–1）。

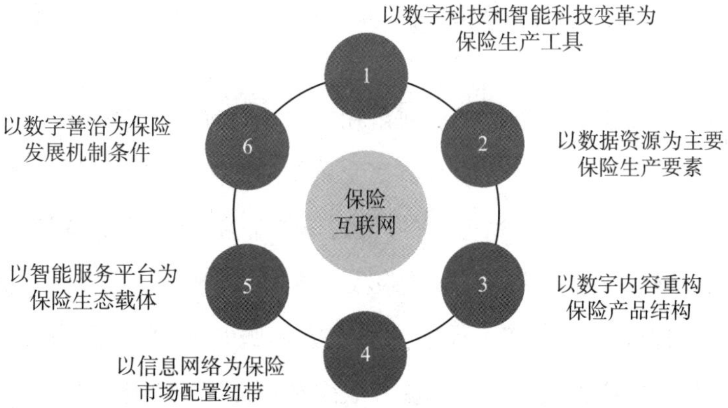

图 7-1　保险互联网的定义要素

互联网与保险相结合的“保险互联网”，是未来金融网（Internet of Finance，FinNet）的一部分，又可称为新保险或未来保险，它不仅仅是传统保险的一次技术升级，更会是一种新的参与形式。在这种参与形式中，我们更需要关注交易结构、交易协议和内容的变化，以及保险权利契约结构的改变，而不应只局限于交易技术的升级。保险互联网不是简单的“互联网技术的保险”，而应是“基于互联网思想的保险”。进一步而言，从行为主体和参与形式的角度来理解，甚至从保险权利去中心化的角度来思考和展望，保险互联网将具有更丰富的内涵，展现出更多的普惠保险、民主保险和可持续保险意义，远远超过技术的层面。

综上所述，科技保险是保险在科技行业的应用，而互联网保险是互联网技术在保险中的应用。保险科技是保险机构利用人工智能、区块链、大数据等技术为保险链条赋能、为保险系统助能、为保险生态产能，创造新型保险业务模式，使保险向智能化、智慧化、无感化跨越发展。如，智能保险（Intelligence Insurance）是指人工智能技术与保险业深度融合的新业态，是用机器替代和超越人类部分经营管理经验与能力的保险模式变革。

三、保险科技的基本原理

保险的本质没变，科技仅从视角和方式上对其进行改变，比如在边际成本、效率、普惠程度等方面有所改变。但从保险的本质来讲，无论是传统保险还是互联网保险，所考虑的因素都是风险的大小等；无论是保障型产品还是理财型产品，仍然考虑风险收益比等，这些都是没有改变的。

那么，保险科技改变了保险的哪些方面呢？保险科技同金融科技一样，终极目的是实现更高的金融服务效率和更低的金融服务成本，其组织形态如图7–2所示。

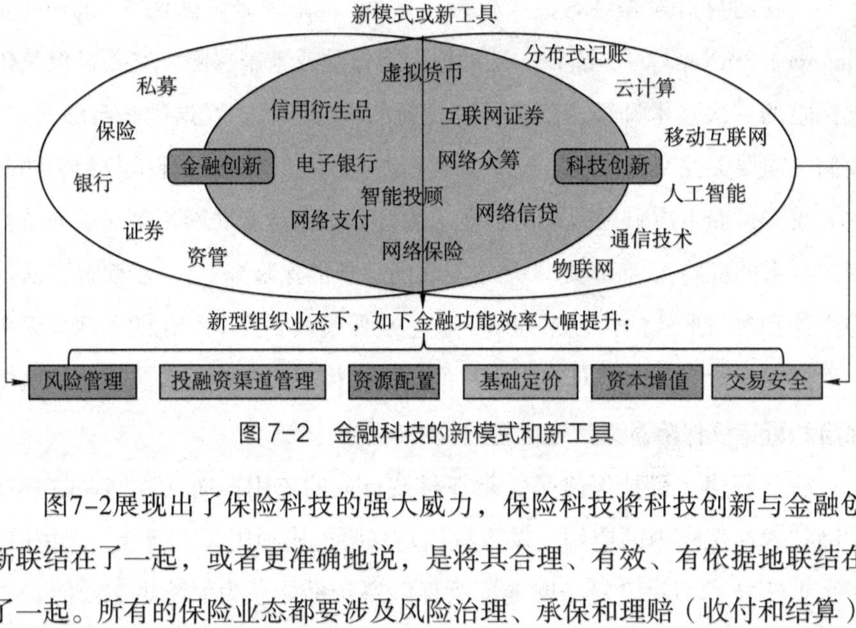

图7–2　金融科技的新模式和新工具

图7–2展现出了保险科技的强大威力，保险科技将科技创新与金融创新联结在了一起，或者更准确地说，是将其合理、有效、有依据地联结在了一起。所有的保险业态都要涉及风险治理、承保和理赔（收付和结算）、信息处理和资源配置。保险科技找到了这几个环节的痛点，通过技术的孵化来完成对这几个方面的更新。在这个过程中，保险科技展现了以下五个基本特征：

（1）外部性。从研发到生产再到产品，保险科技创新外部性根据社会价值分为正、负两种外部效应。

（2）超前性。竞争驱动创新，典型企业如若想要摆脱跟随战略，需在产品研发、技术投入上做出超前行动。

（3）高风险性。保险科技的风险流动会双向传导，对企业主体与市场都会产生影响。

（4）层次性。初级的创新是产品组合及渠道终端的改变，深度的创新是指产品属性改变，与原产品产生本质的不同。

（5）动态性。由于保险产品的复杂性特征，创新产品从诞生到普及、到监管约束到位等都会产生时滞性，且保持处于动态调整过程。

上述五个特点从不同角度带给我们同一启示：保险科技是冒险家们为探寻宝藏而精心打磨、锻造的武器装备。它很锋利也很危险，它需要冒险家们在战略上“激进”一些而在战术上“谨慎”一些，它需要在底线思维的基础上改变，需要调整，需要不断适应。

四、保险科技的逻辑结论

保险科技伦理的特殊性正是保险科技的逻辑结论。正如《金融科技伦理建构的内在张力及未来路径》所言，从发展历史来看，保险科技不仅是技术引发的产业实践，更是技术与保险这两大生产和社会组织工具深度融合后激发的社会变革，对其观察和规范不仅要聚焦产业发展，更要着眼社会规范。从渠道变革开始，保险科技就显著提高了保险作为一种服务的触达性与可得性，提升了服务的广度、深度乃至速度。然而，也正因为服务范围的扩大，保险科技也引发了服务适当性和发展持续性等问题，不仅使原有风险更复杂、更深刻，也酝酿了新的风险；不仅加深和造就了风险，也加剧了风险背后的伦理价值冲突；不仅引发了安全与效率之类伦理之间的冲突，也带动了伦理体系间的新旧冲突，甚至冲击了伦理作为一种规范体系的稳定性与确定性。

（一）逻辑之一：个人还是社会

聚焦人的内在和外在是伦理发展的主线之一，毕竟，“人才是万物的尺度”（普罗泰戈拉）。然而，人毕竟是社会性动物，伦理最直接处理的是社会关系，解决的是社会问题，因此，伦理保护的究竟是作为个体的人的绝对权利（或“天赋人权”）抑或是作为人的社会的有序发展，不仅在理论上，而且在实践中一直存在争议。具体到保险科技领域，由于其风险形势的复杂性和后续影响的深刻性，强调为个人还是为社会的冲突更加明显。

在保险科技兴起之初，曾有观点乐观地认为其只是改变了保险的外在形式，并不涉及内在逻辑的变化。然而现实并非如此，并且与先前科技引发的风险相比，保险科技风险的“外部性”特征尤为明显：

首先，保险科技改变了原有风险的轻重缓急和特征风貌。比如，过去IT系统风险只是保险领域较为边缘的风险类型，且界限极为清晰，如今，由于和外部渠道、系统、平台的对接，IT风险也可能内外交织，一跃成为保险机构及监管机构最为关注的方面，并且由于保险业务电子化的持续发展，IT风险与业务风险的边界也日益模糊，防控难度也日益加深。

其次，保险科技还催生了新的风险类型，比如，在传统线下展业阶段，保险机构获客、服务、风控、运营各环节对客户数据的依赖并不深，更多的是履行法律政策要求，数据更像是标签、过程物和副产品。保险业务全面数字化之后，数据成为驱动业务成长的源泉，并且在社会关注和监管趋严的整体态势下，围绕数据的采集、使用、储存、转让等环节都可能滋生风险。

除上述两者外，保险科技风险还存在网络效应强、传播速度快、发展日新月异、自我成长难以防控（自伺服）等特征。从危害角度讲，保险科技风险不仅具体作用于单个个人，而且波及社会整体；从防控角度讲，也存在从保护个人权利入手抑或从保护社会公益入手的路径分歧，其背后折射的恰是个人和社会伦理价值的冲突。两者甚至彼此联动，对伦理价值的选择将直接影响伦理规范建构的路径，反过来，伦理规范建构的路径也会强化与其正相关的伦理价值。

个人与社会作为保险科技伦理的基本价值，也会影响其他价值的博弈取舍，例如公平与发展。一方面，保险科技是前沿科技应用最为集中的领域，有利于技术落地与融合创新；另一方面，科技金融又为科技发展插上了融资翅膀，更激励了后者的快速迭代，因此，保险科技及在此基础上的数字经济也就成了陷入增长瓶颈的各国竞相发展的对象。

然而发展难免存在问题，在价值冲突的语境下，很难判断究竟是优先发展产业做大“蛋糕”抑或是优先保障权利公平分配，也就遑论个人权利究竟是应该纳入宪法领域进行绝对保护抑或纳入商法领域作为可交易的要素，而上述伦理价值的内在冲突不解决，也就很难确定风险与安全的适当边界。

（二）逻辑之二：先验还是经验

从人类社会发展历史来看，伦理体系应是经验沉淀的产物，但从哲学社会科学理论来看，伦理体系又是先验观念的从属，并且从人的心理认可角度观察，公众也更青睐伦理是自由、正义等先验观念的道成肉身，而非日常琐碎的经验沉淀。甚至反映在立法层面，国家规范体系也越来越多地基于先验观念“创设”法律，而非基于经验沉淀“发现”法律。在现代伦理—法律体系中，个体精神、自由意志、各负其责等价值发挥了基础作用，但这些先验观念却在保险科技的冲击下风雨飘摇，经验沉淀能否提供救赎也不无争议。

（1）个体精神方面，本来，在现代社会规范体系中，个体是规范调整的基础单位和直接对象，即使是作为集体的企业、社会团体，也需拟制为与自然人相似的“法人”，作为单个主体出现在规范语境中。然而，保险科技基于数据积累和智能分类，将客户个体类型化为不同客群，予以制式对待（有客群而无客户），并且这种类型化还不是基于过去传统的血缘、文化关系，其商业逻辑有时甚至连企业也无法讲清。另外，在保险科技业务视角之下，客户不过是不同类型数据的载体，是完成绩效指标的工具，客户作为人的主体性在进一步消解。

（2）自由意志方面，在世界通行的民商事规范中，自由意志是人与人、人与社会、人与自然交互的基础，唯有具备自由意志，方可具备行为能力，也方可承担责任，成为伦理规范的对象。然而，保险之“利”加上科技之“器”，能够对普通保险消费者构成极强诱导，自由意志越过自身知识和经验边界，踩过的只能是掩映在所谓“一夜暴富”“财商教育”下的种种深坑。更有甚者，基于大数据等前沿技术，相关企业甚至能预测客户准确的保险消费趋向和行为轨迹，在这种“上帝视角”下，反复申明自由意志的可贵，无异于笑谈。

（3）责任能力方面，如前所述，责任能力与自由意志息息相关，所谓过错责任、无过错责任、公平责任等无不建构于自由意志与风险负担的平衡。然而，保险科技在原本就复杂晦涩且门槛较高的保险业务上添加了技术壁垒，技术在作为扩大服务群体工具发挥作用的同时也排斥了对技术不适应的客群。再者，保险科技风险的发生往往不能归因于某个个体，却又由所涉及的每个个体承担，比如之前的“原油宝”事件中，因为保险科技汇聚了较大客户群体，提升了交易进行速度，使得传统模式下原本不会发生的风险阴差阳错地发生了，其责任承担从社会来说是妥当（最大平衡各方利益）的，对个体来说难免有失公平。

总之，因为个体精神、自由意志、责任能力这些先验观念的削弱，被寄予厚望的保险科技伦理在左支右绌之间其实很难发挥实质作用，并且从伦理的另一来源——经验积淀来说，其提供的解决路径也因更强调社会而非个体而与先验经验背道而驰，两者之间的张力将贯穿保险科技伦理构建的始终，并对路径选择产生重要影响。

（三）逻辑之三：道德评价与行为约束

保险科技伦理在近年来迅速“走红”并进入高层及公众视野，其原因固然主要在于触目惊心的现实风险及未来发展趋向，另外也在于现有规范体系在面临保险科技风险时所暴露的不足，需要更灵敏、更柔性的规范体系进行“补位”。但吊诡之处在于，人类社会规范体系以国家立法为核心展开是进入文明时代以来数千年历史选择的结果，曾经的竞争失利者能否再挑此重担，有待考量。

从立法“缺陷”反观伦理建设，一般认为，保险科技立法的问题在于滞后，这种滞后不仅体现为规范内容的滞后，也体现为工作推进的滞后。然而实际上，立法程序的复杂、漫长只是表象，其背后是为节省治理成本而采取的“先成熟后规范”的策略，更进一步而言，这种表面看来大费周章的流程实际上是为了更好地凝聚社会共识，吸纳各方意见，有助于提升法律规范本身的权威性、严肃性和科学性。伦理体系则缺乏上述流程的支撑，因此快则快矣，却也无法充分整合共识，进而影响其执行与效率，并且缺乏经时间打磨的规范，其立法技术也是堪虞。

更何况伦理还存在自身作为道德评价标准和行为约束规范角色的冲突。作为道德评价标准，其覆盖越广，反应越快，包含要素越多则越有效，这样便能在热点事件出现的当下就为公众提供判断的标尺。然而作为行为约束规范，其关键不在于评价而在于执行，为了执行的效力和效率，其要求是简单、明确、稳定，不能因公众一时一事的情绪变化而变化。并且在打破平衡之后，伦理越是成功作为道德评价标准，就越是不能成功作为行为约束规范，反之亦然。

另外，从道德评价到行为约束也存在鸿沟，伦理由形而上到形而下，必须有赖于运行机制的支撑，并且，如果伦理越强调其与法律、政策、自律的区别，就越需要独立的机制以厘清边界。在古代中国，伦理曾长期附着于法律，不但伦理理念被直接载入法典，法学家的伦理观念甚至可以正式影响司法结果，但这样也就缺少了独立的伦理运行机制。在中世纪西方，教会于王权之外异军突起，形成了有别于国家立法的宗教伦理，并在现实中发挥着左右百姓具体权利和诸侯政治走向的作用，其成功也自然在于一以贯之的成熟稳定的运行机制。由此可见，保险科技伦理道德也需食人间烟火，使其更生活化，成为民之所向。

五、保险科技的科学预见

从新旧世纪之交迄今，体现为线上化、网络化、数字化、智能化的信息技术革命与保险业务创新水乳交融，一方面，在保险创新支持下，信息技术革命由线上到线下，由零售到批发，由虚拟到实体，不仅促进了经济的高速度、高质量发展，也极大地延展了社会空间的广度和深度；另一方面，信息技术也重塑了保险业务生态，在互联网保险—保险科技浪潮推动下，传统保险的对客服务、渠道平台、风险控制乃至业务经营都发生了深刻变化，越来越多的长尾客户开始享受数字普惠保险的好处，保险机构自身能力也获得长足发展。

然而“天下理无常是，事无常非”（《周易·系辞上》）。世异时移，受惠于技术革命与保险创新的保险科技随着时光流逝，其“镀金”光环逐渐消散，负面效应日益凸显。首先，基于所谓的“马太效应”，保险科技的成果并不能被社会公众公平享有，比如，大型网络平台因涉足保险而赚得盆满钵满，社会边缘群体却因卷入“炒币”等而债台高筑。其次，保险科技除继承科技、保险母体的优点外，其“原罪”基因也如影随形，在科技领域，则有信息茧房、算法歧视、隐私安全；在保险领域，则有非持牌展业、超范围经营乃至脱实体空转。

随着技术对保险改造的深入，以上情形越发引起社会关注与监管担忧，但在创新与资本“双轮驱动”下，保险科技发展明显快于法制体系建设，后者的一些传统工具、手段也有与现实需要“脱节”之嫌。正是在如此背景下，保险科技更需要借助监管科技弥补传统手段的不足，推动监管机制创新。

第三节 保险科技理论的建构

一、保险科技科学理论的建构

科学理论先前主要有三种发展方式：累积式发展观、否证式发展观和社会历史观。

（1）累积式发展观。累积式发展观先假定存在着不依赖于人类认识的科学事实，这些事实有待于人类通过各种观察手段来发现。科学理论来自对经验事实的归纳，科学进步就是通过归纳获得科学知识的不断增加，具体表现为科学事实以及能够揭示这些事实的科学定律和理论的不断积累。累积式发展观包括两个发展阶段，分别是古典归纳主义的累积式发展观和逻辑实证主义的累积式发展观。古典归纳主义累积式发展观的代表人物是英国的科学家弗兰西斯·培根（Francis Bacon），他认为科学家应该系统地积累知识，并通过有计划、有组织地观察其规律来了解自然界的奥秘。

（2）否证式发展观。科学理论的否证模式代表人物是奥地利著名哲学家卡尔·波普尔（Karl Popper）。他从证伪主义出发，否定了逻辑实证主义的逐渐积累的模式。他曾说过："科学理论不能通过归纳得到证实，但却能被证伪。科学的发展是理论不断地被反驳和证伪的反复过程。猜测与反驳是科学发展过程中最基本的环节。科学发展的历史就是大胆提出假设，通过证伪，然后推翻理论的过程，科学知识的增长就是不间断的革命。"科学理论的否证式发展过程是：猜想—证伪—猜想。

（3）科学理论的社会历史观。科学理论的社会历史观的主要代表人物是美国著名的科学哲学家托马斯·库恩。他反对归纳主义的静态的科学发展观，认为它没有看到科学发展史中的实质性的变化，不同意科学发展的证伪主义模式，认为它抹杀了实际上存在的常规科学的长期积累。库恩主张用历史的方法，从动态角度来考察科学发展的机制和规律，进而克服片面性的科学发展观，确定各种符合科学实际的科学发展模式：前科学，就是尚未形成该学科范式的原始科学阶段；常规科学，就是形成了范式的成熟科学；科学危机，是科学家们对旧范式失去信心的科学阶段；科学革命，是新范式战胜或者取代旧范式的科学阶段。

总之，科学发展就是常规科学、科学革命、新常规科学不断交替，不断反复，永无止境的过程。所以，保险科技理论的建构过程，是以已有的思想材料，以历史形成的认识形式为出发点。科学理论结构是一种认识形式，它在科学研究中发挥着重要的作用。科学理论结构一旦形成，就具有相对的稳定性和封闭性，应该且可以从逻辑角度上加以研究，并用形式化语言进行表述。同时，科学理论结构对于发展着的自然界来说，又永远是一个开放系统，它能够不断接受新的信息资料，对自己进行修正和调整。科学理论正是在这样不断的修正和调整中，显示出它的整体行程。

保险科技的理论的建构，关键在于：形成说明中国风险观和保险学的“说明书”；建立解释中国风险观与保险学的“解释学”；给世界提供研究中国风险观和保险学的基础知识和方法的“方法论”；让世界认识中国保险业和保险市场的创新与发展的“实践课”。

二、保险科技科学理论的要素

保险科技，最核心的功能就是实现保险风险流量化而不是存量化，让“蓄水池”式的现代保险向“流量蓄水池”，乃至“流量池”式的未来保险发展。保险科技，首先存在于四维空间，思想、理论、理念、共识和知识都是时间的变量；其次存在于保险业时空，技术、风险、挑战、行动和监管是空间的位移。

（一）思想

科技、经济、社会、思想均是现代人类研究的重要课题，关系到每个人的生活质量与安全，更关系到金融的稳定与发展。但这四者并不是单独的分子，而是在一个复杂的巨系统内相互关联、相互作用的子系统。科技、经济、社会与思想的协调发展是一个动态的过程，科技经济结合的最终结果正是社会的发展与思想的进步。保险科技的思想，涉及保险科技创新的地位、道路、动力、关键等方面，其丰富的内涵主要体现在以下八个方面：

（1）核心论——把保险科技创新摆在保险业发展全局的核心位置。把保险科技创新摆在我国保险业发展全局的核心位置，是推进保险业高质量发展必须把握的首要问题。随着我国经济进入新常态，保险业要突破自身发展瓶颈、解决深层次矛盾和问题，根本出路在于创新，关键要靠保险科技的力量。

（2）自主论——坚定不移走中国特色自主创新道路。坚定不移走中国特色自主创新道路，是推进保险业高质量发展必须满足的根本要求。中国保险业的历史及实践告诉我们，在发展保险科技上必须依靠自己的力量。

（3）融合论——推动保险科技创新与经济社会发展紧密结合。推动保险科技创新与经济社会发展紧密结合，是推进保险业高质量发展必须遵循的最优路径。这就要求我们始终坚持保险科技面向保险发展的导向、面向保险市场需求的导向，实现保险与科技的深度融合，从而切实解决保险与科技“两张皮”的顽瘴痼疾，最大限度地发挥保险科技创新的战略引领与关键支撑作用。

（4）攻坚论——以改革释放保险业创新活力。以改革释放创新活力，是推进保险业高质量发展必须练就的关键一招。改革如同点燃保险科技创新这个发展新动能的主点火系，只有勇于和善于向改革要动力、增活力，破除一切束缚创新驱动发展的观念和体制机制障碍，才能最大限度地解放和激发保险科技作为保险业未来生产力所蕴藏的巨大潜能。

（5）优先论——把人才资源开发放在保险科技创新最优先的位置。把人才资源开发放在科技创新最优先的位置，是推进保险业高质量发展必须重视的第一资源。随着竞争日益加剧，人才成为保险科技创新最关键的因素，人才作为保险发展第一资源的特征和作用越发明显，人才竞争已经成为保险业竞争力的核心，谁能赢得人才，谁就能赢得竞争。

（6）绿色论——绿水青山就是金山银山。绿水青山就是金山银山，是推进保险业高质量发展必须追求的最高境界。唯有始终把保险科技创新纳入服务绿色保险发展、支撑绿色保险发展的生态文明建设轨道中，保险科技创新才能既为经济社会发展创造更大的综合效益，又为自身的进步繁荣创造可持续发展的生存环境。

（7）全球论——以全球视野谋划和推动保险科技创新。以全球视野谋划和推动创新，是推进保险业高质量发展必须具备的博大胸怀。这就要求我们既要把保险科技创新的自主权牢牢抓在自己手里，赢得主动、赢得竞争、赢得未来，又要积极主动整合和利用好全球创新资源，深化国际交流合作，实现保险科技创新的互利共赢。

（8）造福论——让保险科技为人类造福。让保险科技为人类造福，是推进保险业高质量发展必须实现的本质目标。这也是以人民为中心的新发展观的充分体现。只有牢固树立起这样的保险科技创新宗旨，全面实施创新驱动发展战略，推动保险科技进步，推进创新发展，才能始终沿着最大限度满足人民对美好生活的向往这一崇高奋斗目标所指引的正确方向与道路不断迈进，造福中国和世界人民，造福子孙后代。

（二）理论

保险科技的理论问题，即从保险科技功能理论入手，从保险运营、长尾理论、搜寻理论、机制设计以及监管博弈等方面深入分析保险科技对保险功能的深化以及对传统保险产生的影响。其主要包括了解保险科技在保险运营中的功能发挥，认识保险科技在服务长尾客户方面的优势，把握保险科技在推动普惠保险发展、降低保险需求方搜寻成本方面所发挥的作用，理解传统保险机制设计及保险科技机制设计方式，掌握保险科技推动保险创新的决定因素。

（三）理念

研究保险科技的理念问题，就要厘清长尾市场的价值和去中心化的问题。

（1）长尾市场。保险科技要服务长尾市场，长尾市场的价值不言而喻，同时长尾市场的风险也不可视若无睹。长尾市场的价值主要包括产品种类多元化，服务边界模糊化；获取产品的成本降低；供需契合强，市场流动性高。长尾市场的问题包括社会公信力不足，消费者成本的付出。随着保险科技的兴起，消费者在接受与学习的过程中，必将付出学习成本、通信成本等来实现需求。保险科技的受众也略有局限，对于老年人群体以及不充分信任互联网的消费者而言，传统保险公司若对其存在金融排斥（保险排斥），其亦被自身能力或消费成本所限，也会成为保险科技难以拓展的长尾市场部分。

（2）去中心化。去中心化是互联网发展过程中形成的社会关系形态和内容产生形态，是相对于“中心化”而言的新型网络内容生产过程。去中心化，不是不要中心，而是由节点来自由选择中心、自由决定中心。简单地说，中心化的意思，是中心决定节点。节点必须依赖中心，离开了中心就无法生存。在去中心化系统中，任何人都是一个节点，任何人也都可以成为一个中心。任何中心都不是永久的，而是阶段性的，任何中心对节点都不具有强制性。

（四）共识

共识的概念由来已久，是人类社会前进的基石。社会依靠法律、道德、社会信仰等各种共识机制才得以顺利发展。保险领域中也广泛存在各式各样的共识机制，这些共识机制是支撑保险运转的基础，包括保险本身的“互助共济”、保险与再保险、网络互助、市场机制、契约机制等。区块链共识机制是保险领域共识机制的一种表现形式。

随着互联网的发展和信任机制的不断完善，保险科技有可能比传统保险更值得信任，从而降低道德风险和逆向选择。逆向选择是指市场交易的一方如果能够利用信息优势使自己受益而对方受损时，信息劣势的一方便难以顺利地做出买卖决策，于是价格便随之偏离，并失去了平衡供求、促成交易的作用，进而导致市场效率的降低。道德风险是指在信息不对称条件下，不确定或不完全合同使得负有责任的经济行为主体不承担其行动的全部后果，在最大化自身效用的同时，做出不利于他人行动的现象。

保险科技并不神秘，也没有那么全能，不必神话化。其本质是依靠技术的力量辅助人工提高决策（承保风险、反欺诈等）或服务的精准性与效率，打破信息不对称，将重复性、低附加值的环节用机器替代，提高用户服务体验和便利性。技术发展与成熟是需要一定时间和过程的，只有保险科技发展到一定高度，才能出现大规模应用场景，从而使其产生一定的影响力。

保险科技价值在于通过数据挖掘、技术算法支持，识别人工无法精细化、实时化判断的风险及弥补人力服务效率不足的环节，降低风险发生的概率。大数据、人工智能、区块链、云计算技术赋能保险本质上就是在解决数据安全、数据共享、数据挖掘、数据分析等问题，在此基础上对保险业务流程进行优化升级改造，最终实现成本的降低、效率的提高、风险的降低、服务覆盖广度及深度的提高。无论是技术本身还是工具，都只是在人们做出精细化的决策和服务便利性上起到一定参考作用，但真正能发挥多大价值还是要结合宏观经济发展规律和人的因素而定。

因此，保险科技更需要在能产生长远发展价值的领域（如网络安全、数据共享与融合、信用评级、监管科技、赋能产业等）发挥其价值和作用，为保险健康发展提供更大保障。比如保险科技可以在解决保险基础设施、保险网络安全、保险监管、实体经济与保险匹配性不足的痛点与需求，完善基础风险保障的基础上，为实体经济和保险两者架起扎实的桥梁，为保险精准化服务实体经济提供辅助决策与支持，虽然实践起来较难、较慢，但从长远发展来看一定是会产生更大社会价值和商业价值的。

（五）知识

Web（World Wide Web，万维网），可以说是互联网的代名词，也是互联网的核心部分，因为人们正是通过Web网站来进行社会互联。目前为止，万维网经历了Web 1.0到Web 4.0的发展，可以预见其将走向Web 5.0和Web 6.0，从最初的商业用途（把企业信息搬上网络）、综合信息搜索，到博客平台的自我展示、互动发展，整个历程可谓欣欣向荣、扎实前行。

（1）Web 1.0：信息共享。Web 1.0时代是一个群雄并起、逐鹿网络的时代，虽然各个网站采用的手段和方法不同，但第一代互联网有诸多共同的特征，表现在技术创新主导模式、基于点击流量的盈利共通点、门户合流、明晰的主营兼营产业结构、动态网站等方面。

（2）Web 2.0：信息共建。Web 2.0是相对于Web 1.0的新的时代，是指一个利用Web的平台，由用户主导而生成的内容互联网产品模式，为了区别传统由网站雇员主导生成的内容而被定义为第二代互联网。抛开纷繁芜杂的Web 2.0现象，进而将其放到科技发展与社会变革的大视野中来看，Web 2.0可以说是信息技术发展引发网络革命所带来的面向未来、以人为本的创新Web 2.0模式在互联网领域的典型体现，是由专业人员织网到所有用户参与织网的创新民主化进程的生动诠释。

（3）Web 3.0：知识传承。计算机是人类的意识外化，其每一点进步，都必然聚合更多人的智慧。集聚人类智慧为人类共享，是计算机科学技术的内在本质。在Web 3.0里，我们不但要消灭陷阱病毒，踢出垃圾信息，更要有序化、系统化整个Web世界，以全Web资源为基础建设出一座“Web图书馆”，实现人类自身的“知识传承”。Web知识界系统产品，就是这样一个实现人类自身知识传承的Web 3.0系统。即时性是其主要特性，这里的即时性好比学堂里老师教学生的即时性，因此即时通信（IM）系统是知识界的技术平台。

（4）Web 4.0：知识分配。在Web 3.0里，人类可以随心所欲地获取各种知识。但人们并不知道自己应该获取怎样的知识，即自己适合学习哪些知识。比如一个10岁的孩子想在20岁的时候成为核物理学家，那么他应该怎样学习知识呢？这些问题就是Web 4.0的核心——知识分配系统所要解决的问题。Web 4.0就是人人平等的网络时代，同时将实现自由人的自由联合。

（5）Web 5.0：知识工程。Web 5.0也被称为语用网（Pragmatic Web），每一台计算设备里都有一个语用单元典，记录其可以支持的软件模块及其协作的消息，标明其可以理解的语用范围。Web 5.0将是一个新的互联网王国，这个王国不再以地域和疆界进行划分，而是一个以兴趣、语言、主题、职业、专业进行聚集和管理的王国。

（6）Web 6.0：知识革命。Web 6.0，本质上不是单纯的互联网技术或衍生思想，而是在互联网、物联网、智能网基础上发展的心智网（Mindnet），是一种全新模式，即将改变世界的新的物理模式。在Web 6.0里，每个人都有调动自己感官的无限权力，用自己的五官去重新发现世界，从而改变世界。

（六）技术

技术问题，即保险科技机构如何利用组织和技术方法的革新显著降低产品的定制、调整成本和用户获取成本。降低产品的成本，可通过三种途径实现：普及生产工具，通过普及传播工具降低消费成本，连接供给与需求。

保险市场的关键因素是专业化，通过专业化来体现集中化，保险科技机构可供选择的保险市场专业化定位有：①最终用户专业化，专门为某一类型的最终用户提供服务；②垂直专业化，专门为处于保险产业链的某些垂直层次提供服务；③小用户专业化，反其道而行之，集中100%的精力去满足那些传统保险业务看不上的小客户群体；④特殊用户专业化，专门向一个或几个大用户销售产品；⑤产品或产品线专业化，只经营某一种产品或某一类产品线；⑥运营专业化，只为专属用户供应特制保险产品；⑦服务专业化，向大众提供一种或数种传统保险所没有的服务；⑧销售渠道专业化，只为一类销售渠道提供服务。

（七）风险

风险问题，即保险机构如何利用更加自动化的手段平滑风险波动，降低风控成本，提升风控能力。随着保险科技工具（智能风控、智能保顾等）的成熟，保险科技的便利性逐渐被保险机构所认可，其对保险科技的期待也越来越高，似乎保险业许多待解难题，都可以用保险科技来解决，往往动不动就使用“颠覆”“重塑”来描述保险科技对保险业的影响和变革。当然，我们并不否认保险科技未来的发展潜力与影响力，但是我们需要站在客观的角度对保险科技的优劣势做出评判，防止过于激进而盲目乐观，也要防止过于保守而停滞不前。任何事物的发展都有两面性，要辩证地看待它，充分吸取好的经验，消除隐患。

辩证看待保险科技，发挥保险科技的优势，弥补保险科技的不足，正视当下的困难与挑战，为未来的发展提供坚实保障非常重要。保险科技的健康发展离不开以下几个方面：

（1）保险科技的应用需要强大的基础设施提供安全防火墙。从目前保险科技的进程来看，保险科技的作用主要体现在助力保险机构营销获客、风控、产品设计、客户服务等保险应用方面，在很大程度上解决了保险服务的可获得性和便利性；而在科技赋能保险关键领域如保险安全与风险防范、数据治理、共享与网络安全、监管科技、信用体系建设等方面还处于探索初期。相对而言，前者侧重点在效率，提高经济效益，更加快速地助力商业价值的实现；后者侧重点在质量，为前者提供坚实的基础设施与安全保障，具有巨大的社会价值和意义。两者相辅相成、缺一不可，需要协同发展，通过后者的发展来明确前者的业务边界，保障国家保险安全，实现保险稳健长期可持续的发展至关重要。

（2）在数据安全基础上进行数据共享与融合是保险科技精细化发展的重要前提。科技赋能保险精细化发展的前提是要在保护数据隐私与安全的基础上，实现数据共享与融合，通过不同维度数据分析提升风险控制能力，使风险控制达到精细化、实时化、透明化，同时对用户行为进行分析并做出更好的预测，通过对数据风险分析、模型算法不断迭代，为用户匹配个性化的服务和产品。这是保险科技向智能保险发展过程中不可逾越的重要环节，但如何用好技术，在防范风险、保护隐私与获得保险服务便利等方面如何获得平衡，考验着监管方、保险服务供给方、需求方各方的智慧。

（3）保险科技的健康可持续发展需建立在服务实体经济的基础上。目前保险科技应用在保险运营上供给过多，而在服务实体经济、赋能产业上应用较少。

（4）保险科技的发展要在保险“慢与稳”与科技的“快与规模”两者之间取得平衡。互联网思维特点是“专注、快、极致”，以往在赋能其他实体商业或生活场景（衣、食、住、行、娱乐等）中其商业模式是依靠免费低价、信息透明、服务便利等优势提高用户黏性、扩大用户规模的，即通过规模效应实现商业模式可持续。这些是建立在实实在在的日常生活消费需求的基础上，每位用户有多次重复交易的需求，增加客户黏性、提高交易频率也是互联网平台降低获客成本、提高盈利空间的一种方式。

保险的逻辑就是“风险、谨慎、理性”，风险控制是其发展的前提。这就注定保险服务商业模式的差异性，其是靠对风险的长期控制得到长远发展的，即“慢而稳”。保险服务是有边界、有上限的，不可能与互联网商业模式一样不加以限制地通过多次频繁交易获利。平衡好科技和保险两者的关系，掌控好其中的度非常重要。

（八）挑战

保险业走进保险科技时代，需要遵循六大原则。

原则一：分享很难。无论是传统保险还是保险科技，都需要分享。保险科技就像空气一样，需要和其他人共享。在这种情况下，怎样才能不干扰彼此的连接呢？这就需要有效的分享和协调技术——保险科技的治理问题。

原则二：排序很难。如今风险越来越难以计量，随着用户需求排序的项目越来越复杂，排序工作也变得越发困难，同时用户的需求也越来越多样化，保险科技需要找到有效的排序方法。

原则三：用户很聪明。保险科技能否对大众的意见产生影响，使产品评价及推荐更加准确和有效？答案是肯定的，但我们需要对用户意见及其生成机制做一些特定的假设。

原则四：用户并不那么聪明。为何有些视频会出现病毒式传播？因为人们可以影响彼此的行为和决策。在保险科技中，某些人是否比其他人更具影响力？是的，而且他们的影响方式并不一定很直观，比如关键意见领袖（KOL）、关键意见消费者（KOC）等关键人。

原则五：分而治之。通过这一概念，保险科技的规模和功能可以有效地增加（从路径选择到行为纠错）。从地理和功能上，保险科技都被巧妙地分成了很小的部分，因此每部分都可以被单独管理。

原则六：端到端。这是最后一条原则，主要讨论保险科技机构如何在巨大的互联网空间里运作。终端设备往往不知道，也不需要知道，互联网中到底发生了什么，以实现分配给它们的各种功能，例如拥堵控制。而在互联网中，保险科技机构执行一项任务的具体位置是一个重要的问题。

（九）行动

手段问题，即保险科技机构如何向海量用户推介自己的产品、服务，如何凸显自身产品的优势。创造一个繁荣市场的秘诀：一是低成本地提供所有商品；二是高质量地帮消费者找到它。为此，在长尾市场运营中，保险科技机构要遵循以下三个方面九条法则：

（1）在降低成本方面：法则一，让产品集中，例如亚马逊，努力消除边际成本。法则二，让用户参与生产，例如维基百科、简书，这不是外包是众包，众包的优势不仅在于提高经济效率，有时候用户的作品更出色。

（2）考虑小市场：法则三，多种传播途径。一种传播途径并不适合所有人，长尾市场是跨越时空的，它不会受制于任何的地理障碍，也不会猜测人们什么时候需要什么样的产品。法则四，多种产品。一种产品并不适合所有人。法则五，多种价格。一种价格并不适合所有人，买的人多则价格高，买的人少则价格低，而不是一种产品多个价格。

（3）摆脱控制方面：法则六，分享信息，意思就是产品分类。拥有更多信息是好事，但前提是信息提供方式必须有助于用户的选择，而不是把选择过程弄得过于复杂。法则七，考虑“和”而不是考虑“或”，稀缺经济时代任何事情都是“这个或那个”，丰饶经济学是“这个和那个”。在容量无限的市场中，供给全部产品几乎永远是正确的答案。法则八，让市场替你做事（协同过滤器），在稀缺市场中，你必须猜测一下什么东西能够畅销。在丰饶经济学中，你只需要把产品扔在那里，让市场自己去筛选它们。互联网市场最大的优势就是群体智慧的测评能力。法则九，理解免费的力量，数字市场最不容易忽视的特征之一就是免费的特征。免费策略已经成为最常用的互联网商业模式之一。

（十）监管

监管问题，即保险科技的技术驱动、保险创新与监管博弈，主要是如何围绕创新理论和技术进步驱动保险创新来研究保险创新的技术驱动；如何围绕保险监管、保险创新和保险监管的关系、保险创新与监管博弈模型来研究保险创新与监管博弈。

就保险科技而言，应推动内外部的监管联动：软法治理（内部监管）和柔性监管（外部监管）。内部监管，即软法治理，主要是运用保险科技机构的内部治理架构，把保险科技的流程标准提升为一种规则的公约等。外部监管，即柔性监管和刚性监管相结合，以市场主体为基础的治理结构才会形成多元共存、良性互动的新局面，才有利于各方得到更大的扶持。

三、保险科技科学理论的内容

（一）保险科技的说明书

如今，以大网络、大数据、大计算、大智能为代表的保险科技和以法律规章监管、职业道德监管、利益分配监管、社交人文监管等为代表的保险监管，正在推动保险产业发生明显的变革，安全、高效、公正、透明的新保险正在形成，而保险业的发展也将呈现出五大趋势：数字化、网络化、智能化、微利化和标准化。

一是数字化，数字货币（数字人民币）逐步替代实体货币，引发纸质货币之后的又一次货币革命。大数据、区块链等技术推进数字货币替代纸币、电子账本替代纸质账本，身份识别、综合信息（经营、信誉、生活、社交、健康）逐步替代资质评级。

二是网络化，网上保险机构进一步替代实体保险机构。运用新一代网络、区块链、物联网等技术，实现分布式记账、无线支付、网上购买保险、消费痕迹、保险搜索等保险活动，网络保险机构进一步替代实体保险机构。

三是智能化，就是通过云计算、人工智能、智能机器人等技术，实现客户风险评级、智能获客、智能保顾、保险方案自动生成等保险活动。

四是微利化，就是利用现代信息技术逐步使保险活动标准化、透明化、程序化、科学化，防止出现暴利，有效打击保险欺诈，促进保险与实业的有机结合、协同发展。

五是标准化，就是通过区块链、客户预警、欺诈识别、智能监测（人文监管、社交、信誉、健康）、多网互联（银行、证券、保险、信托、消费、公安、通信等）技术，提升保险监管能力，提高其效率，促进保险活动程序化、科学化、信息化，让每一类保险活动成为一个标准化的模块，防范保险风险，反假账、反流失、反洗钱、反腐败，大幅度提高保险工作效率、保障保险安全。

（二）保险科技的解释学

保险供给包括保险供给主体和保险供给服务，其中保险供给主体是指各类保险机构，保险供给服务是指保险机构所提供的各类金融产品和服务。保险系统是通过把风险从投保人手中转移到保险人手中起到资源优化配置作用的。保险有效供给意味着保险人对市场信息能够进行正确识别，从而发现保险项目的真实价值；意味着保险人能够以合理的价格为投保人提供保险服务。总之，通过有效的信息甄别、合理的价格形成、适当的风险分摊三大机制，有效的保险供给实现对个人或企业的正确选择和资产配置的合理引导，由此带动供给结构改善与全要素生产率提高，激活供给侧结构性改革“一池春水”。

在保险创新与发展过程中，最大的特征是界限模糊，边界越来越不清晰。这种特征具体表现在五个方面：一是传统保险过去更多着眼于大客户，未来关注点可能向“二八现象”里的80%转移；二是融合混业的趋势在加速，新保险为混业的新发展带来一个非常好的契机；三是基于保险科技的效率在提升；四是资源集聚速度明显加快，可能通过跨界并购、跨界合作、跨界交融实现；五是在新保险趋势下，传统保险和新保险的融合必然会带来风险管控的新特征。

正如习近平总书记在党的十九大报告中指出的，中国特色社会主义进入新时代，我国社会主要矛盾已经转化为人民日益增长的美好生活需要和不平衡不充分的发展之间的矛盾。同样，保险供给的模糊与保险需要的模糊之间存在一种非均衡状态，这种非均衡状态需要一种新技术、新思维、新方略、新路径。

从供给来看，“不平衡”和“不充分”分别对应于供给的结构性问题和水平不够高的问题，二者本质上都属于供求不契合、不对应的问题。从原来的供不应求到现在的供求不匹配，具体体现在以下三个方面：一是总体性的需求与供给矛盾被结构性的需求与供给矛盾所取代；二是短缺社会中的生存型矛盾被丰裕社会中的发展型矛盾所取代；三是物质匮乏导致的单一矛盾被经济社会文化环境不同步发展导致的多元矛盾所取代。供不应求，社会需求总体上得不到充分满足可能产生发展动力不足的问题，而供求不匹配，社会需求满足的群体性、区域性和类别性差异可能直接激化群体矛盾、区域矛盾等各类社会矛盾。

（三）保险科技的方法论

保险供求失衡是指保险供给与需求不相适应，表现为保险供给大于或小于保险需求。保险科技要回归到本质，强调科技在保险风险把控上的作用，唯有如此，保险才能在良好的秩序上正常运行。《金融监管蓝皮书：中国金融监管报告（2017）》指出，“金融科技为金融体系带来了变化，金融科技的发展使得移动互联、大数据、云计算、人工智能以及区块链等全面深入地应用于金融体系当中，助力金融回归本质，解决金融供需之间的非均衡”。

大数据、云计算、区块链以及人工智能等现代科技手段不断融入保险领域，通过“保险+科技”的深层次融合，形成不依附于传统保险机构与体系的保险科技，已成为保险业的发展趋势。保险科技通过改造提升传统保险服务与产品、开辟新的产品和服务领域，已在风险治理、承保理赔、信息处理、资源配置等诸多保险领域得到应用。发展数字普惠保险增加保险服务的覆盖面、可获得性和便利度，可以不断提高服务效率和精准度，使保险朝着个性化、多元化、产品服务精细化等方向发展。

保险科技并非因为科技的先进性增添独树一帜的光环，而是作为联通社会各行各业的基础设施，带动社会的全面大跨步。保险科技是对传统保险的补充和改进，而非替代。科技并不是专属保险行业的利器，而是可以应用于社会发展的各个领域，目的是实现科技社会、智能社会。保险作为一个基本元素，不可避免地参与到人的生产生活中，保险科技也将作为基础设施，作为联通的枢纽，服务社会的整体发展。

（四）保险科技的实践课

目前，保险科技创新使保险业产生巨变，新的渠道和客户体验应运而生，保险机构要在未来的保险市场竞争中拔得头筹，需要重构信息技术组织模式、开发方式和交付流程。从道路上来看，保险机构在商业与信息技术对接上要具有敏捷性，要建立一支敏捷型的团队，致力于保险科技战略的落地，其中几个重要原则如下：

（1）敏捷。真正的敏捷开发，着力构建保险机构自身的数字客户体验，不断改进产品和服务，并重塑员工工作方式。

（2）开源。保险机构要利用开放资源加快开发。此外，鼓励其工程师贡献开源项目。

（3）复用。保险机构要利用云端封装的微型服务架构来实现标准化。

（4）设计。伟大的设计是开发项目的核心，保险科技的设计是保险机构应该重视和培养的能力。

（5）运营。保险机构要使运营团队更加贴近软件开发生命周期，与开发者的联系更加密切，同时投资工具和流程，使得软件交付实现自动化。

（6）合作。保险机构的敏捷团队应为满足商业需求而开发解决方案和服务。

（7）技术。除了关注保险科技的技术趋势之外，更要引领保险科技的技术变革。

（8）生态。通过与风险投资公司、创业企业以及学术机构合作，构建

“产学研”生态。

（9）输出。除了自用，保险科技还要通过输出创造更大的价值。

（10）知识。建立学习型组织，以帮助员工从技术和商业等方面增加其对保险科技的理解。

第八章 保险科技的学科体系

第一节　保险科技的学科体系

一、保险的学科体系

2016年5月17日，习近平总书记在哲学社会科学工作座谈会上的讲话指出，“要按照立足中国、借鉴国外，挖掘历史、把握当代，关怀人类、面向未来的思路，着力构建中国特色哲学社会科学，在指导思想、学科体系、学术体系、话语体系等方面充分体现中国特色、中国风格、中国气派”。

保险是通过分散风险提供保障的一种特殊的金融服务消费品，是现代社会经济系统中非常必要的安全性服务需求。保险通过独特的互助共济机制，以“风险治理+资金运用”为基础，定向配置资源，参与国家经济社会发展，创造价值，提供保障服务，实现风险治理、价值创造和资源配置功能。

中国保险业要积极响应保险服务经济转型与社会转轨的国家战略，顺应学科发展趋势，推动保险理论技术与实践业务创新，促进“保险保障、资金融通和社会管理”传统功能向保险“风险治理、价值创造和资源配置”的现代功能转变，加快发展现代保险服务业，使保险成为经济增长的“助推器”与社会发展的“稳定器”，成为国家经济社会高质量韧性发展的重要治理工具。

保险学科的发展有其内在演化逻辑。保险学科体系的具体构成内容形成了有特色的保险学科结构，保险学科结构是保险学科体系构成要素的排列和组合方式。保险学科体系大致可以由风险学学科群、保险学学科群、精算学学科群、劳动与社会保障学科群、应急管理学科群、相关支撑学科群六部分构成，每个学科群又由一系列的理论体系与技术体系构成。

（一）风险学学科群

（1）风险识别理论与技术：风险要素结构理论、风险系统韧性与脆弱性理论与技术、风险基因及因素空间理论、风险动态演化与突变理论、风险理论等。

（2）风险评估理论与技术：数理统计、概率论、精算学、随机过程等。

（3）风险控制理论与技术：系统控制理论与技术、博弈论与兵棋推演等。

（二）保险学学科群

（1）保险理论体系：保险经济学、保险行为金融学、保险社会学、保险营销学、保险投资学、人身保险学、财产保险学、再保险等。

（2）保险技术体系：以条款设计为核心的法律技术、以财务平衡为核心的精算技术、以保险经济活动价值链为核心的实务操作技术、以产品设计为核心的金融工程技术等。

（三）精算学学科群

（1）精算理论体系：精算学原理、金融数学、资产负债管理、利息理论、应用随机过程、随机控制等。

（2）精算技术体系：保险精算学、保险统计学、保险概率论、寿险精算、非寿险精算、意外险与健康险精算学等。

（四）劳动与社会保障学科群

（1）劳动与社会保障理论体系：劳动经济学、劳动关系、社会保障学、社会保险学、员工福利与企业年金、社会保险基金投资、医疗保障、人权理论、反贫困理论、风险管理理论、公共管理理论等。

（2）劳动与社会保障技术体系：社会保障精算、健康保险精算、系统科学技术、管理科学技术、信息科学技术、大数据科学技术等。

（五）应急管理学科群

（1）应急管理理论体系：风险管理与政策研究、应急管理与政策研究、应急管理理论和方法、比较应急管理、地理学类、社会学、环境科学、大数据科学等。

（2）应急管理技术体系：应急技术与管理、应急管理体系与能力、风险管控与应急管理、管理科学与工程、抢险救援指挥与技术、消防工程、安全防范工程等。

（六）相关支撑学科群

（1）保险保障所服务领域的学科，如健康保险涉及的医学与健康管理，运输保险涉及的汽车、火车、轮船、飞机等学科，保险学科风险事故相关的交叉学科等。

（2）风险、损失相关的人文社会学科，如灾害经济学、荒政学、灾难人类学、保险人类学等。

（3）保险运营中涉及的相关金融、投资等学科，包括货币银行学、中央银行学、商业银行学、证券投资学、证券市场、期权期货、担保信托、租赁、典当、拍卖等。

二、保险科技的学科体系

保险科技是技术推动的保险创新。从发展的视角看，保险与科技的融合将成为保险创新的主要动力源，科技不断改变保险形态、保险模式和保险效率，一些传统经济、金融、保险理论已经难以解释现代保险现象，推动保险理论创新迫在眉睫。

历次技术进步对保险业的改变，使得保险实践实现飞跃，由此形成了新的学科专业。20世纪50年代，我国高校设立了保险专业，60年代发展为国际保险专业，90年代融合为金融学（含保险学）二级学科。进入21世纪，随着保险业的发展，精算师职业开始普及，推动了精算学等专业的出现。2010年以后，在大数据、云计算、人工智能等技术广泛应用于保险业以后，产生了互联网保险和保险科技等专业。学科层面也把保险科技作为重要的二级学科进行建设。可见，保险学科的发展内生于保险实践，并随着实践的发展而不断调整演变。

任何一个学科都有自己的理论和学术共同体标准，那么，保险科技学科有没有独有的理论基础，有没有自己的研究对象呢？《金融科技（FinTech）发展规划（2019—2021年）》指出，“金融科技的快速发展促使金融业务边界逐渐模糊，金融风险传导突破时空限制，给货币政策、金融市场、金融稳定、金融监管等方面带来新挑战”。保险科技实践发展中出现的问题就是保险科技学科需要解决的问题。

（一）保险科技理论的方向

作为新兴学科领域，其理论体系还在探讨和发展演进之中。应该说，保险科技理论具有特殊性，因为它植根于科技发展与保险创新，需要两个领域的基础理论支撑。保险学的理论是否因为科技发展改进保险模式和效率而发生变化？新型的保险科技形态，如由中央银行发行管理的数字加密货币带来货币理论的变化了吗？货币政策与宏观调控是否要做出相应的调整？货币乘数还有效吗？数字加密货币到底是价值货币还是信用货币？为何其能称得上数字保险资产？这些基础性学术问题需要理论创新做出解释。保险科技领域的理论发展有很多可以探讨的方向。

（二）保险科技发展动力与创新机制

保险科技发展的动力、决定因素及其效应需要理论阐释。科技赋能保险发展，在创新保险模式、保险机制、保险制度等方面还有不少基础问题需要研究，需要理论发展与创新。保险科技是技术推动下的创新，与一般的保险创新有何差异？对应的保险规制或保险监管机制应该如何设计？保险科技本身发展存在怎样的风险？是否存在先天的扩散机制和效应？机制理论设计的方向是什么？上述问题有待进一步阐述。

（三）保险科技形态演进规律与趋势

保险科技形态随着科技本身的发展在不断演进，其中的规律值得总结。保险科技形态与保险本身发展的关系、科技周期与保险科技创新周期的关系、保险科技未来的趋势等，这些基础理论问题需要深入研究，进行理论化梳理。

（四）保险科技学科归属

保险科技实践的快速发展，促进了学科知识体系的形成，相应的理论也在构建当中。目前，教育部尚未批准设立保险科技本科专业，但是2018年教育部批准设立了金融科技本科专业。清华大学、北京大学、浙江大学、中国人民大学、中央财经大学、上海财经大学、西南财经大学等在金融学学科下设置了互联网金融方向、金融科技方向、数字金融方向、人工智能与金融方向、大数据金融方向等，本科层面设置了金融科技实验班、大数据金融实验班、数字金融实验班、人工智能+金融实验班等。金融科技在本科、硕士和博士层面的教育快速兴起，一个崭新的学科体系已具雏形。

从国外金融科技学科归属情况看，少数设置在工程学院或计算机科学技术学院，多数设置在商学院。国内高校金融科技学科专业设置在金融学院、商学院或经济学院，也有个别院校设置在信息学院。教育部新增金融科技本科专业归在金融类专业下，是金融类专业下的第10个专业，专业代码为020310T。金融科技本科毕业授予的学位类型为经济学学士。金融科技学科归属到应用经济学一级学科符合金融科技内涵定义，金融科技是技术推动下的金融创新，本质上是金融服务的新形式。如果有高校将金融科技专业设置在工程学院、信息学院或计算机科技学院，学位授予建议为经济学学位，特殊情况可在工程方向下授予工学学位。

三、保险科技的学科体系建构

随着技术引领日趋成为保险发展的新特征，保险科技人才培养越发重要。学科交叉发展是未来保险学科的方向，保险与科技的融合是大势所趋。保险服务与产品数字化、保险体验虚拟化、保险机构技术化、保险监管科技化是未来保险业的主要特征。保险人才应该具备复合型的专业知识体系，拥有保险管理、现代技术能力。保险科技学科是保险发展过程中出现的阶段性新兴学科，未来随着保险业科技化改造的普及，保险创新的技术基础和条件更加完善，保险科技学科必然会融入保险大学科之中，传统保险学科也会被改造升级，成为交叉、复合型专业学科。

在现有保险类专业格局下，发展保险科技学科专业有其必要性和可行性。本硕博保险科技人才培养应有不同的定位，课程设置要符合实践发展对人才知识结构和基本素质的要求，同时结合各学校的特色。建议保险科技人才培养手段技术化，专业教学技术化，教育场景虚拟化，提升教学效率和教学质量。同时要不断加强课程建设，尤其是新兴专业课程建设。未来保险科技领域面临的主要问题是风险，包括伦理道德风险、规制建设不足的风险、技术过度发展带来的管理风险等。因此，人文伦理规制建设日趋重要，现代前沿技术冲击下的保险伦理、保险科技法规建设需要进一步加强。

（一）培养目标

保险科技学科旨在培养具有全球视野，系统掌握经济学、金融学、保险学和现代信息科技理论知识，熟悉保险实务操作，熟练掌握信息科技、数据科学、算法和智能技术，具有较强的实践能力和创新精神，能够适应金融科技、保险科技、监管科技等领域需要的保险精英人才。

（二）培养要求

保险科技专业学生应系统掌握经济学、金融学、保险学的基本理论和基础知识，掌握保险分析与现代信息科技、智能技术的基本工具，具备从事保险相关实际工作的科学素养和基本技能，尤其是要掌握大数据、区块链、人工智能等前沿的保险科学技术，把握保险学科的理论前沿和发展动态；要熟练掌握一门外语，具有较强的外语听、说、读、写、译能力，能够在工作中熟练进行计算机编程、具有将科技手段应用于保险服务的能力；既要有进一步学习深造的深厚理论基础，又要有浓厚的研究兴趣和创新意识；要具备良好的品德操守、人文修养和社会责任意识，具有较强的实践能力和良好的综合素质。

（三）核心课程

保险科技学科的核心课程包括金融学、保险学、金融科技概论、保险科技概论、监管科技概论、互联网保险概论、保险公司经营学、保险市场学、保险风险管理、金融工程概论、计量经济学、数据结构与算法、大数据和小数据与保险、数据挖掘、机器学习与模式识别、区块链技术及应用等。

（四）实践要求

保险科技学科要求学生在Python程序设计、数据库原理与应用、C++程序设计、数据结构与算法、计量经济学、保险经营学、保险统计分析、现代统计软件、数据挖掘、区块链技术及应用、云计算与大数据技术、机器学习与模式识别等课程完成实验教学环节；通过参与社会实践、市场调研、创新创业实践、毕业实习、毕业论文/毕业设计与专题报告等完成实践教学环节。

近些年来，随着保险科技的快速发展，保险业与时俱进，利用网络信息技术，打造保险新业态、新模式，提供了各种更加便民、利民的保险服务，更重要的是重塑了保险科技引领保险业发展的新思维。与此同时，高校应充分考虑到保险科技发展、保险与科技的深度融合，明确保险业的科技需求，完善保险专业教学课程体系，以前瞻性、明确性原则对保险人才培养方案进行改进，细化保险人才的培养目标。在高校从事保险学教学的教师应强化保险科技思维，树立现代教育理念，不断提升自身专业素质，积极与其他同学科的教师进行交流，构建与时俱进的课程体系，在理论教学和实践教学中要实现教学思维创新、教学内容更新、教学方式改进，培养在保险风险管理、保险产品设计、保险数据挖掘与分析、保险产品运营等方面，既具备扎实的信息技术功底又熟悉保险业的跨学科、复合型、高层次的综合性保险科技人才。

第二节　保险科技的学术体系

一、保险的学术体系

新中国成立以来，我国保险业在计划经济体制下仅留下了部分进出口相关业务，虽于1952年就开设了高校保险专业，但于“文革”中停办。1980年，当时的中央财经学院（现中央财经大学）开始恢复保险专业的高等教育，保险学术研究逐步恢复、成长、壮大。

学术研究的发展必然植根于一国经济发展的需要和当时的经济发展状况，我国保险业在1980年恢复之后，亟须保险学术理论支持和解决保险经营中的具体问题，此时向西方学习保险经验和保险理论就是最科学的选择。经过40多年的学习和发展，我国保险学术体系借鉴和吸收了西方保险学术的研究成果，培养起来的学者也在这些学术领域逐渐发声。

向西方的学习解决了我国保险业从无到有的问题，我国保费规模世界排名第二，可以说从量上形成了促进保险学术研究进一步发展的土壤和基础。此时，如何促进保险业高质量发展成为更为重要的问题。同时，随着量的积累，我国保险学术体系的构建已经到了需提出自己的新概念、新理论的时候，用以解决我国更一般的保险实践与保险理论问题，这是时代发展的需要，也是水到渠成的时刻。

改革开放后，中央财经学院于1980年率先恢复国内保险高等教育，之后上海财经大学、复旦大学、武汉大学、南开大学、西南财经大学等高校也开始开展保险教学和保险研究工作。从1985年李继熊、陈继儒教授出版《保险学概论资料汇编》开始，国内学者逐步建立起保险学科的学术体系：保险学涵盖法律、精算、经济学、金融学相关知识，以保险商品关系为研究对象。

自20世纪90年代开始，西风渐进，保险学术体系的分析范式逐渐由马克思主义政治经济学视角转向西方经济学视角，并持续至今。客观而言，西方经济理论在对保险的定量分析、实证分析方面，有其值得学习的地方，经过漫长的发展，诸多优秀的经济学家投入大量精力与智慧建立了精密的分析体系、分析框架与分析方法。过去这20年可以说是我国保险学者，特别是中青年保险学者全力投入向西方学习的20年，我国保险学科在被西方经济学洗礼后，具有了比较深厚的学术基础。

我国保险业1980年恢复国内保险业务，“吸收外来经验”帮助我国保险业实现了从无到有的发展，在保费规模方面实现了量的积累，也帮助我国保险学术体系完成了某种意义上的建立。《加快构建中国特色哲学社会科学学科体系、学术体系、话语体系》一文指出，“学术体系是加快构建中国特色哲学社会科学的核心，主要包括两个方面，一是思想、理念、原理、观点、理论、学说、知识、学术等；二是研究方法、材料和工具等”。下面我们从这两方面阐述保险学术体系的历史发展和现状。

（一）保险学术思想、理念、原理、观点、理论、学说和知识

（1）对于风险的认知。历史上，人们对于风险的认知是从自然灾害开始的，但风险更强调损失发生前预测与管理的动机。通过对概率论等数理工具的运用，人们可以将“风险”与“灾害”“危险”等概念区分开来。“风险”与“不确定性”有区别，从理论上讲风险是可衡量的，因而也是可保的，真正的不确定性则是无法预测也无法获得保障的。

以上对于风险的认知也体现了风险客观学说的主要思想，我们通常使用损失期望、损失方差等指标对风险进行描述。与此相对的是风险主观说思想，它强调不同的个体面对相同的风险也会有不同的判断，因此在衡量风险时需要考虑个体面对风险的主观感受。效用理论作为经济学中最为重要的理论之一，也是在风险主观说的基础上衍生出来的。

从传统的保险理论来看，保险被认为是分散个体所面临纯粹风险的补偿性合约。把保险的对象界定为纯粹风险，一方面是因为基差风险很小的经济补偿合约只有在纯粹风险的环境下才不会产生逆选择与道德风险，当纯粹风险满足一定条件时即可成为可保风险。另一方面，不可保风险的存在也是不完全保险市场概念的来源所在。

（2）效用理论与保险需求。如前所述，效用理论起源于学者对个体主观感受的认识。冯·诺依曼—摩根斯坦效用函数（VNM效用函数），建立了较为具体的财富效用函数，即以财富效用函数的性状来表示个体对于风险的偏好或者态度，这些态度可以由效用函数对财富的一阶导数和二阶导数刻画出来。当消费者运用效用函数进行不确定情形下的决策时，其决策原则也从期望财富最大化变为了期望效用最大化。与此不同的是哈里·马科维茨提出的均值—方差模型（MVM），此时风险被定义为收益率的波动性，效用被界定为资产收益率期望值与方差（或标准差）的函数。新的效用函数通过对资产收益率期望值与标准差的偏导数来刻画风险偏好或风险态度。这个模型为资产组合理论的发展奠定了坚实的基础。

（3）信息不对称理论。如果金融市场是完善的，市场即使面对不确定性最终也会形成有效均衡。然而，包括保险在内的金融市场的一个重要特征就是信息不对称，信息不对称意味着交易各方所拥有的、会影响交易的信息是不同的，这会导致市场均衡不能实现。信息不对称可能会造成保险市场出现逆选择和道德风险，并会导致保险市场失灵。

（4）保险市场周期理论。作为经济波动最常见的形式，周期波动是经济运行过程中的普遍规律。"周期"研究一直是国内外学者关注的重点，并逐渐从宏观经济领域扩展到各个行业。保险市场的周期性主要体现为承保周期和保险周期，其波动既是一个关系到保险业能否健康运行的现实问题，又是一个被业界和学术界广泛关注的重大理论问题。

（5）保险组织形式。保险组织形式是指经营保险业务的组织机构所采用的形式。根据科斯定理，在没有交易成本的情况下，不同组织形式的选择对于经济活动没有实际影响。但是在现实生活中，各种交易成本和信息不对称问题无处不在，所有者、管理者和保单持有者三个主体的权利义务各不相同，且由于信息不对称问题的存在，各主体之间会有不同程度的利益冲突，这就导致了不同保险组织会根据实际情况选择最适合自己的组织形式，使组织形式成为保险组织的一个重要决策变量。

（6）保险监管。保险市场存在着信息不对称和委托代理等市场失灵问题，这是需要进行保险公司偿付能力监管的经济理论基础。除此之外，保险市场存在破产传染风险和其他的市场问题也是需要监管干预的重要原因。学界认为影响监管的主要因素为市场竞争、巨灾风险和系统性风险。保险监管手段应包括偿付能力监管、市场行为监管和公司治理监管等。

（二）保险学术研究方法、材料和工具

（1）经济学方法在保险学中的应用。保险学作为应用经济学中的一个重要学科，经济学研究方法被广泛运用于对保险的研究中。经济学研究方

法大体可以分为两类，规范研究和实证研究。规范研究建立在某种价值判断基础上，并以此作为建立理论的前提、分析和解决问题的基础以及制定政策的依据。实证研究则不涉及价值判断，在做出与经济行为有关的前提假定后，研究经济事务运行的规律，并分析和预测这些规律下经济行为的趋势。

（2）保险学中的精算方法。保险经营管理的核心目标是控制经营风险、保证偿付能力、有效提升公司的价值。为了实现这一目标，需要准确地刻画风险，合理地进行保费计算，设计合适的保险产品，可靠测算并足额提取准备金以及提高保险资金的投资收益。这些过程常常涉及量化风险。保险精算学依据经济学的基本原理，运用现代数学、统计学、金融学、保险学和法学等理论和方法，对保险经营过程涉及的相关问题开展定量分析，以保证保险经营的稳定性和科学性。

（3）保险资金的运用。有效的资金运用将促进保费的下降，并提升保险公司的利润及其竞争力。保险资金运用的形式主要有银行存款、债券、股票、抵押贷款、保单质押贷款、不动产等。保险资金的应用必须满足监管的要求。另外，保险资金的应用也需要满足资产负债管理的要求，尽力做到规模匹配和期限结构匹配等。因此，在这些约束下，如何选择最优的投资组合是非常有挑战性的课题。

精算方法依赖于模型的构建，并利用历史数据来拟合模型的参数。数学模型是解决保险投资不确定性和风险问题的一个非常有用的方法。然而，数学模型在一定程度上简化了现实情况，这种简化有时容易带来模型风险。因此，借助数学模型讨论保险问题时，一定要认识到模型背后的局限性，同时要不断地检验模型预测结果与实际情况的偏差，并根据最新的信息来调整模型。

二、保险科技的学术体系

保险科技作为保险学科的一个分支，其相应的学术体系也包括两个方面：一是思想、理念、原理、观点、理论、学说、知识、学术等；二是研究方法、材料和工具等。下面我们从这两方面阐述保险科学学术体系的历史发展和现状。

（一）保险科技学术思想、理念、原理、观点、理论、学说和知识

（1）保险与科技的关系。金融（保险）与科技，被比喻为经济社会发展的两大车轮，在历史的长河中相互作用、相互融合。保险更多地体现为社会关系，科技更多地体现为生产力。从科技角度来看，科技一直在改变保险业，包括改变保险形态、保险模式、保险效率、保险制度、保险管理水平等。

（2）保险科技的范畴、理论等相关问题。通过分析科技保险、互联网保险与保险科技的关系，可以给出保险科技的规范定义，保险科技理论的基础在于技术与制度支撑下的保险、保险服务的成本、效率与体验、保险科技与资源配置效率等；保险科技理论的三个关键问题，包括法律与规制、伦理与道德、技术的边界问题。

（3）保险科技的功能理论。从承保理赔（支付清算）功能、长尾理论、搜寻理论、机制设计以及监管博弈五个方面来分析保险科技对保险功能的深化以及对传统保险产生的影响。

（4）信息不对称。信息是现代保险活动的重要要素，信息技术是推动保险科技发展的重要动力。现代经济中存在着各种各样的不确定性和风险，以及信息不对称问题。由于市场参与主体双方的信息不对称，在保险领域表现为逆向选择、道德风险等，抑制了保险效率。

（5）保险共识机制。共识的概念由来已久，是人类社会前进的基石。社会依靠法律、道德、社会信仰等各种共识机制才得以顺利发展。保险领

域中也广泛存在各式各样的共识机制，是支撑保险运转的基础，包括最大诚信原则、市场机制、契约机制等。区块链共识机制是保险领域共识机制的一种表现形式。

（6）共享保险。从共享经济到共享保险，共享理念贯穿于新经济的各种商业模式和业态之中。共享保险正是利用了保险科技带来的基于技术的新的共识机制，弥补了传统保险体系在共识机制方面的不足，从而活跃在当下的经济社会中，绽放活力和色彩。

（7）区块链、通证经济与数字加密货币设计原理。保险科技中，需要了解分布式记账、分布式账本的概念，以及相关的区块链技术；探索由区块链产生的通证经济，如何进一步影响我们的社会，从而进一步理解区块链的设计。

（8）保险大数据与机器学习原理。包括大数据的特征，大数据可视化、大数据分布式并行计算、大数据软件工具，保险大数据的数据获取方式、预处理方法以及关联分析初步知识，机器学习、监督学习、非监督学习的概念及种类，以及强化学习。

（9）人工智能、深度学习与自然语言处理。包括人工智能的定义、分类、发展历史等，以及人工智能最新进展的深度学习、自然语言处理等。

（10）其他保险科技相关学科，其中包括，现代支付体系，现代金融交易体系，数字货币、货币供求与货币政策，大数据征信管理，等等。

（二）保险科技学术研究方法、材料和工具

（1）保险风险管理中的保险科技。伴随着金融科技的迅猛发展，大数据、云计算、人工智能、区块链等技术纷纷开始介入保险风险管理领域，为风险管理主体的相关工作提供了强大助力。当前，需要研究的问题包括，宏观金融风险管理和微观金融风险管理之间的关系及相互影响的内在逻辑，保险风险管理系统构建的内在逻辑，保险风险识别、度量、预警和控制的数理技术基础和基本原理，大数据、云计算、人工智能、区块链技

术的基本原理及其与保险风险管理的适应性问题。

（2）保险科技的风险及管理。保险科技的技术风险是大数据、云计算、人工智能、区块链等数字技术不成熟而带来的潜在风险，主要有风险传染性强、传播速度快、复杂程度高、破坏性强等特征，包括技术选择风险和技术安全风险等两类。保险科技伦理风险有狭义和广义之分。狭义的保险科技伦理风险指金融机构及其相关从业人员利用自身信息优势，违背道德伦理，导致客户受到损失的可能性。广义的保险科技伦理风险指一切保险科技参与者因科技伦理而遭到损失的可能性。保险科技伦理风险包括大数据杀熟、大数据隐私与机器替代人类等。针对保险科技的技术风险和伦理风险，要通过监管组织、监管技术与机制设计进行有效管理，维护保险安全和稳定。

（3）保险科技监管与监管科技。保险科技监管是指针对保险科技的一系列监管规则以及监管技术，落脚点在监管；而监管科技则是运用新兴技术对保险行为进行监管，既包括对保险科技的监管技术，也包括对传统保险的监管技术，落脚点在技术。保险科技监管与监管科技在具体表现形式上不尽相同，各有侧重又有所重叠。监管科技通过人工智能、机器学习、区块链、云计算等现代科技与监管合规体系进行深度融合，为监管机构以及保险机构、保险科技企业提供以技术为核心的监管解决方案，有效实现保险安全与保险效率的平衡协调。

三、保险科技的学术体系建构

目前关于保险科技学术体系的建构还处于讨论阶段，笔者以《金融科技：框架与实践》《监管科技：框架与实践》《保险科技：框架与实践》《互联网保险：框架与实践》等著作树立了一个“靶子”，吸引更多的研究者、实践者加入这项研究，不断完善保险科技的学术体系。

（一）《金融科技：框架与实践》

科技进步对金融领域的发展起到了重要的推动作用。每一次重大的金融突破背后，都有着科技创新的身影。科技创新的步伐日趋加快，并逐步融入社会与经济的各个领域，当其与金融业务深度融合时，便出现了以大数据、人工智能、区块链、云计算和移动互联等为代表的金融科技。

与此同时，金融发展的格局和趋势也发生了明显变化。作为对传统金融的变革，金融科技正以加速前进的步伐，广泛渗透并深度融合到人类金融活动的各个方面，成为重塑世界新金融格局、创造人类未来金融生活的主导力量。金融科技蓬勃发展，也必将会改变传统金融监管的模式。我们有幸见证金融科技的不断变革，而金融监管的演变趋势未来同样值得期待。

金融科技应该有自己的价值观，即新商业文明，具体到金融来说，就是新金融文明。新金融文明依托信息技术驱动，在传承传统金融优势的基础上，能够更好地适应实体经济多层次、多元化发展的金融文明。那么，在新金融文明背景下如何加强金融监管？在保护好金融消费者利益的同时，如何为新金融发展提供更广阔的天地呢？

《金融科技：框架与实践》一书系统、全面地阐释了金融科技，揭示了社会变革导致的金融模糊，金融科技助力金融供需的均衡，金融科技的规则、逻辑和未来之美、未来之道、未来之魅、未来之巅，揭示了金融科技的局面在变化、逻辑在更新、未来在演进。

（二）《监管科技：框架与实践》

2008年国际金融危机后，世界各国的金融监管趋严。面对不断上升的合规成本，以英国、美国为代表的许多金融大国开始借助监管科技（RegTech）降低合规成本。监管科技，是指使用技术解决监管面临的挑战和问题，推动各类机构符合监管要求。其本质是采用技术手段，在被监管机构与监管机构之间建立一个可信任、可持续、可执行的“监管协议和合规性评估、评价和评审机制”。

监管科技在具体表现形态上有两大分支——运用于监管端的监管科技（SupTech）和运用于金融机构合规端的监管科技（CompTech）。换句话说，RegTech=SupTech+CompTech。

具体来看，在监管层面（监管端）应用监管科技，主要是利用新兴技术通过自动化化繁为简，高效执行审慎监管及货币政策，以提高监管水平和效率；在市场层面（合规端）应用监管科技，主要是帮助企业管理和控制风险，满足反洗钱（AML）和了解你的客户（KYC）等合规要求，减少人工操作失误，降低企业受监管处罚的风险，实现纸质报告流程的数字化，节约合规成本。

《监管科技：框架与实践》一书系统、全面地阐释了监管科技内涵，揭示了格局与趋势下的金融科技的价值观、科技创新的伦理观、金融监管的时局观；揭示了脉络与关系下的金融创新、金融科技、监管科技；揭示了科学与艺术下的监管科技的技术、逻辑、陷阱、规则；揭示了变迁与未来下的监管科技的三个维度、三个阶段、三重境界、三个假说，以及监管科技的科学思考、艺术思考、哲学思考、未来思考；揭示了监管科技的局面在变化、逻辑在更新、未来在演进。

（三）《保险科技：框架与实践》

保险科技与保险创新之间是一种怎样的关系，一直被当代的保险学家津津乐道，从本质上而言，保险科技与保险创新之间是一种相辅相成的关系，保险科技是推动保险创新的动力，而保险创新则是保险科技发展的重要方向。

保险创新的核心在于创新，只要出现在保险领域的新事物、新现象、新活动，都可以认为是保险创新。保险创新的出现并非偶然现象，从本质上说，它是经济发展的客观要求，是保险市场发展到一定阶段的产物。

当今时代，随着保险科技的发展，保险创新给我们的生活带来了诸多变化。保险不再是一种单一的保险概念，保险科技也不仅仅是一种服务于保险的工具。保险与科技结合，给我们带来的更是一种全新的融合体验。但在保险创新的背后，其实也反映出我国保险市场发展不平衡、不充分与不均衡三大问题。

如果科技奇点是真实存在的，那么保险科技的发展也将会出现一个奇点，在一定的时间内有些保险科技一定会产生，并且在某段时间内会加速爆发。也就是说，人类或早或晚都会通过科技发现一个关于保险的基本定理，然后用足够的实力去改变保险原有的定理，它的技术形态绝不仅仅是利用大数据、云计算去进行用户画像、智能保顾这种弱人工智能的形式，到最后，保险科技的形态有可能已经超出我们所能预测的范围，突破到三维空间以外的地方以其他的形式来表达保险的存在。

《保险科技：框架与实践》一书顺着保险科技的“科学理论框架、社会实践格局、学科体系建构、未来发展猜想”思路进行了论述，指出“保险科技，最核心的功能就是实现保险风险流量化而不是存量化，让‘蓄水池’式的现代保险向‘流量蓄水池’，乃至‘流量池’式的未来保险发展”。

（四）《互联网保险：框架与实践》

互联网自诞生以来，日益成为不断影响和改变社会、经济、文化等各领域的一种重要的活跃力量，保险业界对互联网技术的应用也处在不断体验和探索之中。与各种体验和探索相对应，社会各界对互联网保险的认识，也在不断地变化和深化。正如笔者在《互联网保险新模式》一书序言中所言，“互联网+”与“保险+”的融合必将经历“道”的三个阶段，并将处于循环复始中：第一阶段（2014年以前），互联网保险是存在的，即传统保险的互联网化；第二阶段（2015—2020年），互联网保险是变化的，除了传统保险的互联网化外，互联网保险新业态逐步形成；第三阶段（2021年至今），互联网保险在不断变化中也将消失灭亡，将进入一个“互联网+”与“保险+”融合的新阶段。

《互联网保险：框架与实践》一书从研究态、科技派、数据观、未来体四个角度来研究互联网保险，以便帮助我们更好地认识互联网保险的全面性及其全方位影响，同时构建了互联网保险的思维框架，描述其核心规则与可能的未来。

第三节　保险科技的话语体系

一、保险的话语体系

提升中国话语国际影响力，则要分析：中国话语是什么？中国话语在国际上的影响力如何？如何提升影响力？如何检测、衡量影响力是否得到了提升？

话语体系是人们借助符号系统并遵循相应的逻辑主线来表达和构建的意义系统，它是一个学科的文化密码，蕴含着特定的思想文化、价值观念，乃至意识形态。主要体现为一个学科的标识性概念、新概念、新范畴、新表述，也包括话语方式、话语权。具体而言，即司马迁所说的“究天人之际，通古今之变，成一家之言”。也就是说，话语体系是从“天与人、今与古、中与外、体与用”八个维度进行精细、缜密的整合思考而形成的表述体系解释逻辑。在跨文化交流和比较文化研究中，话语体系还包括不同文化的可理解性和可翻译性。

保险学学科的研究是建立在大数法则的基础上，通过对风险规律的认识，预测风险损失，收取合理的保费并建立保险基金，以便在风险事故发生时，对风险损失进行补偿或按约定的条件给付。在现代经济社会中，保险已成为风险治理不可或缺的主要手段。因此保险学科话语体系的上述八个维度，即对应着客观世界与风险主体的关系、历史文明传承与当代发展创新的关系、中国特色与全球经验的关系、基本理论研究与具体应用的关系。

中国保险学科的话语体系建设，应当以建立与经济社会发展水平相适应的适度风险保障体系为目标；以建立与经济社会发展水平相适应的风险区划为基础；以科学的风险与不确定性事物分析和报告体系为抓手；以市场化手段为涉险相关资源的配置动力，建立中国特色的风险保险体系，内扬保险三大职能，服务人民幸福和民族复兴事业，外推风险治理共同体，谋求和平发展。

（一）丰富风险结构理论

丰富风险结构理论，要以认识和解释人类与客观世界的关系为目标。人类是风险的邻居而非主宰，人类仅仅可争取做自己的主宰。人类尊重和理解风险，可与其和谐共处及相互融合，进一步在有序化和风险演化中分享红利。

万事万物的性质是由其结构决定的，风险也是。我们可以将风险解析为六要素结构，包括风险因素、风险环境、风险客体/标的、风险事件、风险损失、风险主体。其中，风险因素、风险事件、风险损失为基本要素。

从风险的基本要素来看，风险因素、风险事件、风险损失三个基本要素之间存在如下关系——风险因素可能会引起风险事件，风险事件可能会导致风险损失。将风险更深入地解析为六要素结构之后，我们便更容易理解，同样一场严重地震，发生在沙漠和发生在中心大城市，损失显然是截然不同的。风险六要素的总体架构中蕴含的深刻含义是人类与客观世界的关系构成的风险，这样可以更好地解释风险的规律及其对经济社会的影响。风险六要素结构如图8–1所示。

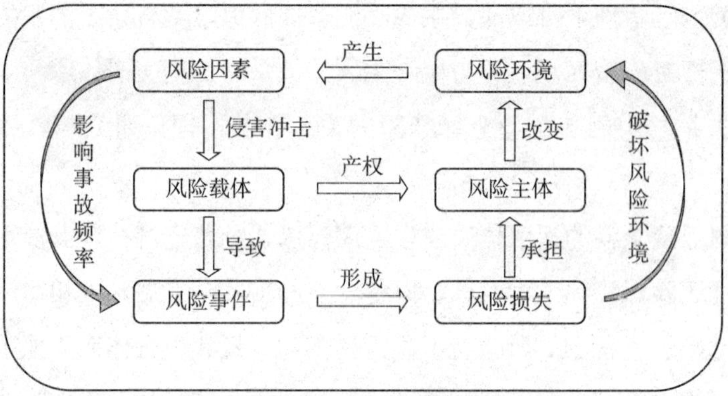

图 8-1　风险六要素结构

风险的上述六要素及其相互作用，体现为风险的结构，构成了风险的状况，这些要素的结构决定了风险的大小。要素结构既包括要素之间的结构状态，也包括各要素自身的结构，它们共同决定了结构力，决定了风险的状况和大小。风险结构的合力，决定了风险结构的演进方向，这是经济社会发展演进的重中之重。

（二）发展完善保险结构

在适度风险保障水平的原则下，要依据风险保障的重要程度发展和完善保险结构。

（1）风险保障水平过度与社会困境。如前所述，风险保障对社会经济发展有着重要的影响。风险保障水平的不足，必然会制约经济的发展。但是，过高的风险保障水平，不仅会错配涉险资源，也会给投保人带来严重的经济负担，甚至酿成其他风险。

风险保障水平过度的后果是：抬高企业产品成本，影响企业的再投资和国家对外竞争能力；改变了风险格局，滋长被保障者依赖、懒惰情绪，影响风险防控效益，甚至产生道德风险；加大了投保人的财务压力，反而不利于投保人在风险防控方面与保险人配合，加大了风险。

（2）适度风险保障水平的意义与原则。适度风险保障水平具有一些明显的优势：保证了风险主体的最低风险保障要求，使社会保持稳定；调节经济社会涉险需求，推动社会兼顾风险保障与经济发展，让有限的资源用于社会最需要的地方；提高人们的生活质量，提高人的素质，促进社会进步；促进涉险相关产业发展。

依照适度风险保障水平的要求，应探讨和把握如下原则：一是风险保障水平要与社会生产力发展水平及各方面的承受能力相适应。二是要确立合理的保障结构，先从被保障者无法抵御的较为重大的风险开始保障，实现对被保障者的基本保障，再逐步提升保障水平，实现较为完整全面的风险保障。三是要确保不可因为一项保障计划和风险处理方案的安排，给被保障者带来更大的风险。

（3）适度风险保障的目标模式。风险保障水平受诸多因素的影响，主要包括社会经济发展水平和运行状况、社会经济制度和经济理论与经济政策的导向等。风险保障水平是风险保障体系的核心内容之一，它直接关系着风险保障体系发展的方向和效果。适度的风险保障应坚持既保障被保障者的日常基本经济生活或运行，又促进其健康发展。首先，实现对风险的基本保障，满足人的最低的生存需求或企业的基本运行条件，维持社会稳定。其次，保障水平要与社会生产力发展水平及各方面的承受能力相适应。再次，保障水平要兼顾效率与公平，通过多层次、多机制的保障体系来实现，包括强制性保险、半强制性保险、政策性保险（保费补贴型）、税收等优惠鼓励型保险和纯市场化的商业保险。最后，应具有对风险保障水平不足与风险保障水平过度的动态判定和调整机制。

（三）深刻理解风险观

深刻理解风险观的核心是风险区划（Risk Regionalization），风险区划需与经济社会发展阶段相适应，风险治理安排是保险业健康发展的前提。

（1）风险观，在经济观和哲学观之间，是影响一切决策的根本性因素。风险观是人依靠一定的思维感官对风险做出的认知、理解、判断或抉择，也就是由人认定风险、辨别其大小的一种思维或取向，从而体现出人、事、物的取舍或运用。简单地说就是人对风险及其治理的认识。

风险观的主要构成包括：第一，风险既是可以认知的，又是可以治理的；第二，风险观的主要元素包括判定风险的标准、治理风险的目标、面临风险时的取舍等；第三，风险结构可解析和认识，风险要素可演化，涉险生态可健全和强化，涉险的博弈可以实现均衡，其中风险演化的主要方式是风险要素的分离、组合与匹配，以及风险损失的补偿和平抑；第四，风险是一种进程，由要素力形成的结构力决定其运行方向；第五，要素力受风险主体的主观意识影响，其他风险要素则依其优良情况被选择和优化；第六，人的行为受风险观影响，客观事物特别是不可抗力事件影响风险观；第七，风险治理的理论目标是使风险结构达到均衡而稳定，风险成本得到控制。

（2）风险区划是一切决策的核心，风险的保险保障是成熟社会的标志，丰富多彩的经济社会需要多层次的风险保障机制。不同风险的影响不同，与我们的关系也不同，我们对待其的态度也不相同。它一定程度上超出了经济学的研究范畴，也并不完全符合积少成多的规律。如：1万次小地震也不能与一次大地震的损失相提并论。也就是说，重度风险、中度风险和轻度风险，我们是需要用不同的态度去面对的。对于重度风险，我们只能为之让路、顺应、避让；对于轻度风险，我们将其视为经济或财务支出，将其列入成本，甚至可以在经济社会运行的有关环境中将其直接消化；而对于中度风险，则情况复杂多了，我们需要在了解、认识规律的基础上研究应对方案，涉及伦理社会、知情权和决策权、有序谋划、风险治理、保险等，且需要运用多层次的风险治理手段，实现全方位的风险防控措施和风险保障机制，包括予以补偿、分摊、分散等保险补偿或给付保险金。

因此，风险区划是非常重要的，但经济社会发展的不同阶段，不同的收入水平，导致其风险区划是不同的，人们对待风险的态度也不同。风险区划问题是核心问题，对个人、主体、经济社会有着巨大的影响。无论是集合内部的分歧，还是集合之间的分歧，都体现为风险区划的分界点不同。在东西方对话中、中国与世界的对话中、中国与美国的对话中，出现了重大的挑战，公众的认识也出现了模糊，经济发展阶段的不同带来的风险区划的不同是重要原因。

（3）风险治理是风险管理与保险学科的重要组成部分，风险治理安排是保险业服务经济社会的基础。人口、自然环境资源、科学技术、组织制度和社会经济结构构成了现代风险社会的五个基本风险源。风险的复杂化，使得技术性的风险管理难以满足经济社会发展的需要，因而系统性的风险治理成为经济社会的必然选择。

风险治理是指通过一定的机制，协调、引导、约束甚至控制风险要素，使风险或者风险的影响既可以控制在可以接受的范围内，又可以在不断优化中趋于稳定，实现以最小的成本获得最大的安全保障。简单地说，风险治理就是自适应风险管理活动的机制。其核心是，全社会共同治理风险，而风险治理的成本，由风险文明和风险红利的分享者承担。

风险治理目标是建立和优化自适应风险管理活动的机制，实现以最小的成本获得最大的安全保障。没有任何作为，当然是风险最小。但如果把追求财富、追求更高的生活水平看作是为了避免贫困的风险，也就是说任何冒险行为都是为了避免更大的风险，那么，风险治理就是在寻求一种平衡，追求进步和防范风险之间的平衡。

（四）加大服务社会力度

要高度重视在消费者、保险机构、股东、经济社会之间分割资产和价值的关键工具，以科学的风险与不确定性事物分析和报告体系为抓手，集行业之力，让利率、生命表、疾病率表、车险事故损失率表等关键参数科学化、公开化，形成加大服务社会力度的共识。

利率、生命表、疾病率表、事故损失率表等，是保险产品定价时的关键性参数。这些参数的大小，不仅影响保单的价格，而且对保险公司偿付能力和资本金等的具体要求有直接的影响，对保险业务的经营价值以及保险企业的公司价值都有重大影响，影响到保险资金运用在资本市场上的投资行为要求。因此，这些参数是在消费者、保险机构、股东、经济社会之间分割资产和价值的关键工具，更是保险学科话语体系的关键要素，这些参数的科学与否，涉及全社会的利益格局。

（五）建立中国特色的风险保险体系

要以市场化手段为涉险相关资源的配置动力，建立中国特色的风险保险体系，内扬保险三大职能，服务人民幸福和民族复兴事业；外推风险治理共同体，谋求和平发展。

（1）在风险的主阵地捍卫保险保障防线。保险保障是典型的以强扶弱、以安济危，多层次的保险保障体系是经济社会面对风险时的核心保障框架。无论是社会保障还是商业保险，都是依照法律制度或依照保险合同的约定，在保险责任范围内的按需分配，社会保障是统筹、互助的国家或政府机制，商业保险是自发的市场行为，其市场性部分可以提供较高的效率，其相助、统筹的客观属性则为风险面前的万里长城，更是文明社会的美德和标志。而精算则是对风险做定量刻画并为精准施策奠定了根本性基础。

所以，保险学科、保险学者、各类保险专业人员都是在风险的主阵地上，专业水平和政治水平是经济社会平稳运行的重要支撑，是根本防线。

为经济社会提供充分的保障，探索一种具有中国特色的保险保障机制，特别是确保主阵地，确保经济社会的万里长城牢不可破，是我们最大的政治。一方面，要坚持原则，坚守规则，严格按法规制度做事；另一方面，要在众多的可以人为决策的空间内，坚守思想和行为底线，为企业负责，为人民负责，为国家负责，为社会和人类负责。

（2）建立中国特色的保险保障，内扬保险三大职能，服务人民幸福和民族复兴事业；外推风险治理共同体，谋求和平发展。风险治理、价值创造的资源配置是保险的主要职能，对于前进中的中国经济社会，保险的发展具有重要意义。保险保障本身对于人民幸福至关重要，也是各类风险面前的重要屏障。而保险的资金运用将广大人民的资金汇集成巨额的长期资金，投资于经济社会的方方面面，这不仅是中华民族复兴之路上的重要力量，而且可以让广大国民分享经济社会的发展成果。在国际社会，保险可以通过再保险，在国际上谋求风险治理命运共同体，既对冲风险，又谋求和平发展环境，这是保险业应坚守的政治立场。

（六）确立中国保险学科和专业人员应坚守的原则

在中国保险学科话语体系的构建中，应在保险相关运行环节坚守有关原则，以保障实现中国特色风险保障体系服务经济社会发展的建设目标。保险学科和保险学专业人员应在坚持如下原则中成为经济社会前进的中流砥柱：入局、担当，而非挑肥拣瘦；价值创造而非价值寄生；信息沟通而非信息垄断；助推产业升级而非阻碍；优化保险与风险治理社会生态圈而非恶性循环；价值透明、光明磊落，而非利用估价规则操纵市值；构建多层次的完备保险保障安全网，而非仅走偏门、以利为先；在风险结构的核心支撑点改变不确定性格局，而非寄生于细微的盈利小场景赌一点利润；坚守偿付能力原则，而非“寅吃卯粮”；忠诚于市场各方主体而非向某方输送利益；负责任地使用作为在消费者、保险机构、股东、经济社会之间分割资产和价值的工具的利率、生命表等关键参数，而非事不关己高高挂起，更不能追逐私利而出卖某方；在价值汇聚中让“砖瓦木石”建造成“房屋”以实现价值飞跃，而非成为建筑垃圾；在风险汇聚中让“枪”和“子弹”通过适时的隔离管理和组合管理，既防范防火墙失控爆发危机，又在必要时汇聚力量服务社会；既拥抱科技文明，又超越“丛林法则”。

二、保险科技的话语体系

金融是现代经济的血脉，是资源配置和宏观调控的重要工具。金融科技大大提升了金融服务的效率和质量，更有力地助推了实体经济的发展。保险业是金融行业的重要组成部分，保险市场既是金融科技创新应用的前沿阵地，也是金融科技发展壮大的重要支撑。保险科技作为一门新兴学科，属于学科交叉范畴，因此，保险科技的话语体系包括四部分。

（一）保险科技在金融科技中的话语

保险科技，狭义上，可以简单理解为“保险业+金融科技”，从这个层面理解，保险科技是金融科技在保险业的应用；广义上，保险科技可简单理解为“保险+科技”，从这个层面理解，保险科技是科技在保险业的应用。

（二）保险科技在监管科技中的话语

保险科技重点关注以大数据、云计算等为代表的先进技术的应用与普及，以及其对提高保险服务效率的作用。因此，保险科技创新可以改善我国保险市场服务效率不高、创新能力不强、资源配置落后等问题，从而满足多方群体对各种保险服务以及产品等的需要，促进国家经济社会可持续发展。

无论是“约束诱导理论”还是“规避管制理论”都认为，如果保险机构面对的保险监管过于严格，需要进行保险创新，所以，保险科技领域的创新推动因素之一就是合理地规避现有的严格的保险监管，以获得高额的创新收益。

保险科技监管是指针对保险科技的一系列监管规则以及监管技术，落脚点在监管；而监管科技则是运用新兴技术对保险行为进行监管，既包括对保险科技的监管技术，也包括对传统保险的监管技术，落脚点在技术。保险科技监管与监管科技在具体表现形式上不尽相同，各有侧重又有所重叠。

（三）保险科技在保险中的话语

保险科技作为技术驱动的保险创新，其本质仍然是保险。科技是工具，科技要为保险服务。保险科技发展的主要目的仍是支持国家经济社会可持续发展。近年来，5G、物联网、云计算等信息技术提升了保险业的服务效率，也推动了保险业向数字化转型升级。目前我国保费总收入已居世界第二位，是全球保险业发展的主要贡献者之一。未来7~10年，我国保险业的发展潜力巨大，应该着眼未来，按照科技的思维进行流程再造。

（四）保险科技在国际上的话语

目前，各国对于保险科技发展中的基础性、战略性作用逐渐形成共识。当前，在保险科技国际标准方面，英国、澳大利亚、新加坡等国家积极性很高，动作很快，我们应做好标准储备和研究储备，加强在国际标准制定中的实质性参与和话语权，避免在保险科技标准国际化方面“起个大早，赶个晚集”。

三、保险科技的话语体系建构

保险科技的话语体系建构，关键是要前瞻性地把握全球保险科技的十大趋势。

趋势一，关于保险科技重要作用和发展原则的全球共识逐步形成。当前保险科技已经成为一个全球性的议题，世界各国包括国际组织对于保险科技从最初的审慎观察变得更加积极包容，对保险科技的理解在不断融合趋同，出台了很多促进保险科技健康发展的政策措施。

趋势二，服务国家经济社会可持续发展、促进普惠保险的发展导向更加明确。保险科技作为技术驱动的保险创新，其本质仍然是保险。

趋势三，兼具适应性、有效性和创新性的监管框架不断完善。当前，由于经济社会发展阶段、保险发展水平、法律监管体系等方面的差异，不同国家对保险科技采取了不同的监管框架。尽管监管框架和工具各异，但全球保险科技监管呈现出六大共性特点：一是注重穿透保险科技业务本质，进行归口分类监管；二是对特许经营领域实施较为严格的准入管理；三是按照风险和监管匹配的原则，对部分业务领域适度简化监管程序，降低保险科技企业合规成本；四是更加关注信息披露、投资者保护等方面的行为监管；五是更加关注保险机构技术和业务外包的监管；六是提倡用监管科技监管保险科技。

趋势四，保险科技行业自律的作用日益重要。理论和实践表明，行业自律能够对监管形成有益补充和支撑。建立监管和自律有机协调配合的行业管理机制，对于保险科技来说是一个非常重要的制度安排。

趋势五，风险防控作为保险科技行业生命线的地位更加突出。水可载舟，亦能覆舟。由于网络空间的开放性和互动性，保险科技创新可能带来业务、技术、数据和网络多重风险的叠加，对保险的安全性和稳定性可能产生冲击。因此，注重风险防控是各国发展保险科技的共同做法，也是必然趋势，而且各国开始重视传统保险风险之外的新型风险隐患，特别是数据、代码和算法方面的风险。

趋势六，传统保险机构积极拥抱保险科技的态势和效果更加明显。全球实践表明，保险科技与传统保险并不是取代和颠覆的关系，传统保险机构是保险科技领域的重要市场主体，也是保险科技生态圈和产业链的关键节点。

趋势七，新兴业态的运作模式和业务规则持续规范完善。网络互助、互联网保险等新兴业态的发展时间还比较短，发展规模在全球极不平衡，运作模式和业务规则还在不断完善的过程中。

趋势八，数字技术与保险应用场景结合更加紧密。从全球来看，大数据技术已广泛应用于精准营销、服务创新、运营管理、风险控制等方面，提升了保险业务的精细化水平。目前，区块链技术的应用仍处于初级阶段，在性能指标、安全稳定、隐私保护、信息防伪等方面仍存在瓶颈，还多为实验室规模或者小范围试用，距离在保险领域的大规模应用、融入人们日常生活和社会治理体系仍有较长的路要走。

趋势九，抢占保险科技国际标准话语权更加紧迫。目前，各国对于标准在保险科技发展中的基础性、战略性作用逐渐形成共识。当前，我们应做好标准储备和研究储备，加强在国际标准制定中的实质性参与和话语权。

趋势十，保险科技发展的国际化程度日益加深。保险科技已经成为信息化时代背景下各国保险竞争和保险资源布局的新兴领域。

第九章 保险科技的未来猜想

第一节　保险科技的变革猜想

一、变革的力量

（一）科技的力量

人类社会进步唯一的动力就是新技术、新知识与新制度。在信息技术浪潮中，更有效率的企业（商业模式）替代低效的企业是不可逆的，是不以道德与意志为转移的。工业机器、火车、集装箱、汽车、电力、流水线、计算机等新技术普及时都面临旧势力的顽强抵抗。

2021年是“十四五”规划开局之年。站在新的历史起点上，我们有理由相信，“十四五”期间我国数字化发展将取得更大成就。一是新型基础设施建设将加速铺开，数字化进程将进一步加快，人工智能、量子信息、集成电路等前沿领域将实现新的突破，我国产业链、供应链现代化水平和自主可控性将显著提高；二是第五代移动通信、工业互联网、大数据中心等新兴产业将加速布局落地并同各产业深度融合，推动先进制造业集群深入发展，成为助推我国经济社会高质量发展的新增长引擎；三是互联网普惠力度将进一步加大，公共服务、社会治理等领域的数字化、智能化水平将进一步提升，个人信息和国家数据安全将得到进一步保障。同样，保险科技正在从信息时代的“实验”、数据时代的“分析”走向智能时代的“计算”和心智时代的“心流”，我们看到保险科技的技术在演变、知识在进化、文明在演化。

（二）保险的力量

保险作为现代经济的血脉，是连接各经济部门的重要纽带，是现代国家治理体系的重要组成部分。我国保险市场规模先后超过德国、法国、英国、日本，目前全球排名升至第二位；保费收入从保险复业之后1980年的4.60亿元，增加到2020年的45257.34亿元，年均增长速度为25.84%。

新中国成立70多年，中国正在从保险大国走向保险强国，这需要进一步推进行业转型升级，提升核心竞争力。这些核心竞争力包括：以满足消费者保险保障需求为中心；以改革创新推动保险业高质量发展，强化科技在保险行业中的应用；以保险供给侧结构性改革促进服务国家经济社会可持续发展能力提升；推动保险业回归本源以及有序化解存量风险，严控增量风险，以防范系统性金融风险，促进行业高质量发展。

百舸争流，奋楫者先；千帆竞发，勇进者胜。保险业的成就是过去的，并不代表未来；面向未来，我们需要重新思考“狼来了”。回首过去，那些新中国保险发展史上浓墨重彩的历史性改革，注定成为新中国70多年辉煌历史进程中不可忽视的注脚。放眼未来，改革仍将继续，中国保险力量必将为实现中华民族伟大复兴提供坚强有力的支撑。

（三）保险科技的力量

现阶段，保险科技的力量愈加不容忽视，正在改变着整个保险业态的发展轨迹。近年来，在科技的引领下，数字化成为推动国民经济各领域提质增效的方向。保险业作为国民经济的重要组成部分，在供给侧结构性改革的过程中，在完善要素市场化配置、保持经济高质量发展的进程中，由保险科技的迭代推进，实现自我转型的同时，应将保险服务渗透至更多的经济难点、痛点领域，成为润泽万物的活水。

保险科技的发展将会有效降低信息连接、信息获取和信息计算的成本以及保险市场搜寻成本，提高客户服务和企业运营的效率，进而降低保险门槛，从而推动普惠保险的发展。正如诺贝尔经济学奖获得者罗伯特所言，“为什么要发展金融科技？将来的发展方向，可以帮助越来越宽广的社会阶层广泛地分配财富，金融创造的产品可以更加大众化，也可以更好地和社会经济融为一体”。

二、保险科技趋势的引领

保险科技在潜移默化的发展中，给保险带来了巨大的进步，也对我们从事保险业的思维、逻辑等带来了新的冲击与活力。保险科技改变保险的同时，保险也在改变着保险科技，二者相辅相成、相互促进、共同发展。当前保险科技已经渗透到保险的各个领域，极大地提升了保险服务社会的能力。

保险科技下的保险是我们对未来保险自身及其与保险科技领域各方面相互关系的理性思考和规律认识，大致可分为三个层面：工具层面，立足保险科技的功能，主要是探讨如何运用、管理、发展保险科技，通过保险科技获得更多经济和社会效益等；结构层面，立足保险科技的影响，主要是探讨如何推动保险科技与保险领域各方面的关联、互动、融合，从而调整和优化保险业服务能力等；价值层面，立足保险科技的本质，主要是考察保险科技发展的价值取向及其对保险业的影响等。

三、保险科技变革的十维空间猜想

保险科技的发展，从保险信息技术至互联网保险，又从互联网保险逐渐向智能保险转型。智能保险阶段，人工智能、区块链、大数据、云计算等新技术与互联网保险、保险互联网等新业态日渐成熟，不断创新，正在更紧密、更完善地同保险相融合，使保险加快向智能化、智慧化、无感化跨越。

（一）可视化保险

可视化（Visualization），是利用计算机图形学和图像处理技术，将数据转换成图形或图像在屏幕上显示出来，并进行交互处理的理论、方法和技术。它涉及计算机图形学、图像处理、计算机视觉、计算机辅助设计等多个领域，成为研究数据表示、数据处理、决策分析等一系列问题的综合技术。目前正在飞速发展的虚拟现实技术也是以图形图像的可视化技术为依托的。

虚拟现实技术，它能使人们进入一个三维的（多维的）、多媒体的虚拟世界，人们可以游历远古时代的城堡，也可以遨游浩瀚的太空。所有这些都依赖于计算机图形学、计算机可视化技术的发展。虚拟现实技术将一种复杂和抽象的数据以非量化的、直观的形式呈现给用户，使用户以最自然的方式实现交互，复杂场景的可视化仿真是虚拟现实的重要领域，其目的在于场景的实时生成并显示。可视化仿真系统，交互形式丰富，具有仿真效果好、开发流程快、用户真实感强、易于掌握等优点。

未来，保险要通过场站设计、官网改造、教育培训、宣传展示等内容，实现可视化保险，让消费从“在线”向“在场”转变，这将成为未来保险场景革命的开始。

（二）可追溯保险

可追溯（Traceability），是根据或利用已记录的标识（这种标识对每一批产品都具有唯一性，即标识和被追溯对象间是一一对应关系，同时，标识已作为记录被保存）追溯产品的历史（如该产品的原材料等）、应用情况、所处场所或类似产品或活动的能力。

可追溯包括两种途径：跟踪（Tracking）和追溯（Tracing）。跟踪是指产品从产业链的上游至下游的正向流通，跟随一个特定的单元或一批产品运行路径的能力。追溯则是指产品从产业链下游至上游的逆向流通，即识别一个特定的单元或一批产品来源的能力，就是通过记录标识的方法回溯某个实体来历、用途和位置的能力。《保险销售行为可回溯管理暂行办法》等明确规定，保险机构开展保险业务，应保证业务的可回溯，这就是保险的可回溯问题。

未来在保险的发展上，如果我们借助区块链，就可以轻松解决这个问题，因为区块链通过区块数据结构存储了创世区块后的所有历史数据，对于区块链上的任意一条数据，皆可通过链式结构追溯其本源。在这种情况下，保险将作为一种可追溯保险的形式而存在。

（三）可计算保险

可计算性理论（Computability Theory）作为计算理论的一个分支，研究在不同的计算模型下哪些算法问题能够被解决。相对应地，计算复杂性理论考虑一个问题怎样才能被有效地解决。可计算理论的研究对象有三个：判定问题、可计算函数和计算复杂性。

2018年5月欧盟正式生效的《一般数据保护条例》（GDPR），不仅保护个人隐私和数据，还要求所有自动化算法具有透明性、可解释性。算法的可解释性和透明性是一个重要的人工智能伦理命题，因为其关系人类的知情利益和主人翁地位，对算法的安全感、信赖感、认同度取决于算法的透明性和可理解性。

然而，保险算法的透明性和可解释性要求，对保险消费者保护的影响，以及是否会催生出一种独立的“获解释权”，尚有疑问，有待探讨。对智能保险算法提出的透明性和可解释性要求，使得“知情权”这一传统消费者权利在智能保险领域具象化展开成为可能。但在智能保险领域，传统“知情权”能否有效保护保险消费者是令人怀疑的。以下两个问题值得探讨：①GDPR语境下，保险算法的透明性和可解释性要求，是意味着一个“获解释权”的确立，还是仅仅存在“被告知的权利”？②保险算法透明性和可解释性规制路径，是从“数据主体”的角度还是从“保险消费者”角度出发？如果保险能够成为一种可计算保险，那么就需要对上述问题进行解答。

（四）可连接保险

可连接（Connectable），是基于互联网思维，整合云计算、物联网、移动通信技术、传感技术、软件技术等架构，搭建适用于保险业的物联网应用服务平台，为保险业用户提供平台接入服务，实现保险业的监测、管理的智能化，实时在线监测和集中管理、数据分析。通过搭建快速、高效、集中分布的保险连接平台，有利于构建以客户为核心的生态合作伙伴关系，可以以最优资源输出“一站式”服务。

保险业正在从“以产品为中心”向“以客户为中心”，再向“以用户为中心、以科技为驱动”发展，借助科技力量，整个保险生态将发生重大变革。例如，中国平安的“平安保险云”完全基于金融科技和云架构设计，结合保险业的特性，全面支持保险生态的各个相关方和相关业务所需的功能，助力保险业向智能化转型。平安保险云从IaaS层、PaaS层、SaaS层以及渠道多个层面着手，现已构建出面向保险业的全场景能力，并整合自身经验和能力，对外输出整体解决方案：例如依靠户外标记人脸数据集（Labeled Face in Wild，LFW）成绩排名世界第一的人脸识别技术（平安脸谱）、1分钟自动生成全景照片的VR全景技术，实现创新技术赋能；凭借承载万亿级金融交易业务的平安区块链、可实现自主挖掘和精准推荐的星云数据平台等，实现平台赋能；借助连接垂直领域需求企业、产品和服务的酷保云保险开放平台，为企业提供定制化、个性化的保险解决方案，将金融科技能力融入合作伙伴的业务场景之中，实现业务赋能。

保险的最终目标就是连接一切。所以在保险领域，也一定会出现一个类似云的保险模式，最终成为保险领域的可连接保险。

（五）可识别保险

所谓需求驱动市场，市场驱动技术发展。图像、语音、文本、情绪成为近两年最热门的概念。在人工智能时代，“快速”“准确”“语义”才受欢迎，因而图像、语音、文本、情绪也从过去的大数据概念向更高深的小数据技术领域迈进，智能的语音识别、图像识别、文本识别、语音情绪识别终将会走进普通人的生活。

生物识别技术就是通过计算机与光学、声学、生物传感器和生物统计学原理等高科技手段密切结合，利用人体的生理特性（如指纹、脸像、虹膜等）和行为特征（如笔迹、声音、步态等）进行个人身份的鉴定。图像、语音、文本、情绪以及生物识别技术的发展，让保险也具有了可识别性，所有的保险要素以及保险文本，已经具备了可识别的能力。

未来的保险一定是可识别的保险。借助可识别技术，保险的经营、服务效率将会极大提高，用户的投保体验也将极大改善，用户从投保开始，即可感受到保险的人性化关怀。

（六）可学习保险

学习，这个词语涵盖了广泛的定义。字典中的定义为“通过学习、指导或实践获得知识、理解或技能”。人类通过学习或者实践来获得知识、理解、技能甚至是情感。我们在学习中了解事物发展的规律，获得专业的技能，为生活和社会提供不同的价值。机器学习是类似仿生学的学科。人类希望机器拥有学习能力，像人类一样在获取大量知识、大量的数据之后，可以对这些数据进行提取、整理和分析。通过不断的训练、不断累积样本，让机器对未知的结果进行判断。我们将这些经验和数据输入到机器当中，让机器凭借其运算速度快、存储量大的特点，得到更加准确的结果。

汤姆·米切尔（Tom Mitchell）在《机器学习》一书中指出，机器学习是对能通过经验自动改进的计算机算法的研究。总体来说，机器学习是一门涵盖了多领域的学科，其中使用的方法包括统计学、概率论、凸分析、算法复杂度等。这些算法应用在人工智能的各个领域，助其进行归纳和总结。机器学习如今大量应用在心理学、生物学、数学、统计学、遗传算法等学科中。

智能保险顾问本质上就是一种可学习的保险，其已越来越多地运用到保险的平台之中。借助智能保顾，保险可以将自己的产品库与用户的需求相对接，并可以随时根据用户的需求，推出个性化定制的保险产品。在这个平台下，多元化的产品供应是保险实现客户差异化需求、提供精准定制化服务的关键。借助智能保顾，保险将打破传统保险市场信息不对称的桎梏，为保险消费者提供更加丰富、平等、个性、透明的服务。

（七）可虚拟保险

通常，我们可将“金融”简单定义为“资金的融通”，虚拟金融的定义可由此延伸，我们将其定义为“虚拟货币资金的融通”。和现实金融一样，理论上虚拟金融工具又有基础工具和衍生工具之分。基础虚拟工具（弱虚）有：虚拟货币（Q币等）、虚拟电子票据、虚拟回购、虚拟基金等；衍生工具（强虚）有：虚拟期货、虚拟期权。目前国内外除虚拟货币外，尚无其他虚拟工具的确切定义。

保险的虚拟性是指保险对象的虚拟性、保险交易的虚拟性和保险服务的虚拟性，在一个虚拟的环境里，实现保险人、被保险人、投保人、受益人、保险标的等要素的合一。数字时代，虚拟保险将逐步发展壮大，并在未来成为主流，以信用、制度为运作基础的传统保险将逐步向以技术、结构、权利为运作基础的虚拟保险转变。保险亦将成为虚拟保险的场景，甚至未来很可能也将变为一种可虚拟的保险。

（八）可交易保险

不可交易性是指某些资源由于其自身的特性或市场不完善性等不能通过市场公开买卖而实现其在企业间的流动。这就使得某些企业希望拥有某些资源的意图变得不可能。保险正在从不可交易性向可交易保险转变。

例如，2015年11月成立的上海保险交易所，就承担了保险交易的职能。目前，上海保险交易所以社会公众的保险服务需求和保险业的经营管理需求为导向，按照“公司化、市场化、专业化”原则，围绕保险风险交易主线，已搭建保险、再保险、保险资产等交易平台，并配套构建账户管理、资金结算、信息披露、市场咨询、运营系统、数据管理等一站式综合服务体系。保险因其所具有的互联网特性，使用户之间的保险交易更具有了可操作性。因此未来的保险，很可能就是一种可交易保险。

（九）可自我保险

自金融（Self-finance），是指通过互联网的用户聚合和高速传播的特点，为用户提供直接的投融资服务，资金的需求方和供给方都是个人，取代了原有的机构渠道来进行融资和贷款。《自金融》一书指出，自金融就是非金融企业利用经营数据、经营场景和流量，依托信息技术，提供投资、融资、支付结算与增值等综合金融信息服务。

自保险就是居民之间直接的保险互助行为。信息不对称和高昂的信息处理成本，产生了传统保险中介服务机构。在人们的生活中，最原始的保险就是一个中介，双方的交易完全可以自然地完成，不需要中介和外力的介入。比如早期的互助保险。但是随着保险交易的范围越来越广，产生了信息的不对称，在信息不对称的时代产生了商业保险，产生了保险公司，它们帮助我们处理复杂的信息。随着大数据、区块链等技术的发展，信息不对称面临着挑战，保险“脱媒”拉开了大数据时代序幕的一角，自保险开始登上未来的舞台。

（十）可技术保险

随着移动互联、云计算、大数据成为新一代的商业技术设施，保险服务的基础设施发生改变，前所未有的技术红利将推动保险业进入飞速发展阶段。移动互联网让“普”成为可能，云计算和大数据又做到了“惠”，让服务的效率更高、成本更低、风险更小。大数据甄别和计量风险，使缺乏历史数据的用户也能得到保险服务，也能实现“普”和“惠”。

毋庸置疑，保险是科学的制度安排，制度则是保险的当然属性。但社会的发展，特别是科技的进步，将赋予保险越来越多的科技内涵，并改变保险的属性。目前，我们已经能够明显地感觉到，科技在保险业的作用和地位越来越重要和突出，因此，未来的保险，很可能将从一个更制度的平台走向一个更技术的平台。这是一种必然的趋势，也是一个不争的事实。这种变化带来的不仅是效率的提高，也不仅是为未来提供了可能，它的背后还有一些更深层次的东西，是保险存在的基础和方式，值得我们认真地思考。

第二节　保险科技的进化猜想

一、进化的力量

（一）不确定性在进化

自17世纪以来，指导我们日常行为最重要的思维方式是“机械思维”。不论经济学家还是之前的克罗狄斯·托勒密（Claudius Ptolemaeus）、艾萨克·牛顿（Isaac Newton）等，都遵循着机械思维。机械思维更广泛的影响力是作为一种准则指导人们的行为，其核心思想可以概括为确定性（或者可预测性）和因果关系。牛顿可以把所有天体运动的规律用几个定律讲清楚，并且将其应用到任何场合都是正确的，这就是确定性。类似地，当我们给物体施加一个外力时，它就获得一个加速度，而加速度的大小取决于外力和物体本身的质量，这是一种因果关系。没有这些确定性和因果关系，我们就无法认识世界。

从牛顿开始，人类社会的进步在很大程度上得益于机械思维，但是到了信息时代，它的局限性也越来越明显。首先，并非所有的规律都可以用简单的原理来描述；其次，信息时代像过去那样找到因果关系已经变得非常困难，因为简单的因果关系及规律性都已经被发现了。另外，随着人类对世界的认识逐步清晰，人们发现世界本身存在着很大的不确定性。

不确定性在我们的世界里无处不在。我们经常可以看到这样一种奇怪现象，很多时候专家们对未来各种趋势的预测是错误的，这在保险领域尤为常见。如果读者用心统计一些经济学家们对未来的看法，就会发现其基本上是对错参半。这并不是因为他们缺乏专业知识，而是由于不确定性是这个世界的重要特征，以至于我们按照传统的方法——机械论的方法难以做出准确的预测。

世界的不确定性来自两方面，首先，当我们对这个世界的各方面了解得越来越细致之后，会发现影响世界的变量其实非常多，已经无法通过简单的方法或者公式计算出结果，因此我们宁愿采用一些针对随机事件的方法来处理它们，人为地把它们归为不确定的一类。其次，在信息时代，谁掌握了信息谁就能够获取财富，这就如同在工业时代，谁掌握了资本谁就能获取财富。

（二）保险也需要进化

我们都明白“一个人真正的成长，就是不断自我进化”，这也是《原则》这本书最核心的思想。自我进化并不是一件轻松的事情，它有非常多的障碍，其中最大的障碍就是“自我”。

所以，不确定性自我进化的结果是超级不确定性。《不确定性的时代》（作者在书中讲述在过去200年间，世界从充满确定性到游移难定）是加尔布雷斯1977年的著作，讲述的是那个时代的不确定性；但如果加尔布雷斯于2020年写作这本书，他可能会将20世纪70年代称为“确定的时代”。

不确定性在自我进化，保险作为一种应对不确定性的风险管理技术也需要自我进化。虽然不确定性不是风险，但是一些不确定性随着保险科技的应用正在演化为风险。如果一个经济代理人面对的随机状态可能产生的结果不能够以某种实际的概率分布函数来表示，这种随机状态则称为不确定性。如果一个经济代理人面对的随机状态可以用某种具体的概率值来表示，这种随机状态就称为风险。中国保险业正站在“自我进化”的十字路口，未来的发展正面临重大抉择。这不是在拷问不确定性，而是在反思中国保险业。

二、保险科技进化的路径

人类从洪荒走来，防灾避祸、寻求保障是其亘古不变的主题。保险是一种历史悠久的“互助共济、风险共担”风险管理方式，今天，保险科技正在为它注入新的机遇。保险在保险科技的加持下，从基于保险科技驱动的产品服务创新，再到用保险科技赋能整个保险生态系统，将会发生一场普惠大众的衍变。在这个过程中，保险机构要积极作为：

第一，要洞察保险科技发展趋势，结合当前科技、经济、金融、保险（新科技+新经济+新社会+新思想）发展趋势，探讨如何利用保险科技优化保险价值链。

第二，要聚焦保险科技价值定位，探讨通过保险科技助推保险机构客户满意度、股东满意度和员工满意度的同步成长，确定有别于同业竞争对手的保险价值定位。

第三，要强化保险科技应用能力，根据保险机构需求整合无缝的客户体验，建立保险科技营销能力以及应用到保险机构的科技能力和开发模式。

第四，要塑造保险科技传奇体验，从保险业务流程自动化、智能化能力建设等角度，探讨如何运用保险科技进行保险价值的设计和交付，真正助力保险机构建立“保险科技引擎”。

第五，要树立让自己成为成功的保险科技企业的信心，在保险科技的风口脱颖而出，强化优越的客户获取模式，坚持低成本的业务模式，与现有体系合作共赢。

总之，保险业通过数字化转型以提升服务效率和水平，就像在斜坡上推球，需要精心把握好力量的平衡，既需要充分运用助推上升的客户需求驱动力和信息技术拉动力，也要掌握好防控下滑的风险控制止动力，而成功的保险科技企业有益于保险机构掌控好数字化转型力量的平衡。

当前，我国发展仍然处于重要战略机遇期，保险业也处于发展的黄金时期。社会治理和社会保障体系的完善，为保险业的发展营造了良好的外部环境，科技和制度创新也成为保险业创新发展的新动能。随着大数据、人工智能、区块链、云计算等技术的运用，科技正在赋能保险业，正在帮助保险公司和保险市场逃离无序竞争、同质竞争的环境，保险增长将由外延式增长进一步向内涵式增长转变，逐步向高质量发展阶段转变。

新科技、新经济（包括新保险、新金融）、新社会、新思想，万事万物都是新的，其本质还是“人”的追求在变化，消费者的期望正在发生根本性的变化。如何找到这个期望并利用新的时代特征、新的技术手段来顺应新的期望，决定了你是“一路朝阳”还是“日薄西山”。

三、保险科技突围的十条路径猜想

保险在科技的加持下，从基于技术驱动的产品服务创新，到用科技赋能整个保险生态系统，将会发生一场普惠大众的衍变。保险要实现高质量发展，就要制定自己的“科技+制度+管理+服务”战略，或者说找到保险高质量发展的科技路径，如此方能实现突围。

路径一：调整保险科技战略。随着保险科技的“智能化、数据化”发展，保险机构之间已经产生了“技术壁垒”，主要包括数据壁垒、智力壁垒、资本壁垒，因此对于大多数中小保险机构的科技战略而言，创新的能动体是自己，但创新的升级体不再是自己，而是保险价值链条上的各行各业。所以，保险机构的科技战略是“科技+制度+管理+服务”战略，而不是“保险+科技”战略，保险机构可以与保险科技企业合作共建平台，也可以利用大型保险机构输出的平台。

路径二：搭建可控的基础数据库。虽然平台可以共建，可以利用第三方，但是数据一定要自主可控。为了应对未来的“技术壁垒”，保险机构要联合各方搭建可控的基础数据库，这涉及建设数据收集能力（物联识别、爬虫、聚合）、数据加工能力（自动分类、去重、防伪鉴别）和数据存储能力（云计算、大数据平台）。

路径三：推动识别技术在保险业中的应用。目前一些识别技术已经比较成熟，包括物联识别技术、传感器技术、生物识别技术、地理位置识别技术、AR技术等。通过高效率、高质量、低成本的识别技术，可以实现数据收集、远程检验、现场监测，继而实现实时监控报警、远程控制现场、自动化触发处理等各种创新应用。

路径四：实现保险产品的智能化。未来不仅科技产品需要智能化，而且保险产品也需要智能化。智能化需要有智能操作系统、联网互动、大数据收集训练与人工智能算法技术驱动。智能化和数据、识别技术等紧密联系。智能化可以通过随时升级、远程升级来增强功能，可以远程监控、远程诊断、远程控制，可以远程收集数据，可以联网互动。这不仅会为消费者、管理者提供便利，也会给保险机构带来新的服务业务、新的服务流程和模式、新的商业模式。

路径五：助推保险产业链互联互通。智能化和识别技术只是方便了终端数据收集，但是只有保险产业链实现了互联互通，才能真正做到联动研发、联动营销，才能极大地提高社会协同效率，节约行业总体成本。例如，保险业已经出现了一批SaaS服务平台，为保险产业链互联互通奠定了很好的基础。

路径六：实现保险能力单元网络协同。保险产业链互联互通，有利于保险产业供需信息快速到达每个能力单元节点，各个环节的能力单元就可以按照自己的能力来按需接单、按需生产。

路径七：通过科技向社会开放技术与服务。过去，各行各业的技术与资源基本固化封锁在企业内部。现在，因为“技术壁垒”和平台化战略的实施，所有的企业开始向消费者开放服务，也开始向竞争对手开放技术。我们已经看到，大型保险机构开始为保险业开放自己的技术平台，中小保险机构要开始接受这种开放的平台，使自己成为保险产业互联互通能力输出的一个节点，可以预见未来保险机构将如同互联网一样连接在一起。

路径八：逐步实现数据开放共享。除了通过科技开放自己的技术与服务之外，保险机构还可以向保险产业链或社会开放自己的数据。通过设计机制，大家一起来丰富数据、校正数据。数据的开放，使各行各业可以结合自己的业务优势，通过“1+1>2”的跨界创新，创造出新的产品、新的服务、新的盈利模式。

路径九：通过数据优化保险业务。未来保险机构一定是开放的保险产业服务平台，类似于阿米巴组织单元（Amoeba）。没有数据，阿米巴组织单元便没有能力做正确的自主决策；没有数据，整个互联协作网络就会变化共振，从而导致混乱噪声。保险机构只有通过识别技术、智能设备、产业互联互通，才能建立真正的大数据。

路径十：利用科技向服务型产品转型，进行服务产品创新。保险机构作为金融服务行业，未来具备竞争力的也一定是服务，所以保险机构要利用科技向服务型产品转型，通过科技输出自己的服务，包括风险管理、生活习惯分析、健康管理等服务。

互联网、云计算、大数据、人工智能、区块链等新技术是保险重新焕发生机的重要助推器。保险未来发展应顺应“保险+科技+制度+管理+服务”战略趋势，避免陷入“保险+科技”战略陷阱，充分利用新兴科技技术，优化产品设计，改进业务流程，创新运营模式，促进“保险+科技+制度+管理+服务”深度融合，积极推进保险由高速增长阶段转向高质量发展阶段。

第三节　保险科技的未来猜想

一、科学的力量

哲学犹如一个钟摆，在科学与艺术之间来回摆动，求得平衡。哲学因为亲近科学而变得可信，因为热爱艺术才变得可爱，既可信又可爱的哲学才是好哲学，才是滋养人类精神的哲学。只有好哲学才能安顿一个人的灵魂。所有的哲学、艺术和科学，都是生长在同一棵树上的枝叶。人类对这三方面的追求，都是为了使生命从单纯的物质世界里得到提升，从而达到自由。同样，保险科技也需要科学的思索、艺术的思考和哲学的思辨。

（一）科学思维

纵览历史长河，可以发现科学和思想的关系，从来都是相辅相成、相生相融的。在人类社会的任何一个阶段，科学技术的发展都离不开思想的引领，而后者的前瞻性也决定了这些发现发明的高度、广度和跨度，而思想也会受到科学发现以及随之变化的生活方式、社会结构的影响，从而能够去伪存真、化繁为简，反过来推动科学技术的再发现和再创造。

从思想引领科学的角度来看，保险科技的一大热点——区块链技术的诞生便是一个很好的演示，其表面繁复的技术和机制嵌套背后其实是去中心化和分布式存储的思想，当把事情简化到一个简单封闭社会的物物相易、口耳相传、少数服从多数的状态时，可以很自然地由这些思想推断出需要哪种技术设计。

没有思想的科学技术往往只能称为改良，脱离思想，或者具有错误思想的发明则很可能是一个闹剧，比如历史上风靡一时的永动机发明热，是在违背“能量守恒”定律的前提下设想出来的，自然被称为“悖论”。而思想的高度也决定着科学技术进步的程度。例如，英国学者李约瑟基于对中国科学技术的研究，提出中国古代技术发达而近代科学落后的“李约瑟之谜”，其中的一个重要原因就是只重视经验总结，缺少思想性、理论性的深耕。

从科学影响思想角度来看，20世纪两大物理学的划时代性成果，也是现代物理学的奠基：相对论和量子力学，前者的参照系变换和后者的微观离散性思维都改变了学科思维，并极大地影响着思想界，甚至路易·维克多·德布罗意（Louis Victor de Broglie）通过简单的思想外推就可以获得新的研究灵感，生动地体现了“科学—思想—科学”的互动过程。

（二）保险科技的十大科学猜想

从当前保险科技的形态来看，只要是和保险相搭配的方案，或者可以给保险带来更好的体验和前景的科技手段，我们都可以称之为保险科技。但是由于目前科技水平有限，整个科技研究开发成本延缓了科技向保险业的推广和普及，整个行业对于它的研究和风险预估还不透彻，所以之后保险科技具体的应用形态还无法确定。那么暂以我们能够想象到的科技来推测未来保险科技的形态，它至少应该包括以下几类：

（1）强人工智能类。“强人工智能”一词最初是约翰·罗杰斯·希尔勒（John Rogers Searle）针对计算机和其他信息处理机器创造的。强人工智能观点认为有可能制造出真正能推理（Reasoning）和解决问题（Problem Solving）的智能机器，并且这样的机器将被认为是有知觉的、有自我意识的。强人工智能类金融科技，虽然仍存在于我们真实的四维空间内，但它将不再局限于人类本身所思考的金融形态，而是通过对机器自身思维的挖掘，创造出超越人类固有意识的全新金融形态。

（2）虚拟现实类。虚拟现实是利用科技模拟一个三度空间，模拟人类视觉、听觉、触觉等感官功能，让使用者如同身临其境，可以及时、没有限制地观察三度空间内的事物。随着人们将越来越多的时间投入到虚拟时空中，未来的金融也不一定只存在于现实场景中，也可能同时出现在我们所制造出的虚拟时空中，此时，就需要有一套与虚拟时空金融活动相匹配的金融科技，让人们在虚拟时空中能够轻易完成各类金融行为。甚至虚拟时空与现实时空也会交错融合，从而产生一种跨四维时空界限的金融科技。

（3）人体账户类。未来，指纹识别、人脸识别等个人身份识别方式也将被淘汰，取而代之的是人体本身。人们将不再需要钱包、信用卡、手机等实物工具作为金融账户存储的媒介，而是可以利用金融科技将人体的器官与金融账户进行有机结合，每一个器官都将有其独特的身份识别标签，人们只需要挥一挥手，轻轻地做一个微笑或者彼此从身边走过，双方即可完成金融交易请求，并且脑电波也可被翻译成交易信号，作为人们金融行为确认的最主要方式。换句话说，人体本身即是一个可存储、可识别、可移动的金融账户。

（4）连接动物类。科学家们一直相信，在未来人们可研发出动物语言翻译机，识别动物的语言，与动物进行亲密交流。如果人类能够与动物进行真正的交流，动物也可作为人类的朋友，与人类进行金融交易，为人类做出更多贡献。在这种生态下，金融科技将作为人与动物之间的金融活动连接器，而动物也可成为金融业的操盘手、分析师、顾问专家等。

（5）穿越星际类。在科幻小说中，人类史上最重要的任务，便是越过已知的银河，在星际寻找未来出路，这种想法在现实中也并非不可能。当人类有足够的能力离开地球，去另一个星球繁衍生息时，星际移民将会为未来出生的数十亿人口提供安身立命的空间，星球之间也可建立一种新的沟通渠道，穿越星际的金融科技也将随之产生。

（6）跨越时间类。虽然目前还没有人能够找到长生不老药，但是科学家可以从遗传学和分子学的角度分析出细胞衰老的原因。很多导致人类衰老的基因已在酵母细胞、果蝇及蠕虫内被发现。未来人的寿命可能会随着科技的进步而不断延长。这也会促使金融的周期不再是短短几年或者几十年，有可能一次看似普通的金融交易行为，在时间上就要跨越数百年或者数千年。这就对金融存储媒介类的金融科技提出了更高的要求，它必须经得起时间的考验，不会在漫长的时空中出现数据丢失的情况。

（7）控制梦境类。当前，人类对于梦境的认识还很肤浅。但有些人认为，做梦是以一种非常隐秘的方式窥探到另一个平行宇宙里的自己，是不同宇宙中的肉体共享一个灵魂，彼此的生活可以在对方的梦境中互现。但由于这种联系很不稳定，梦境中浮现出的只是片段。但在梦里，有些场景总是反复出现，做梦时的感觉也很真实，仿佛对梦境中的东西很熟悉。当人们懂得如何控制梦境时，或许梦中的金融活动也将通过金融科技被运用。

（8）潜入意识类。罗伯特·兰萨（Robert Lanza）所著的《生物中心论：为什么生活和意识是了解宇宙本质的关键》一书引起了一波骚动。因为书中描述了人死后生命不会结束，而会永远存续下去。量子力学也显示，人死后意识会转移到另一个宇宙，这些量子资料可以永远存在于身体之外，像灵魂一样。倘若有一天真的有科技能够证明人死后意识仍然存在，那么潜入意识类的金融科技也将会出现。

（9）心智空间类。1992年著名的美国科幻小说家尼奥·斯蒂文森（Neal

Stephenson）撰写的《雪崩》（*Snow Crash*）一书中描述了一个平行于现实世界的网络世界——元界（Metaverse）。所有现实世界中的人在元界中都有一个网络分身（Avatar）。斯蒂文森笔下的元界是实现虚拟现实后的下一个阶段的互联网新形态，小说预见了即将发生的事情，一个脱胎于现实世界，又与现实世界平行，且始终在线的新世界正在迭代中慢慢显露出来。2009年好莱坞影片《阿凡达》（*Avatar*）描绘了另外一个平行世界，但到底应该怎么理解元界？它离我们到底有多远？去往元界有哪些路径？这些问题依然等着我们去探索。

（10）未来金融网类。目前，智能终端产品、服务等已经渗透到个人、家庭和组织的方方面面，构建起了数字物理世界，但数字物理世界仍是凝聚的、真实的，而与数字物理世界对应的思想精神世界是分散的、虚拟的，为此需要构建一个中间的桥梁，把数字物理世界和思想精神世界联结起来，这就是未来金融的使命，也是未来金融网的价值所在。因此，要实现数字物理世界与思想精神世界的完全融合和演进，并驱动整个世界的思想化、超能化进程，真正实现万物节点、万物感知、万物智能和万物互联。在这个进程中，用未来金融网来实现各行各业的思想化和精神化转型是关键的路径！

二、艺术的境界

（一）艺术思维

艺术和思想是难以分割的。好的艺术背后都有着强烈的、真挚的或深刻的思想支持，正如凡·高的画作体现着凡·高对生命和孤独的思考，而巴勃罗·毕加索的作品则充满对主观观察视角的重新认识，当然其中也不乏对时代的反思，后期的萨尔瓦多·达利等也是如此。文学艺术更是不胜枚举，好的思想能使文章百读不厌，比如唐宋八大家的说理文章和诸子百家的散文语录，都有着跨时代的指导意义。艺术本身又能成为思想的镜子，我们可以在艺术作品中发现不同的、潜在的、未被发掘的思想。正如威廉·莎士比亚对于《哈姆雷特》的评价那样，“一千个读者就有一千个哈姆雷特”；又如《红楼梦》，更是“横看成岭侧成峰”，读者可以读出或深或浅、上至国家社会架构下到生活琐细、体现人情冷暖的丰富内容。这时，思想已经超越了艺术作品、艺术家的创作意图和艺术本身。

艺术与思想的关系可能和科学技术与思想的关系不完全一致。思想往往受到科学技术的极大影响，但艺术很难像科学那样对思想产生如此革命性的冲击。当然，这并不代表艺术不能影响思想，但更多的时候，它是作为一种传播形式来实现这种反馈作用的。例如，鲁迅先生的杂文，可用来医治人心、唤醒国民，从思想上救国图存。

（二）保险科技的十大艺术猜想

凯文·凯利（Kevin Kelly）2017年提出的“未来20年，科技发展的12个必然趋势”，从科技角度对未来进行了思考，但具体到保险科技，更像是艺术思考，基于凯文·凯利的趋势判断，保险科技的十大艺术思考或十二大艺术思考是科技的，也是艺术的。

（1）形成（Becoming）：所有的事物都在不断升级。形成是指一种或多种事物的发展变化导致另一种或多种事物产生或者变化的某种情况。所有的事物都处于不断变化之中。

保险科技的未来趋势也是必然的，总体趋势一定能够预知。首先，必须终身学习，不断学习。所有的事物都是不确定的，就像人一样，当你一直处于学习的状态时，你永远都是一个新的人。保险科技也是同样的道理，不论处在社会哪个阶段，总会有新的事物出现，所以保险科技的形成永远是处于学习状态的。其次，所有的保险科技都是一个形成的过程，我们之前看到的保险是产品，现在看到的是过程。比如，我们以前看到的保险科技主要局限于在区域市场做产品，现在的保险科技已经可以通过智能网进行连接，实现一个更大、更广泛的连接过程。所以，保险科技一直在被改变，也一直处在创造新生态的过程中。

（2）知化（Cognifying）：与人工智能的合作水平决定了保险科技的价值。知化是指让一个事物具有认知的能力。未来技术变革的影响是永久性的。技术将和人工智能相关，技术要做的事情就是让所有的事物更加智能，这个智能化的过程就是技术带来的改变。目前，很多事物的处理已经很智能了。比如看X光片的专家会被人工智能所取代；法律方面的AI可以比人类律师助理更高效地阅读文件。

那么，我们为什么需要人工智能去帮助保险科技呢？因为其思考方式与人类不同，可以更专注地去开发保险科技。我们在AI方面做的事情，并不是让它们比人更聪明，我们要做的是让各种各样的AI拥有多种思维方式去服务保险科技。所以保险科技与人工智能的合作水平，决定了保险科技的价值。保险科技未来的目标是将智力作为一种服务，可以像电力一样向所有用户传输。

（3）屏读（Screening）：保险科技也可以理解为一种屏读。屏读是指文字从纸张转移到了手机、电脑、电视中，人类文化的根基逐渐从书籍中脱离出来，转移到了屏幕当中。人类历史上，文化内容的载体分为三个阶段：言语、书籍和屏读。如今，屏读无处不在。任何一种平面都可以成为屏幕。不同的屏幕之间形成了生态系统，屏幕可以追踪我们的视线，知道我们将注意力聚焦在哪儿，我们重视什么，然后改变屏幕上呈现的内容。而保险科技就是要了解我们的焦点在哪儿，重视什么风险，最后以一种屏读的形式呈现出来。

（4）流动（Flowing）：保险科技的流动是数据。流动是指当今万事万物都以数据的形式在一个虚拟世界中进行着“流动”。现在我们处于一个数据流动的时代，云端组成各种各样的流，通过微信、微博、Facebook等，我们可以倾听流媒体上的音乐，观看流媒体上的电影电视，总之，所有东西都成为一种流。

归根结底，商业乃数据之商业，我们最终所处理的都是数据。很多公司已经意识到了这一点，因此处理数据和处理客户一样重要。智能时代下的数据，像是形成了超级生物体，远远超过人脑的容量，这样一个巨大的机器星球，其实是全球化的运作，全世界的经济好像都以同样的脉搏在跳动，以同样的行为方式在运作。保险科技中流动的也是数据，不管保险科技是做产品、渠道、服务，还是用户，它其实最终做的都是数据。

（5）重混（Remixing）：大多数创新都是现有事物的重组。重混是指将早期简单的媒介形式与后期复杂的媒介形式重新组合，从而产生出无数种新的媒介形式。在重新组合的过程中，基本元素并不会发生变化。具体到经济领域，是指将原有的资源重新安排（而不是依靠新资源的发现和利用），使其产生更大的价值，从而实现真正可持续的经济增长。经济学家发现，大多数创新都是现有事物的重新组合，这种重组就是重混。这是世界发展的方向，是重要的趋势。重组或重混时，首先要进行拆解，把它拆解成原始的状态，再以另外一种方式进行重组，然后不断进行循环，就像把乐高拆开后再组装一样。

同样，保险也可以拆解，保险科技就是把保险中的保险利益、保险主体、保险客体等分解后再重新组合，形成新的保险结构。保险科技想要升级，就需要进一步拆解保险公司的产品、渠道、角色构成，再进行重组，在重组的过程中产生新事物——新保险。

（6）互动（Interacting）：保险科技就是一个与用户持续互动的过程。互动，按照辞典上的解释，“互”是交替、相互，“动”是起作用或变化，使感情起变化，归纳起来，互动是指一种相互使彼此发生作用或变化的过程。保险科技是一个与用户持续互动的过程，智能时代用户间的互动不再局限于人与人，更多的是保险标的之间的互通，这将导致保险理论的重构。

（7）使用（Accessing）：将保险科技一定的职权分离。使用是指使人员、器物、资金等为某种目的服务。也就是说之前我们是拥有一个产品，而现在我们是使用某一种服务。这种拥有的概念已经不是那么重要了，使用在很多时候比拥有更好，因为你的目的是使用，如果是拥有，则要承担很多的责任。保险科技也可以朝这个方向发展，不需要拥有保险机构全部的职能，只需要使用这种服务即可，可以把保险科技中的一些职能外包出去，从而降低承担的责任和维护的成本，甚至许多事情可以交给智能设备去做。

（8）共享（Sharing）：保险的逻辑之一是共享，更是协作。共享，又称分享，是指将一件物品或者信息的使用权或知情权与其他所有人共同拥有，有时也包括产权，此处我们主要指分享经济或共享经济。首先，现在的分享还属于非常初级的阶段，世界很大，有很多东西都是可以分享的。其次，我们在讲分享时，不是一般意义的分享，而是在讲协作，即分享＝合作，以一种规模化的方式合作，可以让成千上万乃至几十亿的人以合作的方式进行互动，这些人的共同协作可以带来社会的变革。未来的保险，将是人与人、人与物、物与物的共享，使万物协同协作，从而带来保险市场与整个社会的变革。

（9）提问（Questioning）：好问题比完美的答案更重要。提问是指提出问题。当今要找到问题的答案很容易，可以问百度、问谷歌，还有各种AI，它们都很智能，答案变得越来越便宜。但同时，提问变得越来越贵了，我们必须要培训智能机器去提问，让它们创造问题，一个好的问题，会比一个完美的回答更有价值。所以智能机器需要有非常好的驾驭问题的思维方式，因为问题本身可以开发一个新领域，是一个最好的推送者，像引擎一样，推动人的思维不断去创造。发展保险科技也需要学会提问，不断创造问题，才能促使保险科技开发出一个新的领域，推动保险科技不断去创造新的业态。

（10）颠覆（Disruption）：内因从来不是主要原因。颠覆是指对某项事物造成强烈冲击，使事物本质发生变化。当我们在思考颠覆时，有三个规律：①不管你在哪个行业，颠覆不是从内部出现的，而是由外部推动的，内因并不是最主要的原因；②一些一蹴而就的技术，只是看上去很突然，但它其实已经在背后存在了很多年；③创造或者发明，往往是一个不挣钱的市场，因为大多数的发明都是失败的，风险非常高，一开始的质量非常差，也就意味着利润非常低，任何商人都会告诉你，投资这一行是非常不挣钱的。

三、哲学的思辨

（一）哲学思维

哲学与思想有着千丝万缕的联系，但二者并不完全一致。很明显，用西方亚里士多德的哲学体系解释中国古代思想就会出现很多解释不了，或者理解有误的地方。哲学，是对人生、世界等的思考，既是关于世界观的学问，也是关于方法论的学问，是世界观与方法论的统一。西方的哲学多半与自然科学有紧密联系，中国的古代思想则与人类社会关系密切。而思想二字更加包容，不仅仅可以容纳精华、进步的思想，也可以容纳一些我们忽略的东西。马克思说过，哲学是一个时代的精华。而思想不一定是时代的精华，普通人的某些思想观念也可以被思想史容纳。

应该说，哲学史是思想史的一部分，思想史比哲学史的内涵更为丰富。曾经在很长一段时间内，国内对于思想史的研究，更注重哲学史，甚至某种程度上，认为哲学史就是思想史。20世纪80年代以后，国内学术界经历了文化热、思想史热，形形色色的关于思想史的著作出版，大大扩充了人们对于思想史的认识，思想史也就从哲学史的桎梏下解放出来。

（二）保险科技的十大哲学猜想

世界著名的管理学家弗雷德里克·赫茨伯格（Frederick Herzberg），为“创新”总结出十大关键特征：一是“智商超常，但非天才”；二是“善出难题，不谋权威”；三是“标新立异，不循陈规”；四是“甘认不知，善求答案”；五是“我就是我，不与人比”；六是“以干为乐，清新寡欲”；七是“积极解忧，不信天命”；八是“只要成就，不求发迹”；九是“合理用心，有张有弛”；十是“才思敏锐，激情迸发”。这十条归纳，言简意赅，像多棱镜，反映出“创新”人物的风采和内心世界。这十条总结，也是互联网思维不可或缺的内涵。

另外，《通往未来之路：下一代互联网与Metaverse》一文由近及远地进行了一系列预测，探讨了下一代互联网可能的特征，讨论了未来世界中人类将面临的机会与生存危机。这些预测包括：谁掌握了心流网络，谁就掌握了互联网；人类生活将加速迁移到心流网络；“想象力变现”正成为一门新生意；商业竞争越来越多地成为内容之争，是心智领地的竞争；分布式生产将成为主流生产方式，将和集中式生产展开激烈竞争；新世界的“虚实不分”包含数据不分虚实、感受不分虚实、世界不分虚实三个层面；神经元网络将把人类带入完全的元界等。这些预测可能正在构成我们关于下一代互联网的思维。

综上，保险科技的十大哲学思辨，就是在大数据、云计算、物联网、区块链、人工智能、神经元网络等科技不断发展的背景下，基于互联网思维和下一代互联网思维对保险市场、用户、产品、企业价值链乃至对整个商业生态进行重新审视的思考方式得出的。

（1）心流思维。谁掌握了心流网络，谁就掌握了互联网。微信、Facebook等是当代的心流网络，下一代心流网络正在孕育中，它将从那些能提供更高感官沉浸或更深心灵沉浸的产品中产生。新旧心流网络的迭代，是心流内容代差势能作用的结果。它表现为“谁抢走了谁的用户”，但实际上更多只是遵循自然规律的用户流动；它表现为某个新平台打败了旧平台，但其实只是新平台的自然生长与旧平台的自然凋亡。归根结底，新旧心流网络之争，是心流内容之争，而不是网络本身之争。因此在前往未来的路上，得内容者得心流，失内容者失天下。伴随着内容硬件与内容技术的高速迭代，将有越来越多的产品尝试提供比视频更全面的感受沉浸，乃至比生活更深长的心灵沉浸。就保险科技而言，我们要关注社会化游戏，心智仿真产品或平台、多智体系统、复杂系统、VR/AR产品或平台等。

（2）融合思维。人类生活将加速迁移到心流网络，每一个能与世界深度融合的心流网络，都可能成为一个新领域的定义者。在前往未来的路上，无论心流网络如何更迭换代，有一个趋势是不会改变的：人类的日常生活——娱乐、工作、社交、生存，将越来越深入地与心流网络融合或向其迁移。首先是大部分娱乐，然后是大部分社交与工作，最后甚至连人类的物理生存方式与手段都会发生巨变，被心流网络深度渗透。就保险科技而言，我们要关注物联网、智能网、心智网、软硬件一体的类网关服务、智能娱乐或技术娱乐、无人机器服务等。

（3）创新思维。随着内容技术与自动化工业技术的发展，"想象力变现"正在成为一门新生意，象征着人类以科技复苏魔法的伟大成功；人类历史，就是一部想象力变现的发展史。从图片到视频，从文字到语音，我们看到，大量的内容创作过程都可以在创意单元（大脑）和计算单元（CPU/GPU）之间直接发生，"人脑+处理器"开始替代"人脑+工具"，内容生产力获得空前的革命性解放。未来几年，我们将发现想象力变现首先发生在"颅内世界"向"颅外世界"投影的过程中；想象力变现，意味着用想象力为自己创造收入，拥有丰富想象力的人将成为一些新职业的领袖；想象力变现还将发生在"颅内世界"对"颅外世界"进行"物理编辑"的过程中。就保险科技而言，我们要关注虚拟内容生成、3D UGC、3D打印、制造业UGC等。

（4）分布式思维。分布式生产将成为主流生产方式，将和集中式生产展开激烈竞争。伴随着技术的进步，“颅内世界”向“颅外世界”输出内容的门槛越来越低，有能力从事创作或生产的人越来越多。随着各种内容生产专业能力的全面平民化，创作者数量极大增加，创作者能轻易地自发形成小型生产网络，并在成本、灵活度、质量、作品注意力争夺等方面，和传统公司型组织展开竞争。分布式内容生产将逐渐成为主流，至少能和公司化生产分庭抗礼。分布式生产不仅适用于内容生产，也适用于许多其他行业。去公司化的分布式生产将至少在众多有“技能依赖”“手艺依赖”特点的领域成为主流，在类似非同质化通证（NFT）的帮助下，形成新的利益生成与流转体系，与公司制的中心化生产进行竞争，直到达成某种平衡。当然，历史总是循环的。在全球范围内，分布式生产将促进各种自发工会的产生，然后逐渐转变为联盟，进而引发新一轮的中心化。就保险科技而言，我们要关注区块链类似技术、技能交易平台、资产交易平台等。

（5）虚拟思维。新世界的“虚实不分”包含数据不分虚实、感受不分虚实、世界不分虚实三个层面；新基建有三个维度：物理世界的基建、数字世界的新基建、心智世界的超新基建。随着“颅内世界”与“颅外世界”的充分融合，未来世界的特点之一就是大部分时候的“虚实不分”。我们可以预见，电子器官/智能饰品与人类的伴生关系，将是人类走向赛博朋克（Cyberpunk）的第一步。就保险科技而言，我们要关注智能饰品与电子器官、个人化虚拟人、非屏幕成像、物理与世界仿真、高级通用/垂直3D引擎等。

（6）元思维。神经元网络将把人类带入完全的元界等。随着物理世界的基建、数字世界的新基建、心智世界的超新基建三个新基建的推进，随着人类对大脑研究的深入，以及材料科学和精密制造业的发展，在未来的某一天，我们将在处理器与神经元之间、神经元与神经元之间，建立起基于神经元协议的连接。神经元网络（Neuronet）将成为现实。就保险科技而言，我们要关注神经元网络的OSI架构、脑机接口、神经元网关、心智防火墙与隐私安全、道德与伦理重建等。

（7）内容思维。商业竞争越来越多地成为内容之争，是心智领地的竞争。人类历史，也可以被视为人类世界内容化的过程。人类通过涂抹、改造世界试图创造一个新的世界，来寻求自我的满足和生存的意义。这个过程称为世界的内容化。随着科技的持续进步，物质供应的极大丰富，社会信息化程度的不断提高，内容工具的极速平民化，过去几年间，世界内容化的景象超出了所有人的想象：游戏在内容化、商品在内容化、城市在内容化、政治在内容化、人人都在内容化……一个全面内容化的世界，正在缓缓揭开面纱。就保险科技而言，我们将看到保险科技的价值体系被重构，我们要关注内容化商业、内容化商业平台、内容技术与能力SaaS、智库与智库+AI、乐园化的O2O商业等。

（8）平台思维。互联网的平台思维就是开放、共享、共赢的思维。平台模式最有可能成就产业巨头。全球最大的100家企业里，有60家企业的主要收入来自平台商业模式，包括苹果、谷歌等。运用平台思维要遵循三个法则：一是打造多方共赢的生态圈，用共赢来争取更多合作伙伴，用平台来实现生态系统的良性循环。二是善用现有平台。三是让企业成为员工的平台，让员工成为真正的“创业者”，让每个人成为自己的CEO，通过平台来实现生态系统良性循环。未来在商业平台的竞争中，谁对内容节点与内容连接拥有更全面和更持久的影响力，谁就更有希望胜出。

（9）节点思维。商业竞争将越来越多地成为内容之争、内容平台之争、超级节点之争。任何个体、组织，包括普通消费者、传统意见领袖、在线平台、线下中心化社区等，都可能在特定的时空内，扮演超级节点的角色，控制和影响越来越多的商业流量。随着商业网络与心流网络的融合，节点之间的连接将越来越扁平，节点的度越来越高，使得超级节点的涌现越发随机与频繁，超级节点的生命周期也将两极分化：拥有强大内容内生能力的超级节点对世界的影响将全面而持久；难以对流量形成全局性和持久性的控制超级节点将昙花一现。

（10）互联网思维。互联网思维是在移动互联网、大数据、云计算等科技不断发展的背景下，对市场、用户、产品、企业价值链乃至整个商业生态进行重新审视的思考方式。这些思维模式对于保险科技来说，具有现实意义，主要包括：

①用户思维。互联网的发展已经打破传统的信息不对称，所有的信息更加透明化，这时，用户已经获得更大的主动权。新的互联网时代，要求企业在更高的层次上认识“以用户为中心”的理念。首先企业需要与用户接触，主动挖掘用户心理的本质，进而通过汇集用户画像找到用户的痛点；其次要构造用户的场景，通过不同的现实场景和模拟场景来分析用户的潜在心理和真正需求。

②社会化思维。社会化思维是指组织利用社会化工具、社会化媒体和社会化网络，重塑企业和用户的沟通关系，以及组织管理和商业运营模式的思维方式。“社会化”的发展早过了单单只是将社会化媒体用于市场推广的阶段，在此时，用户可参与内容创造，社会化媒体通过尽可能多的方式将每个人与他自身以外的所有人联结起来。每个人都可能成为信息节点，所有的信息是交织在一起的，可以相互传递。这些社会化媒体改变了人的网络使用习惯，甚至生活习惯，企业以前熟悉的通过大众媒介向用户传播信息的营销方式，以及由此而形成的企业内部工作流程，正在被快速、密集的与用户直接接触所挑战，这一挑战同时来自社会化网络本身以及企业内部，也必将会让企业发生变革，推动企业用社会化思维来思考商业形态的变革和进化，社会化媒体的时代已经到来。

③大数据思维。随着互联网不断渗透到人们的工作和生活中，加上移动互联网、物联网、可穿戴联网设备的普及，新的数据正在以指数级的加速度产生，大数据时代带给我们的是一种全新的思维方式，思维方式的改变在下一代成为社会生产中流砥柱的时候就会带来产业的颠覆性变革。大数据思维

具备以下三个特性：通过全面的数据分析事物的整体行为或特点；重视数据的复杂性，弱化精确性；研究数据间的相关性，而不是因果关系。

④极致思维。极致的含义是：极简捷、极方便、超出预期。这已成为互联网企业的DNA，或者说是互联网思维的核心。极致思维，就是把产品、服务和用户体验做到极致，超越用户预期。极致思维的实质主要包括三个方面：首先，为用户带来其难以抵挡的价值，这种价值也许来源于对用户非常贴心的专业服务；其次，为用户带来极佳的过程体验，用户的消费行为是端到端的整体过程，要为用户提供一体化的、完整的、交互体验的过程；最后，为用户“建档”，能保持对核心用户群的持续吸引力，对客户数据进行长期积累，要对数据进行足够专业化的挖掘，分析客户的潜在需求并通过产品迭代提升服务质量。

⑤简约思维。简约思维是指在产品定位中要简约化，细分到更详细的细节，专注用户最感兴趣的点，专注产品规划和设计，树立少即是多和简约即是美的思维。

⑥迭代思维。产品是以用户为导向不断更新和完善，一款新产品推出后需要及时收集用户需求并进行产品功能、UI、UE的提升。通过不断注入用户需求的基因，快速对各项数据进行分析，完成产品的快速升级的思维方式称为迭代思维。“快速迭代”是对产品的基本要求，能否做得足够快已成为衡量一款产品研发是否成熟的标准之一。迭代思维要求以最快速度对市场做出反应，从小处出发不断更新产品，同时提出小处着眼、微创新的创新流程。快是迭代的必然要求，重复是迭代的表现形式，迭代的真正内涵是升华、是积累、是总结、是量变到质变再到量变的过程。每一次迭代都是站在新的起点上的再开始。

⑦流量思维。在互联网的世界里，掌握流量才能掌握用户，同样也才能获得其他更有利的资源。现今互联网的使用形式越来越多样化，流量的体现形式也越来越多样化。互联网的创新精神让这个行业每隔一段时间就

有新的流量资源被开发出来，互联网企业需要流量，但是更需要流量的转化，如果流量维持多，但是用户留存低，则依然是失败的流量。正确的思路是：不但要提升产品的质量和客户服务，而且更重要的是实现真实流量的转化和长期运维。流量思维，需要更深入地去理解，互联网的流量本质是大用户量和优秀的服务，更是用户习惯。它需要长期的运营，需要对用户行为习惯深耕细作、日积月累。因此，流量能够帮助快速聚集用户，而留下用户则需要极致的思维。

⑧跨界思维。所谓跨界思维，就是大世界大眼光，多角度、多视野看待问题和提出解决方案的一种思维方式。跨界释义为交叉、跨越。它不仅代表着一种时尚的生活态度，更代表着一种新锐的思维特质。未来的竞争不是同行竞争，而是跨界混搭穿越竞争。

⑨扁平化思维。互联网思维强调开放、协作、分享，组织内部也同样如此，它讲究小而美、大而全。等级分明的企业很难贯彻互联网思维，不管是对用户还是对员工，有没有爱，也是一个重要的评判标准。互联网思维下的组织管理具备无边界、去管理层、扁平化的特性。扁平化的核心内容，是减少管理层次，其中有两个制约因素：一是减少之后的管理层是否能在管理跨度和管理方式上满足扁平化需求；二是基层员工是否有足够的知识、经验、技能和道德水平承担起足够的责任。

每种思维，都围绕一种前往未来途中必然要遇到的情况或者现象展开。它们对应的是保险科技的十条路径，每一条路径都从不同角度指向一个共同的方向，通往一个共同的未来，等待着被发现、开拓与征服。

四、未来的猜想

40亿年来，地球生物进化的准则始终没有改变，那就是物竞天择。但是，在接下来的一两百年，物竞天择的法则有可能被颠覆，我们不愿意再等几十万年，让自然来做这个选择。未来，智能可能会取代物竞天择，转化成进化的基础原则，我们会用各类云计算来决定我们的“智能设计”，而这些“智能设计”又将会控制未来的生命体，这些生命体有可能突破现有的有机世界的限制，可能会超越我们想象的极限。

人工智能为人类带来更智能的硬件、更智能的医疗、更智能的无人码头，甚至是更智能的保险精算师、保险顾问等。不可否认，科技正在重新定义我们的未来，无人机、智能穿戴、智能家居、智能医疗、应用与安全和虚拟现实等前沿科技正在重新书写人类生活的未来。

同时，科技改变着人类的逻辑思维能力和创新能力。思想定义未来，只有与未来发展趋势相贴合的思想所带来的科技创新，才能够真正在未来立足甚至定义未来。对于保险科技，我们要做的正是突破思想的边界，深挖确定性并开拓可能性，真正地重新定义保险科技的未来。我们要确立这样一种思维模式：拒绝做保险科技的追随者，要另辟蹊径，做保险科技的重构者，哲学、艺术和科学地让保险科技趋向高深。关于保险科技的未来，正如阿尔伯特·爱因斯坦说的那样，“我从不去想未来，因为它来得已经够快的了”。

人类社会将迎来认识革命的新时代。随着这个时代的到来，我们将“何去何从”？对此，我们需要有更深刻的认识与理解。认知革命一词源于以色列历史学博士尤瓦尔·赫拉利所著的《人类简史》一书。在认知革命以后，传说、神话、宗教出现，因为人可以说“狮子是我们部落的守护神”。讨论虚构事物正是智人语言最独特的功能。虚构，让人类能够拥有想象，最重要的是可以一起想象，共同编织出故事。智人的合作不仅灵活，还可以和无数陌生人合作，正因如此，智人才统治世界。

正如英国物理学家开尔文所言，“当你能够量化你谈论的事物，并且能用数字描述它时，你对它就确实有了深入了解。但如果你不能用数字描述，那么你的头脑根本就没有跃升到科学思考的状态”。

当认知科学领域发生“翻天覆地”的变化时，我们的未来又会是怎样的呢？认知革命，特别是“真相时代”的到来，使得“预测”将被“预见”取代，那么，“预见未来”将不再是遥远的星辰。本书系统、全面地阐释保险科技，揭示了社会变革导致的保险模糊，保险科技助力保险供需的均衡，保险科技的规则、逻辑和未来之美、未来之道、未来之魅、未来之巅，揭示了保险科技的局面在变化，逻辑在更新，未来在演进。重新审视我们的时代，保险科技尽管仍笼罩在迷雾中，但其已经开始在我们脑海中浮现出整体的轮廓。面向未来，保险科技将带领我们开启一个“认知革命”的故事，一个“预见未来”的故事。

参考文献

一、参考的相关图书

［1］詹姆斯·布莱德尔.新黑暗时代[M].广州：广东人民出版社，2019.

［2］彼得·汤森.技术的阴暗面[M].上海：上海科技教育出版社，2019.

［3］乌尔里希·贝克.世界风险社会[M].南京：南京大学出版社，2004.

［4］H.W.刘易斯.技术与风险[M].北京：中国对外翻译出版公司，1994.

［5］乌尔里希·贝克，安东尼·吉登斯，斯科特·拉什.自反性现代化[M].北京：商务印书馆，2014.

［6］黄达. 金融学（精编版）[M]. 北京：中国人民大学出版社，2004.

［7］李晓林，陈辉. 保险思政课[M].北京：中国经济出版社，2021.

［8］陈辉. 金融科技：框架与实践[M].北京：中国经济出版社，2018.

［9］陈辉. 监管科技：框架与实践[M].北京：中国经济出版社，2019.

［10］陈辉. 互联网保险：框架与实践[M].北京：中国经济出版社，2021.

［11］陈辉. 小数据之美：精准捕捉未来的商业小趋势[M].北京：中信出版社，2019.

［12］陈辉. 中国保险业可持续发展报告（2020）[M].北京：中国经济出版社，2020.

［13］陈辉. 中国保险业可持续发展报告（2021）[M].北京：中国经济出版社，2021.

［14］陈辉. 数说保险[M].北京：中国经济出版社，2020.

［15］陈辉. 漫谈保险[M].北京：中国经济出版社，2020.

［16］陈辉. 闲叙保险[M].北京：中国经济出版社，2020.

［17］陈辉. 股票连接保险产品的定价、准备金评估和风险对冲研究[M].北京：中国财政经济出版社，2011.

［18］张宁，陈辉，赵亮.中国金融科技创新发展指数报告（2018）[M].北京：财经科学出版社，2019.

［19］李建军，彭俞超. 金融科技学院[M].北京：高等教育出版社，2021.

二、参考的相关文章

［1］吴晓求. 金融的过去、今天和未来[J].中国人民大学学报，2003（1）：104–111.

［2］陈智君.从2013年诺贝尔经济学奖看金融学的发展——以金融学说比较分析为角度[J]. 经济学家，2014（6）：91–102.

［3］刘超，赵钦涵.复杂性金融理论体系框架的构建与应用[J].海南金融，2014（3）：20–26.

［4］周国辉. 科技创新思想的八个维度[N]. 学习时报，2016–10–27（007）.

［5］刘孝廷. 风险本质与发展转型——当代科技重大风险防范的文明论省思[J]. 工程研究——跨学科视野中的工程，2020，12（4）：337–344.

［6］刘益东. 科技重大风险与人类安全危机：前所未有的双重挑战及其治理对策[J]. 工程研究——跨学科视野中的工程，2020，12（4）：321–336.

［7］李建军. 金融科技学科的形成与专业人才培养[J].中国大学教学，2020（1）：17–23.

［8］丁明磊，王革. 大变局下我国科技发展面临的重大风险及防范对策[J]. 国家治理，2020，4（46）：28–32.

［9］李学峰，杨盼盼. 金融科技、市场势力与银行风险[J].当代经济科学，

2021，43（1）：45-57.

［10］姜奇平. 新金融秩序下“信息—金融”数量价格传导机制与数字金融风险监管[J]. 价格理论与实践，2021，4（1）：66-70，173.

［11］彭金鑫. 基于多米诺骨牌理论的金融风险传导机制研究[J]. 科技创业月刊，2009，22（9）：26-27.

［12］田新民，张志强. 金融科技、资源配置效率与经济增长——基于中国金融科技门槛作用的分析[J]. 统计与信息论坛，2020，35（7）：25-34.

［13］林定夷. 科学理论的结构[J]. 哲学研究，1999，4（6）：72-81.

［14］李文嘉，张再瑜，张莎莎. 风险社会积极抗逆力思维视角下的社会创新设计[J]. 艺术研究，2021，4（1）：164-169.

三、参考的其他资料

［1］公众号：小城不小（iyangcai）和央财国际研究院（eyangcai）。

［2］中国精算研究院精算科技实验室网站，http://ciaslab.cufe.edu.cn。

［3］央财国际研究院网站，http://www.yangcai.org。

［4］中国人民银行网站，http://www.pbc.gov.cn。

［5］中国银行保险监督管理委员会网站，http://www.cbrc.gov.cn。

［6］中国证券业监督管理委员会网站，http://www.csrc.gov.cn。

［7］国家数据，http://data.stats.gov.cn。

［8］国际研究数据库，http://www.lexis.com。

［9］百度、谷歌等网站以及微信公众号发表的一些文献，不再详述。

附录

保险科技知识图谱

根据《金融科技（FinTech）发展规划（2019—2021年）》《金融科技创新应用测试规范（JRT0198—2020）》《金融科技创新安全通用规范（JRT0199—2020）》《金融科技创新风险监控规范（JRT0200—2020）》《金融科技发展指标（JRT0201—2020）》及《金融科技术语（征求意见稿及编制说明）》等，给出保险科技领域的常用术语。

中文	英文	英文缩写
	基础类	
金融科技	Finance Technology	FinTech
保险科技	Insurance Technology	InsurTech
监管科技	Regulation Technology	RegTech
监管端的监管科技	Supervisory Technology	SupTech
合规端的监管科技	Compliance Technology	CompTech
数字经济	Digital Economy	DE
数字货币	Digital Currency	DC
数字人民币	Digital Currency Electronic Payment	DC/EP
数字保险	Digital Insurance	DI
互联网保险	Internet Insurance	/
保险互联网	Internet of Insurance	InsurNet
未来金融网	Internet of Finance	FinNet
监管沙盒	Regulatory Sandbox	RegS
绿色保险	Green Insurance	/
可持续保险	Sustainable Insurance	/

续表

中文	英文	英文缩写
人工智能		
人工智能	Artificial Intelligence	AI
机器学习	Machine Learning	ML
人工神经网络	Artificial Neural Network	ANN
神经网络	Neural Networks	NN
监督学习	Supervised Learning	SL
非监督学习	Unsupervised Learning	UNSL
深度学习	Deep Learning	DL
强化学习	Strong Learning	SL
自然语言处理	Natural Language Processing	NLP
人机交互	Human - Computer Interaction	HCI
人机互动	Human - Machine Interaction	HMI
生物识别技术	Bioidentification Technology	BIT
知识图谱	Knowledge Graph	KG
区块链		
区块链	Blockchain	/
比特币	Bitcoin	/
分布式账本	Distributed Ledger	/
去中心化金融	Decentralized Finance	DeFi
去中心化保险	Decentralized Insurance	DeIns
智能合约	Smart Contract	/
共识机制	Consensus Mechanism	/
公有链	Public Blockchain	/
私有链	Private Blockchain	/
联盟链	Consortium Blockchain	/
通证经济	Token Economy	/
云计算		
云计算	Cloud Computing	/

续表

中文	英文	英文缩写
云服务	Cloud Service	/
公有云	Public Cloud	/
私有云	Private Cloud	/
基础设施即服务	Infrastructure as a Service	IAAS
平台即服务	Platform as a Service	PAAS
软件即服务	Software as a Service	SAAS
基础设施即服务	Infrastructure as a Service	IAAS
	大数据	
大数据	Big Data	/
小数据	Small Data	/
数据技术	Data Technology	DT
数据模型	Data Model	DM
数据隐私	Data Privacy	/
数据治理	Data Governance	/
	互联网	
互联网	Internet	/
物联网	Internet of Things	IoT
智能网	Internet of Intelligence	IOI
心智网	Internet of Mind	Mindnet
信息技术	Information Technology	IT
信息与通信技术	Information and Communications Technology	ICT
5G 技术	5G Technology	5G
对等电子商务	Peer to Peer	P2P
面向代理人	To Agent	To A
面向企业	To Business	To B
面向消费者	To Consumer	To C
	其他	
客户认知	Know-Your-Customer	KYC

续表

中文	英文	英文缩写
反洗钱	Anti-Money Laundering	AML
谷歌、亚马逊、脸书、苹果	Google，Amazon，Facebook，Apple	GAFA
人工智能、区块链、云计算和大数据	AI、Blockchain、Cloud Computing、Big Data	ABCD
大型技术公司	Big Technology Firm	BTF/ BigTech
用户原创内容	User Generated Content	UGC
风险投资	Venture Capital	VC
关键意见消费者	Key Opinion Consumer	KOC
关键意见领袖	Key Opinion Leader	KOL
虚拟现实	Virtual Reality	VR
增强现实	Augmented Reality	AR
混合现实	Mixed Reality	MR
量子信息	Quantum Information	/
量子计算	Quantum Computation	/
应用程序接口	Application Programming Interface	API